Une histoire d'Étienne Daho

Du même auteur

Nino Ferrer, du noir au sud (avec Joseph Ghosn), Éditions n° 1, 2005

Christophe Conte

Une histoire d'Étienne Daho

Flammarion

POPculture

Collection dirigée par Laurent Chollet

ISBN : 978-2-0812-0670-0

Prélude

Teenage idol

L'œil un peu trop clair, la lèvre inférieure presque aussi charnue qu'une tétine de nouveau-né, la peau d'un rose tout droit sorti d'une publicité Kellogg's cornflakes. Dans ce regard mentholé, quelque chose d'inoffensif, sans trouble apparent, cette impeccable maîtrise de celui qui cache bien son jeu derrière la palissade d'un gentil garçon de l'Amérique prospère des années 50. Bon fils, bon soldat, bon mari et bon père. Chanteur du dimanche. Sur les pochettes de ses disques, siglées des labels London ou Imperial Records, toujours le même demi-sourire de crèche, semblable à celui des anges de Lorenzo Lotto, que chevauchent ces joues bien remplies et comme pommadées par l'abusive gentillesse d'une mère qui ne se tient jamais très loin du photographe. Des hectolitres de brillantine pour discipliner ces cheveux qui ont tendance à faire des crans. Une implantation capillaire parfaitement carrée en héritage paternel, qui ôte d'emblée à son visage toute velléité de sauvagerie. Il ressemble un peu au Sinatra des débuts, celui qui usait deux paires de semelles par mois en traversant à pied le pont qui enjambe l'Hudson River et sépare le New Jersey de Manhattan, la civilisation du labeur de celle du loisir.

Sauf que lui n'a rien usé, sinon de ses relations, pour devenir une vedette. Ses parents, Ozzie et Harriet, comédiens de sitcom, lui ont offert la gloire à 15 ans, et un rôle en or aux côtés de Rock Hudson, en 1952, dans le film inspiré de leur show télé, *Here Come the Nelsons*.

Rick Nelson devient une star du rock sur un simple défi amoureux, à cause d'un vilain petit orgueil rouge vif dans lequel une fille un peu plus revêche que les autres s'était amusée à enfoncer la sale épingle du « *t'es pas cap* ». La garce en question ne jurait que par Elvis, un vrai rock'n'roller, lui, pas un demi-sel à la Ricky. Alors Nelson, pour lui prouver le contraire, enregistra un single, *I'm Walking*, puis d'autres et encore d'autres, et au cours de l'été 1958 il décrocha son premier N° 1 avec *Poor Little Fool*. Un morceau écrit spécialement à son attention par la fiancée d'Eddie Cochran, Sharon Sheeley, qui mêlait subtilement country et doo-wop sur une intrépide petite rythmique ressemblant au trot d'un jeune cheval. Rick Nelson, on en parlait maintenant comme d'un concurrent sérieux pour Elvis. La fille, qui avait sans doute décampé dans l'intervalle, ne devait pas en croire ses yeux.

Les très jeunes en pinçaient pour Ricky. Les retraitées également. Même les mâles, d'ordinaire méfiants à l'égard de ces détrousseurs de vertus, lui auraient accordé sans problème un tour de Chevrolet avec leur fille. Si un Presley avait rôdé dans les environs, en revanche, ils auraient bouclé les cadenas et sorti les fusils. Toute la différence est là, et Rick Nelson ne sera jamais Elvis Presley. Trop féminin, trop velouté, incarnant trop cette Amérique filmée au-dessus de la ceinture. La pop music, fille du rock'n'roll raffinée aux essences romantiques, tient sans doute en ce mélodique Nelson l'un de ses pionniers, avec Cochran et bien évidemment Roy Orbison. Ceux qui préfèrent aux matamores et aux triomphants les seconds couteaux et les beaux outsiders voient souvent en lui un parrain idéal pour leurs causes perdues. En 1986, Étienne Daho reprend *Sweeter than You* de Ricky Nelson sur la face B du maxi d'*Épaule tattoo*. Les reprises, chez lui, ne sont jamais des gestes innocents.

La chanson la plus célèbre de Rick Nelson est sans conteste *Teenage Idol*, adaptée en français par Johnny Hallyday sous le titre *L'Idole des jeunes*.

Mais c'est définitivement une autre histoire.

Introduction

Il ne dira pas

Sans doute faut-il faire preuve d'une légère inconscience pour écrire un livre sur quelqu'un qui a baptisé son premier album *Mythomane* et intitulé la première chanson de ce premier album *Il ne dira pas*. Étienne lui-même, au cours d'un rendez-vous chez lui pour évoquer ce projet de biographie, me fit remarquer ce double verrou qu'il avait pris soin de disposer à l'entrée de sa carrière de chanteur. De cette ironie courtoise qu'il manie avec un certain délice, il tenait ainsi à me prévenir de quel foutu labyrinthe je m'apprêtais à franchir le seuil. Je crois d'ailleurs qu'il cherchait à m'en dissuader. Un de ses amis proches, auquel j'envoyai à peu près à la même époque un mail pour l'avertir de mon projet, me répondit d'une seule phrase sibylline mais ô combien parlante : « Étienne est un mystère. » Un mystère, une énigme, le genre de mots qui reviendront souvent dans les conversations avec ses amis, ses collaborateurs et musiciens d'hier ou d'aujourd'hui, que je rencontrerais par la suite, chacun éprouvant ce sentiment d'en posséder une ou plusieurs clés mais rarement tout le trousseau. Pourtant, vu de l'extérieur, pour le grand public qui a assuré son triomphe depuis le milieu des années 80, Étienne Daho possède ce profil sans ombre d'un chanteur français comme il en existe tant d'autres. Il est juste un peu plus timide lorsqu'il passe à la télévision, ne fait jamais la pige aux côtés des Enfoirés, ne la ramène pas vraiment sur le Proche-Orient, les charges fiscales étouffantes, la tactique du PSG, ce qui suffit toutefois à le faire passer aux yeux de certains pour un dangereux excentrique. Même les journaux people, capables de mener des filatures dignes du FBI pour un recalé en première semaine de la Star Academy, lui fichent une paix royale. De la discrétion à la transparence, de la gentillesse à la fadeur, il y a ce pas que ceux qui vivent et commercent de la vanité et des excès des autres franchissent, le concernant, avec une belle et sotte imprudence. À l'origine de cette biographie, il y avait ainsi cette envie de distordre l'image publique d'Étienne Daho ou en tout cas de la rendre plus fidèle à la vision mieux affûtée qu'en ont ceux qui connaissent en détail son travail, et bien évidemment ceux qui ont appartenu au fil du temps à sa sphère artistique ou privée. Aller à rebours des clichés simplificateurs – « Dandy des années 80 », « chanteur post-yé-yé », « personnage lisse et chic » – sans chercher pourtant à tout prix le contre-courant, tel était le délicat jeu d'équilibre qui se présentait à moi au départ de ce portrait grand format. La recherche de la justesse en serait donc le moteur. Dépeindre Étienne Daho en Ozzy Osbourne, décapitant des chauves-souris à pleines dents, n'aurait été de toute façon pas très crédible. Lui consacrer, comme c'est trop souvent le cas, des teintes d'aquarelle avec délayages à l'eau tiède rendrait tout autant le tableau peu conforme à la réalité. J'avais acquis toutefois la conviction, avant même d'écrire la première ligne de ce livre, que la tâche m'en serait grandement facilitée par Étienne lui-même. C'était à l'automne 2006, il venait de faire chavirer une nouvelle fois l'Olympia le temps d'une soirée en interprétant dans son intégralité l'album *Pop Satori*, sorti exactement vingt ans plus tôt. À travers cet anniversaire, dignement fêté et arrosé jusqu'à pas d'heure à son domicile avec quelques amis, j'avais comme le sentiment qu'Étienne enterrait ce soir-là une bonne fois pour toutes sa vie de garçon, celle du Daho de 86, tant le chantier qui l'attendait dès le lendemain appartenait définitivement à une autre ère. Il venait de changer de label, quittant Virgin auquel il était resté fidèle pendant vingt-quatre ans pour rejoindre Capitol – les deux appartenant toutefois à la même maison, EMI – et le disque dont il entamait l'écriture était à l'évidence l'un des plus importants de sa vie. Le plus personnel également. J'écoutais ainsi, dans une version démo déjà bouleversante, la chanson *Boulevard des Capucines*, où Étienne fait parler son père dans un récit épistolaire qui évoque un soir de 1986 où Étienne Daho senior – le père et le fils portant le même nom – débarqua à l'Olympia à l'improviste pour tenter de retisser des liens brutalement rompus vingt ans auparavant en Algérie, pays de naissance de son « junior » devenu star. Si Étienne osait aborder ce sujet clé de son existence de façon aussi franche et directe – beaucoup moins métaphorique que sur *Duel au soleil* par exemple –, s'il acceptait enfin cette épaisseur et cette gravité longtemps fuies ou tamisées sous des euphories de façade, cette biographie avait alors un sens. L'auteur farouche de *Il ne dira pas* s'était lentement, patiemment, mûrement converti à cette idée que confidence ne signifie pas nécessairement impudeur, et que les blessures guérissent mieux à l'air libre, à travers ces armistices qui succèdent aux guerres autodéclarées. Même si ça peut prêter à sourire, car il n'est pas d'image plus inoffensive et plus pacifique que la sienne, Étienne Daho a souvent utilisé le mot « guerrier » pour parler de lui-même, jusqu'à employer encore ce terme dans la chanson *Boulevard des Capucines*. Parce que la guerre, en l'occurrence la guerre d'Algérie, est au cœur de son histoire familiale. Parce que l'esprit guerrier, celui qui pousse à sublimer sa condition ou ses forces pour atteindre un but vital, constitue l'une des clés de sa réussite d'artiste. J'aurais pu dépeindre dans cette biographie uniquement les années qui précèdent l'enregistrement de son premier album et cela aurait été suffisant à presque tout appréhender de l'œuvre d'Étienne Daho, qui a fantasmé, envisagé, calculé sa vie de chanteur et de musicien avant même de l'accomplir. *Mythomane* prémonitoire, armé d'une détermination de fer mais assez flexible et souple au sein d'une génération rigide pour se glisser dans le bon pli au bon moment, Daho le Rennais incarne ainsi l'outsider vaillant qui coiffe au poteau tous les favoris. Se payant même le luxe de briller encore des décennies plus tard du même éclat alors que le souvenir de tant de rivaux n'est que tas de poussière relégué dans des recoins de mémoire.

En cette année 2008, Étienne Daho célèbre les 30 ans d'un fameux concert des Stinky Toys qu'il avait organisé à Rennes, un soir de décembre 1978, et qui détermina tant de choses pour la suite. Il enregistre depuis plus d'un quart de siècle des disques, consacrés de fortunes commerciales diverses mais qui ne laissent jamais indifférents, et il se produit régulièrement en concert devant des salles aussi pleines que pleines d'enthousiasme. Entre *Mythomane* (1981) et *L'Invitation* (2007), il a mûri, s'est épanoui et s'est bonifié sans afficher la moindre trace d'usure et de lassitude. Son dernier album est l'un des plus audacieux, musicalement comme au niveau des textes, parmi la dizaine qu'il a sortie à ce jour, ce qui est déjà une sorte d'exploit dans un pays où le conformisme musical finit toujours par gagner ceux qui semblaient programmés génétiquement pour y échapper. Ce pays du génial

Gainsbourg et du banal Gainsbarre, du Polnareff grandiose de 1966-1973 et de son fantôme grotesque d'aujourd'hui. Daho échappe ainsi à la sclérose artistique car il reste avant tout un auditeur en éveil des sons les plus neufs, comme lorsqu'au sortir de l'adolescence il furetait dans les bacs des disquaires rennais à la recherche d'une perle inconnue, d'un nouveau rythme sauvage à apprivoiser ou d'un arôme inédit dont il se laisserait envahir. Contrairement à pas mal d'artistes qui ne vivent et ne créent qu'entourés de leur propre oxygène, imperméables ou presque à la traversée de courants extérieurs, Étienne Daho a toujours été et restera toujours un amateur de musique, un songwriter sous influence. Son admiration précoce pour des artistes aussi divers que les Beach Boys, Syd Barrett, Françoise Hardy, la Motown ou le Velvet Underground a en outre déterminé un niveau d'exigence plutôt élevé, une attirance vers une certaine « artistocratie » dont il n'a jamais trahi les fondements. C'est d'ailleurs l'une des raisons de sa longévité : en évitant soigneusement d'aller contre sa nature profonde, il s'est prémuni contre les courants d'air du temps qui peuvent claquer des portes plus qu'ils ne permettent d'en ouvrir. Certes, la musique de Daho accompagne harmonieusement les différentes époques qu'elle a traversées, mais si on y regarde attentivement, elle aura plus volontiers indiqué les tendances et les couleurs qu'elle n'aura été contrainte de les épouser par force. Émissaire élégant au pays des variétés vulgaires, homme de goût nourri à la pop culture anglo-saxonne tout en étant l'héritier d'un évident classicisme français, Étienne Daho est l'hybride idéal de ce qui a façonné culturellement le monde de l'après-guerre. C'est un existentialiste pop qui a émergé au cœur de la décennie de la pub et des paillettes. Son ADN musical contient des traces de Saint-Germain-des-Prés, du Swingin' London et de son arborescence psychédélique, de *Salut les Copains*, de l'*endless summer* californien, du New York de la Factory, du glam de Bowie et T.Rex, du punk et de son « after » new wave, de la pop synthétique des années 80, de l'indie rock des décennies suivantes et du romantisme intemporel qui affleure de toute l'histoire du rock. Chez d'autres, une telle addition de contraires finirait par trahir un manque cruel d'identité et par soustraire l'âme nécessaire à tout accomplissement d'une œuvre artistique singulière. Avec Daho, c'est au contraire au travers de cette diversité que s'est inventé un style, une griffe, identifiable entre toutes. Avec en devanture cette voix que seuls quelques oto-rhinos contrariés, qui aiment tant admirer les amygdales des chanteurs, considèrent comme une non-voix. Cette voix dont la sensibilité, au sens photographique du terme, peut aussi bien filtrer léger sur des mélodies estivales que virer dans de graves et solennelles nuances comme lorsque Daho interpréta *Le Condamné à mort* de Genet, dans un registre où personne ne l'attendait – ou alors avec des fusils pointés –, celui de la Chanson Française majuscule.

Ma première rencontre professionnelle avec Étienne remonte à 1997, justement l'année du *Condamné à mort*. J'y allais moi-même comme on va au billot, certain qu'un accueil de banquise me serait réservé. Un an auparavant, j'avais écrit une chronique assassine de l'album *Eden* dans *Les Inrockuptibles*. Un genre de papier hâtif et mal embouché, dicté par les contraintes intempestives d'un bouclage, où j'étais passé à côté d'un des albums les plus foisonnants et complexes de Daho, l'accusant de façon totalement injuste d'avoir cédé à quelques paresseuses sirènes à la mode – l'électro et la drum'n'bass en l'occurrence. À Rueil-Malmaison, à la première date d'une tournée qui l'occuperait une grande partie de l'hiver 97-98, Étienne m'accueillit dans sa loge avec nulle intention de revanche – ouf ! – mais sans éluder non plus le sujet, avec un souci quasi pédagogique de sa part pour expliquer sa démarche, ses choix, le caractère particulier de ce disque et la tristesse aussi d'avoir été à ce point incompris – je n'étais pas le seul à avoir dézingué *Eden* dans la presse. Je m'étonnais intérieurement qu'un type de sa notoriété, qui aurait pu comme tant d'autres profiter d'une occasion si belle pour humilier et sermonner son interlocuteur, fasse montre d'une telle hauteur d'esprit, plus soucieux de débattre et d'argumenter que d'asséner sa petite vérité orgueilleuse de vedette outragée. Je découvris aussi à cette occasion que Daho n'était pas simplement un fou de musique, il était aussi un féru de presse musicale, de livres sur la musique, de documentaires, de films ou de biographies. À tous les idiots qui considèrent qu'en tout journaliste musical sommeille un musicien frustré, on pourrait citer l'exemple de Daho qui possède bien des caractéristiques d'un journaliste musical contrarié qui a embrassé une carrière de chanteur par souci premier de faire partager son goût pour la musique des autres, éveiller ses contemporains à des choses secrètes dont il regrettait sincèrement qu'elles ne soient pas plus unanimement partagées. Lorsqu'il produira des gens comme Bill Pritchard ou Daniel Darc, qu'il permettra à Brigitte Fontaine ou Dani de revenir au premier plan médiatique, qu'il ira chercher des correspondants étrangers comme Torch Song ou Saint Étienne, ce sera toujours dans ce souci altruiste de leur faire bénéficier d'une part de sa lumière. On ne manquera d'ailleurs pas de « lire » sa discographie à travers ce prisme, entre des reprises semées en chemin comme autant de repères, des invités appartenant à une mythologie personnelle – de Jacno à

Astrud Gilberto – ou des jeunes talents vite promulgués au rang de collaborateurs – Les Valentins, Ginger Ale.

Nous sommes en 2008 et la musique, telle qu'on l'entendait depuis un demi-siècle, est en voie accélérée d'extinction. Sortir (et acheter) un disque deviendra bientôt, si l'on en croit en tout cas les prophètes d'une apocalypse annoncée, un acte aussi désuet qu'appeler une opératrice pour joindre un correspondant au téléphone. S'ouvre ainsi une ère bizarre où à l'inquiétude se mêle une excitation sans précédent. Chacun, depuis un ordinateur, peut ainsi avoir accès instantanément à toutes les musiques, des plus connues aux plus obscures, sans hiérarchie de distribution ou de promotion. Conséquence un peu ennuyeuse de cette révolution, l'artiste n'est plus forcément le maître de son œuvre, il ne peut plus décider d'une articulation, d'un ordre d'écoute ou d'une progression élaborée de sa musique, puisqu'à l'autre bout l'auditeur aura tout loisir d'écouter un album en commençant par son milieu, ou en évitant purement et simplement certaines chansons. Chez Étienne Daho, je fus d'emblée étonné par l'absence de CD, sans doute remisés dans une autre pièce comme des bibelots encombrants. Dans son salon, un ordinateur portable fonctionne comme un juke-box tandis que des vinyles tournent alternativement sur une superbe platine vintage. J'aperçois le premier Stinky Toys, ce disque dont il ne se sépare jamais, le fameux *Lee & Nancy* (Hazlewood et Sinatra), une belle collection Motown, un original des Crystals, ces pouliches de l'écurie Phil Spector qui l'émoustillent visiblement comme un collégien. Des MP3 et des microsillons, l'avenir inéluctable et un certain passé choisi, fait de pochettes en carton fort, d'artwork stylé, d'incomparables vibrations. Le progrès et la nostalgie, l'aventure contemporaine et la culture pop, la force d'Étienne Daho, depuis ses débuts, c'est d'avoir réussi à harmoniser ces deux dimensions pour n'en faire qu'une seule. Dire que l'on tient là le secret de sa longévité équivaut à enfoncer une porte ouverte avec une voiture bélier chargée de lieux communs. Moins évidente est en revanche cette explication : Étienne Daho reste, après vingt-cinq ans de carrière, dans l'état d'alerte d'un débutant devant toujours et encore faire ses preuves. Il ne s'agit pas d'une coquetterie d'artiste trop gâté mais bien d'un réel et positif besoin de remise en question permanent. Avant d'entamer l'enregistrement de son dernier album, il évoquait ainsi à haute voix son inquiétude face à l'effondrement de l'industrie musicale, se demandant même si cela servait encore à quelque chose de faire un disque. Huit mois plus tard, *L'Invitation* rendait l'interrogation caduque. Étienne Daho est à l'évidence l'un des jalons majeurs de la culture française d'aujourd'hui, sa musique et ses textes résonnent chez chacun de façon unique et chez tous avec une force et une distinction sans comparaison.

Cette histoire commence

(1978-1979)

Étienne Daho est né le 18 décembre 1980, à l'âge de 24 ans, sur la scène qui accueille la seconde édition des Transmusicales de Rennes. Il a le hoquet pendant les vingt longues minutes que dure cet accouchement d'une vie d'artiste dont l'existence embryonnaire s'est étirée sur environ deux années. Un hoquet irrépressible qui ne l'empêche nullement d'accomplir, aux forceps mais dans un état d'euphorie libératoire, ce qui s'apparente plus volontiers à un tour de force qu'à un tour de chant. Il porte une veste bleu pétrole et une chemise blanche dont le col est noué par un lacet de cow-boy qui renvoie au titre de sa première chanson, enregistrée deux mois plus tôt dans un studio parisien pour un hypothétique single avorté. « Cow-boy, se méfie, se tait, puis d'un coup s'allume », comme un résumé à peine métaphorique d'un rapport au monde compliqué qui trouve ce soir-là, dans cet « allumage », une possible voie d'apaisement. La route vers le succès sera toutefois moins longue que ne l'imaginent les gens présents dans la salle, car personne ne se doute que son tracé remonte en réalité à une géographie secrète, un plan intime ébauché des années en arrière. Avec Philippe, un copain de sixième qui se rend chez lui le soir après la classe, Étienne monte ainsi parfois des petits spectacles en chambre hautement sophistiqués dont il règle les lumières et le décor. C'est pourtant Philippe qui, à l'époque, tient le plus souvent le micro pour chanter des tubes du moment. Quelques années plus tard, avec un autre copain d'école, Jean-Pierre Ghuez, qui présente l'énorme avantage de posséder une guitare, il bredouille ses deux premières chansons originales. La première s'intitule *Moderne*, un mot que la génération Daho déclinera bientôt sur tous les tons. La seconde a pour nom *Attendre*. On peut suggérer que ce titre évoque l'état stationnaire dans lequel il se trouve alors, âgé d'environ 15 ans, l'adolescence se résumant comme chez bien d'autres à un long jeu de patience. « Les petits garçons rêvent d'aventure », écrira-t-il des années après dans *Cow-Boy*. Les plus volontaires, nettement moins nombreux après leur passage au tamis de la vie d'adulte, se débrouillent toujours pour y parvenir. À 24 ans, Étienne Daho n'est plus un enfant mais il a conservé, sur les affiches, l'appendice « Jr » à son nom. Une coquetterie ombilicale de type américain, pourtant hautement symbolique pour lui, mais dont même ses amis les plus proches n'apprendront la signification que très tardivement. Il faut dire qu'à Rennes, depuis quelques années, l'effervescence est telle que les moments d'épanchement des uns et des autres passent au second plan. La ville est une fête où les trajectoires de chacun se confondent, les différences sociales rétrécissent, et le désir mêlé du plaisir et de la créativité collective l'emporte sur les histoires de chacun. Un sacré conglomérat d'étudiants fauchés et de jeunes grands bourgeois, d'activistes libertaires, de jouisseurs, de visionnaires et de glandeurs, d'artistes en devenir et d'autres qui commencent à posséder un nom – même affublé d'un Jr qui en trahit la touchante immaturité. Le cœur de Rennes bat comme partout où il y a une forte concentration universitaire, mais juste un peu plus fort pour être remarqué au-delà de la Bretagne. Il y règne une atmosphère directement impulsée par Mai 68 mais comme zébrée, reconditionnée culturellement et émotionnellement, par le passage éclair du punk. La France dans son ensemble a notoirement raté le punk, à de rares exceptions près, mais elle en a retenu l'essentiel. Le pire, à travers cette autodestruction par la défonce qui fait ressembler certaines photos d'époque à d'imminents et intolérables cimetières. Le meilleur, grâce à cet affranchissement des codes académiques qui empesaient la culture et la création depuis des siècles. Le meilleur encore avec, dans l'aventure collective que constitue par force une génération, cette distinction de l'individu comme électron libre, de ses choix vestimentaires, de ses préférences sexuelles, de son désir d'embellir sa vie avant de chercher à changer celle des autres – ce qui conduit, au moyen de l'art, à une autre manière d'y parvenir. Contrairement aux idées reçues, il existait avant le punk un underground artistique français très vivace mais sa manifestation, par petits foyers insurrectionnels, comme sa radicalité idéologique imperméabilisaient sa créativité du goût du public. L'idée force de la new wave française, dans les années qui suivirent 1977, consistait au contraire à ramener la marge vers le centre sans se trahir, à utiliser des schémas et des artifices déjà éprouvés – notamment dans les années 60 – pour prendre possession insidieusement des médias, des réseaux divers allant des salles de concerts aux maisons de disques, pour s'en tenir à la musique. Les années 80 comme ligne de flottaison de ces espoirs de changements – pas uniquement politiques – avantageront cet essor artistique de grande ampleur. La création de labels indépendants, de magazines, de lieux d'expression, la refonte des codes graphiques, des styles vestimentaires, des références culturelles et l'initiative de quelques personnalités singulières créeront un tissu favorable à ce changement d'ère. Comme à Glasgow ou à Manchester au même moment, à Rennes le rock est à la fois un point de ralliement et un carrefour idéal pour entrecroiser des domaines aussi vastes et dispersés que le cinéma, le design, le graphisme, la littérature ou l'ensemble des arts plastiques. C'est surtout un vecteur de socialisation qui prendra à Rennes des proportions considérables, car en ligne directe avec New York ou l'Angleterre la ville aime à cultiver une distinction, un goût, souvent aux avant-postes de la mode. L'habituelle frustration provinciale agit ici comme un moteur, dans un esprit de défiance positive qui ne possède aucun véritable équivalent dans la France de l'époque. Rennes devient donc en quelques années LA ville rock française. La presse spécialisée y dépêche logiquement ses émissaires afin de prendre le pouls musical d'une cité qui fourmille de groupes semblant rehausser le niveau national – qui, il faut bien l'avouer, n'était pas bien élevé. Marquis de Sade est celui vers lequel vont converger dans un premier temps tous les regards.

Formé au cours de l'été 1977, le groupe a bien failli s'appeler Les Rats d'égout, dans un esprit punk qui aurait sans doute eu un fatal effet répulsif. Autour de Christian Dargelos – qui partira bientôt fonder Les Nus – et Frank Darcel, le ballet des musiciens dure environ un an avant de trouver son équilibre. L'arrivée, fin 1977, du chanteur Philippe Pascal, jeune garçon ténébreux et cultivé, contribue à affiner une proposition musicale qui se détache avantageusement de l'ordinaire du rock français. Amateur du blues antédiluvien comme d'Antonin Artaud, aussi prompt à citer Schiele, Munch ou Klimt que Blind Willie Jefferson, Pascal possède une voix hérissée qui induit une forme de tension immédiate, tandis que ses textes sont inspirés par l'avant-garde européenne de l'entre-deux-guerres ou les photos de Dorothea Lange et Walter Evans sur la Grande Dépression américaine des années 30. Comme son équivalent mancunien Joy Division, Marquis de Sade est influencé également par les premiers Roxy Music, les albums solo de Brian Eno et celui que Bowie et Eno viennent de publier en janvier 1977, *Low*, enregistré à Berlin. Le Velvet Underground de Lou Reed, John Cale et de la fantomatique Nico figure néanmoins pour eux la matrice d'un rock à la fois urbain et métaphysique, arty et animal. Le Patti Smith Group et Television, qui en sont les héritiers new-yorkais, semblent également liés à Marquis de Sade par un lien télépathique évident. Les brumes bretonnes, comme celles de Manchester sur Joy Division, ajoutent un voile particulier qui distingue d'emblée le son Marquis de Sade. Le charisme de Philippe Pascal et l'intensité du jeu de guitare de Frank Darcel font en outre du quintette un remarquable groupe de scène qui ne tarde pas à faire scintiller les nuits rennaises. Au cours des concerts, le morceau *Conrad Veidt*, du nom de l'acteur somnambulique du *Cabinet du Dr Caligari*, le film étalon de l'expressionnisme allemand, est l'un des pics vertigineux de leur jeune répertoire. Au printemps 1978, le groupe trouve un manager idéal en la personne d'Hervé Bordier, qui a créé l'association Terrapin, ainsi baptisée en référence au *Terrapin Station* de Grateful Dead, sorti un an plus tôt, mais également et surtout au titre qui ouvre le premier album solo de l'ex-Pink Floyd Syd Barrett, *The Madcap Laughs*. L'autre grande référence de cette génération qui aime les maudits. Bordier organise notamment des concerts, et son association servira de base à la création des Transmusicales de Rennes. Il est fiancé avec une fille qui est la meilleure amie d'Anne Éluard, elle-même amie d'enfance d'Étienne Daho. À l'époque, Daho gravite autour de la scène locale sans but avoué sinon de réaliser certains fantasmes liés à la musique. Il a passé un bac littéraire, suivi en dilettante un DEUG d'arts plastiques et en parallèle une fac d'anglais. « L'anglais, c'était uniquement pour tenter de comprendre les disques que j'écoutais et qui étaient dans leur grande majorité anglo-saxons. Je nourrissais depuis longtemps une véritable fascination pour le premier album du Velvet Underground, et Hervé Bordier avait fait venir Nico en concert à Rennes. Par son intermédiaire, j'ai pu ainsi approcher celle dont la pochette de *Chelsea Girl* était accrochée au mur de ma chambre. J'ai collé les affiches dans les bars pour le concert, assisté aux balances, et ensuite nous sommes allés dîner avec elle dans un restaurant végétarien. Grâce à Hervé, c'est tout un monde qui devenait soudainement accessible. » Et lorsque Bordier produit le premier 45 tours de Marquis de Sade, *Air Tight Cell*, en juin 1978, c'est encore Étienne qui fait mission de bons offices en allant porter en main propre la précieuse galette à John Peel, le gourou des DJ anglais qui diffusera le titre dans son émission de la BBC. Daho est fasciné par Londres, où il se rend le plus souvent possible malgré les maigres moyens que lui offre sa paie de surveillant d'internat. « Tout le monde à Rennes se sentait plus proche de Londres que de Paris, c'était comme une seconde patrie naturelle. Il y avait dans l'air quelque chose de très semblable entre les deux villes, le côté sombre et brumeux et en même temps hypergalvanisant. » Moins lointaine que cet autre théâtre de fantasmes rock qu'est New York, la capitale anglaise vit alors dans le prolongement du punk l'une des ébullitions musicales les plus importantes depuis dix ans. Le Swingin' London, que Daho connaît également sur le bout des doigts, a laissé place à une approche plus brute et artisanale de la pop, tout en se nourrissant d'influences sophistiquées. Les labels indépendants pullulent, les combinaisons musicales paraissent infinies, et la presse qui les relie vit des heures d'une prospérité sans précédent. C'est à travers la couverture de l'un des trois hebdomadaires musicaux anglais qu'Étienne Daho reçoit l'un des chocs les plus violents de sa vie, celui qui aura les conséquences les plus déterminantes sur sa carrière. En septembre 1976, les Stinky Toys partagent l'une des affiches les plus sulfureuses de la décennie sur la scène du 100 Club à Londres. Le grand marionnettiste du punk, Malcolm McLaren, a réuni sur un même plateau le groupe avec lequel il compte bien mettre le feu au royaume, les Sex Pistols, mais aussi The Clash, The Buzzocks et The Subway Sect. Cerise exotique sur ce pudding électrique, les Français de Stinky Toys (les « Jouets puants ») constituent une attraction suffisante pour que l'influent *Melody Maker* décide de propulser en couverture leur chanteuse, Elli Medeiros, dès la semaine suivante. Daho achète le journal et tombe immédiatement amoureux. D'Elli, de Jacno, des Toys, sans avoir entendu la moindre note de leur musique pour la bonne et simple raison qu'ils n'ont encore rien enregistré – leur premier single, *Boozy Creed*, sortira quelques mois plus tard. Elli et Jacno se sont rencontrés au cours d'une manifestation étudiante. Elle est uruguayenne, a passé une partie de sa jeunesse en Argentine et a débarqué à Paris à l'âge de 14 ans, accompagnée de sa mère, l'actrice Mirtha Medeiros, et de son beau-père. Son père biologique, José Luis, a abandonné sa famille lorsqu'Elli avait 5 ans, événement qui fera résonance avec la propre histoire d'Étienne. Douée pour le graphisme, la jeune fille qui parle à peine français étudie notamment à l'École des arts appliqués avant que sa rencontre avec Jacno ne dévie sa trajectoire vers la musique. Denis Quilliard est né en 1957, moins d'un an après Étienne. Son pseudonyme Jacno est emprunté à l'illustrateur Marcel Jacno, avec lequel il n'a aucun lien de parenté mais qui fut connu pour avoir dessiné le casque des cigarettes Gauloises, dont Denis est un grand consommateur. Avec Bruno Carone, Albin Dériat et Hervé Zénouda, le couple aussitôt formé à la ville donne naissance à la scène aux Stinky Toys, en référence aux voitures miniatures Dinky Toys mais embouties façon punk. Si les Stinky Toys sont l'un des fers de lance du punk parisien avec Metal Urbain ou Asphalt Jungle, leur image se situe avantageusement à l'écart des autres, nourrie notamment par des références aux sixties, voire à certains codes des années 50. À l'instar de Blondie, qui réactive au même instant de l'autre côté de l'Atlantique l'esprit pétulant des girls bands en lui greffant les nerfs du punk, les Stinky Toys sont à la fois bruyants et glamours, désordonnés et incisifs, punk et pop. Pour Elli, appartenir à un groupe de rock ne constitue que la partie saillante d'une intervention publique à couches multiples. Elle dessine, écrit, se fringue avec un même appétit tourbillonnant. C'est d'ailleurs en remarquant l'usage radicalement détourné qu'Elli fait des épingles à nourrice que Malcolm McLaren aura l'idée d'en faire l'accessoire fétiche du punk. Étienne la suit à la trace : « Elle écrivait dans un fanzine, *Annie aime les sucettes*, et j'adorais ses articles, qui parlaient aussi bien des scooters que d'Eva Peron. J'ai surtout immédiatement adoré leur premier album, je ne sortais jamais sans en emporter un exemplaire sous le bras. Partout où j'allais dans Rennes, je le faisais écouter. En boîte, je le donnais au DJ pour qu'il le passe, je crois que j'ai saoulé tout le monde avec ça pendant des mois. Elli et Jacno formaient un autre de ces couples hyperattirants comme avaient pu l'être avant eux Dutronc et Hardy ou Gainsbourg et Birkin, sauf qu'ils avaient mon âge et aimaient les mêmes choses que moi. Ils étaient auréolés d'une réputation énorme, qui dépassait le petit cercle du rock. Alain Pacadis ne jurait que par eux, il se passait quelque chose de vraiment important autour de ce groupe. » Comme il ne possède à l'époque aucun moyen d'entrer en contact avec eux, l'idée germe alors de les faire venir à Rennes pour un concert.

Sur le modèle de Terrapin, l'association d'Hervé Bordier, Étienne monte Ellipse avec deux amis de longue date, Yves Chapoy, qu'il a rencontré chez les scouts, et Sylvie Coma. Curieusement, le premier projet d'Ellipse sera l'organisation à Rennes d'un spectacle théâtral, *La Fille de Rappaccini*, une pièce d'Octavio Paz qu'Étienne a découverte lors d'un passage au festival d'Avignon. La représentation se solde par un échec assez cuisant, ce genre de théâtre cérébral ayant assez peu d'amateurs parmi la faune des jeunes Rennais. Qu'importe, l'étape suivante sera forcément plus en phase avec le goût local puisqu'il est question de la venue des Stinky Toys pour une double affiche avec Marquis de Sade. Yves, Sylvie et Étienne assèchent leurs bourses d'étudiants pour s'offrir ce cadeau – qui est surtout un cadeau pour Étienne –, et Hervé Bordier leur donne un coup de main pour contacter le groupe parisien via leur manager et pour trouver un endroit. Le concert a finalement lieu Salle de la Cité le 18 décembre 1978, jour où la neige a décidé de s'inviter également à Rennes, ce qui faillit bien compromettre la venue des Toys. Sur place, si le groupe sympathise assez rapidement avec leur hôte d'un soir, l'atmosphère est plus électrique avec les membres de Marquis de Sade, qui supportent assez mal de voir débarquer sur leurs terres un concurrent aussi dangereux. La discussion, plutôt animée, tourne autour d'un hiatus assez prévisible : aucun des deux groupes n'accepte de faire la première partie de l'autre. Les Toys sont plus connus nationalement, ils ont déjà sorti un album contrairement à Marquis de Sade, mais ces derniers connaissent leur impact chaque fois gagnant sur le public rennais. Comme il apparaît difficile que les deux groupes jouent en même temps, et que Jacno – qui prétend avec une arrogance assez amusante n'avoir jamais entendu parler de Marquis de Sade – n'est pas disposé à transiger, les Stinky Toys emportent finalement ce combat de coqs et par conséquence la tête d'affiche. Un problème plus épineux se pose en revanche aux organisateurs, qui n'ont pas prévu de service d'ordre pour ce concert censé drainer toute la jeunesse rock rennaise. Résultat, seule une vingtaine de personnes prennent la peine d'acheter un billet tandis que les autres, entraînées par quelques meneurs plus entreprenants, forcent l'entrée et assistent à l'œil à ce moment historique : deux futurs mythes du rock français sur la même scène, et dans la coulisse le plus célèbre des chanteurs pop en devenir. Étienne ne reste d'ailleurs pas longtemps backstage, il ne veut pas perdre une miette du concert des Toys même si les conséquences financières d'un tel fiasco seront lourdes à porter dès le lendemain : « Je me foutais de ce qui m'attendait – en gros, manger des patates pendant un an parce que je n'avais plus un rond –, j'étais juste heureux de voir mon groupe préféré pour la première fois sur scène. » Malgré ce contexte en surchauffe et une sono qui ne supporte pas toujours très bien le choc, il n'est pas déçu. Il ne pouvait pas l'être. Elli est une bombe à fragmentation qui explose en scène, allumée par le jeu de guitare au chalumeau de son compagnon. Les *Plastic Faces*, *Boozy Creed* et autres *Lonely Lovers* – matrice méconnaissable du futur *Amoureux solitaires* que Jacno composera quelques années plus tard pour Lio – agissent telles des piqûres acides mais leur sauvagerie apparente n'empêche pas l'ingéniosité et leur extrême rigueur formelle de percer. De plus, avec Marquis de Sade avant eux, on tient là d'un strict point de vue photogénique les deux groupes canons de cette génération. Les Téléphone et autres Starshooter paraissent tout droit sortis de la cafétéria du lycée – leurs chansons aussi par ailleurs –, MDS et les Toys affichent une classe insolente, à l'anglaise. D'une modernité ravageuse. Le journaliste Jean-Éric Perrin, qui a rejoint depuis peu la rédaction de *Rock&Folk*, a parfaitement senti l'approche de ce vent nouveau dans le paysage du rock français. La rubrique qu'il tient chaque mois porte un titre qui va devenir une sorte de générique de l'époque : « Frenchy but chic ». « J'avais un petit boulot à la Bourse avec Jean-Pierre Gaillard, je copiais des chiffres sans trop savoir à quoi ils correspondaient. J'arrivais de province, j'étais vaguement étudiant et j'ai poussé la porte de *Rock&Folk* malgré ma timidité et ma totale inexpérience en matière de journalisme. À l'époque personne ne s'intéressait au rock français au journal, encore moins à cette nouvelle vague. Grâce à cette rubrique, j'ai commencé à graviter dans ce milieu et j'ai rencontré un jour un type qui était photographe et manager des Toys, dont j'étais déjà très fan. On a commencé à se voir avec le groupe et ils m'ont naturellement embarqué avec eux pour ce fameux concert à Rennes. On s'est entassés dans un van par moins dix, avec des anoraks roulés en boule, et on est arrivés sous la neige dans des conditions pas possibles. Étienne et Sylvie Coma étaient là pour nous accueillir à l'arrivée. Après le concert, la neige n'ayant pas cessé de tomber, il n'était pas question de retourner sur Paris, on a donc dû improviser. Comme il n'y avait pas assez de chambres d'hôtel pour tout le monde, je me suis retrouvé dans l'appartement d'Étienne. » C'est dans ce deux pièces modeste mais idéalement placé, au centre de Rennes, 9, rue de Nemours, que tout le monde s'agglutine le soir du 18 décembre, autour d'un radiateur électrique, prêté par sa voisine Béatrice Macé, et qui constitue le Graal de ce jour sibérien. Au-delà même de son statut de supporter ultime des Stinky Toys qui l'a amené à organiser le concert, Daho donne immédiatement l'impression à Elli et Jacno d'appartenir comme un frère à leur famille artistique. Alors qu'à Rennes seul le rock anglo-saxon a droit de cité, Étienne s'intéresse depuis toujours à une certaine chanson française des sixties que la plupart des autres snobent avec obstination. Les noms de Gainsbourg et de Françoise Hardy, notamment, reviennent aussi souvent dans ses conversations que ceux du Velvet ou de Bowie. Il admire également depuis longtemps les Beach Boys ou Ricky Nelson, pas très en vogue à l'époque dans les milieux branchés. Avec Elli notamment, il se trouve à parler des mêmes choses sans essuyer les moqueries habituelles. « Des organisateurs de concert, j'en voyais beaucoup à l'époque, mais aucun n'avait le même amour de la musique qu'Étienne. À part les Stooges, qui était mon groupe ultime et qu'il n'aimait pas trop, on se retrouvait sur tout. Nos goûts en cinéma étaient très proches, il aimait comme nous les acteurs de l'âge d'or hollywoodien et la Nouvelle Vague, mais surtout il pouvait parler aussi bien du Velvet que de João Gilberto ou Antonio Carlos Jobim. » Et même si les Stinky Toys ont choisi l'anglais comme première langue, ils reprennent sur scène *Je veux qu'il revienne* de Françoise Hardy car Jacno est un fin connaisseur de la pop française des sixties, ce qu'il ne tardera pas à démontrer à travers la transposition de cet esprit faussement ingénu, à la mélancolie distante, lorsque les Toys laisseront place à Elli & Jacno. La collection de Dinky Toys accrochée au mur de son minuscule appartement achève de convaincre ces visiteurs d'un soir que ce garçon est décidément leur jumeau.

Le jour même, Étienne fait à ses nouveaux amis une confidence qu'il n'a jamais faite à personne : il veut écrire des chansons. Il n'a aucun plan précis pour y parvenir, ne pratique aucun instrument et n'a jamais appartenu à un groupe. À Rennes, on le connaît comme fêtard, comme DJ ou comme vendeur de disques occasionnel dans les boutiques de la ville, on vient de le découvrir en organisateur de concert, personne ne s'attend en revanche à le voir monter sur scène ou enregistrer un disque. « J'avais déjà écrit certaines de mes futures chansons mais c'est à eux que j'en ai parlé la première fois. Sans rien avoir entendu, ils m'ont encouragé à me lancer, ce qui constituait pour moi une sorte de déclencheur. Il y avait quelque chose dans l'esprit de l'époque qui disait qu'il fallait faire les choses sans se préoccuper des moyens ni de ses capacités. Créer, c'était la seule chose qui importait. Elli et Jacno adhéraient complètement à cette philosophie, c'était important pour moi d'avoir un détonateur. Surtout celui-là. » Sans être rongé par l'ambition, Daho a sans doute à cette époque l'intuition que ses désirs sont suffisamment tenaces et que le climat est plutôt favorable pour que leur réalisation ne dure pas des siècles. La dynamique rennaise aidant, il sait également qu'il se trouve au bon endroit et qu'il ne reste plus qu'à guetter le bon moment. En attendant, même si les dettes consécutives au concert l'obligent à vivre avec presque rien, la folie alentour ne baisse pas de rythme. Ce sont désormais des bandes entières de jeunes gens de toutes conditions qui se retrouvent presque tous les soirs au bar L'Épée et terminent la nuit dans la boîte située juste à côté, Le Batchi. Étienne est également DJ, pour renflouer ses finances mais surtout pour faire partager ses découvertes rapportées d'Angleterre ou échangées avec un autre fanatique de musique rennais, Jean-Louis Brossard. L'un des personnages clés de cette petite faune, le futur styliste Stéphane Plassier, est l'un des animateurs de ces grandes transhumances de lieux en lieux et de fêtes en fêtes : « La géographie de Rennes a eu une influence importante sur nos comportements. Cette ville est traversée par une longue artère et il y avait comme repère Le Café de la paix. C'était plutôt un café de rombières mais comme il était assez vaste, et comme la déco fifties correspondait assez bien à notre esthétique, c'était devenu un poste d'observation parfait dans la journée, avant la migration vers L'Épée, qui était plutôt un lieu du soir. Je pense qu'on s'était tous retrouvé autour de quelque chose qui dépassait la musique mais dont la musique, et tout ce qui allait avec, était l'élément le plus fédérateur. On a bâti nos modes de vie sur des codes hérités des années 50 ou 60, celui des premières bandes de jeunes, mais également à travers l'héritage cumulé de Bowie, du punk, on était en plein brassage d'influences et cette période donnait le sentiment que tout devenait possible. On était totalement désinhibés par rapport au sexe, tout le monde couchait avec tout le monde, on était aussi bien avec des filles qu'avec des garçons, on ne ressentait aucune culpabilité et la reconnaissance entre nous se faisait la plupart du temps à travers le look et les goûts musicaux. Bon, l'héroïne est arrivée et ça a forcément fait beaucoup de dégâts, je ne crois pas qu'Étienne y ait touché mais pour le reste on buvait comme des trous, on prenait des acides, on était dans un état d'excitation permanent, on cultivait également une forme de cynisme qui est la marque absolue de cette génération. » Mêmes souvenirs chez Étienne de cette folle période qui correspond à la dernière grande effusion des mœurs avant que le sida ne vienne semer la mort et que les années 80 n'impriment dans la société un ordre moral prétendument nouveau mais qui correspondait en réalité à un énorme bond en arrière : « C'était parfaitement naturel de coucher avec sa meilleure copine ou son meilleur copain. Nous n'étions pas très regardants là-dessus. » Vingt ans après *Les*

Tricheurs de Marcel Carné, film symbole des turbulences sentimentales et sociales de la jeunesse française d'après-guerre, il flotte donc dans l'air rennais une atmosphère analogue, et lorsqu'il le reverra des années plus tard en y confrontant ses propres souvenirs, Daho sera frappé par la ressemblance : « Dans le comportement, on était assez proches de ça. Ce cynisme qui conduit à refuser par exemple d'avouer qu'on est amoureux, je m'y retrouve complètement. On montrait également un certain plaisir à céder à ce jeu de massacre vis-à-vis des gens qui n'étaient pas des nôtres. » Parmi les projets d'étudiant qu'il élabore à l'époque pour la fac, Stéphane Plassier a l'idée un jour d'organiser un faux mariage en calèche, chapeaux haut de forme et robes longues, qui restera pour chacun l'un des moments les plus extravagants de cette période. Outre Étienne, les membres de Marquis de Sade et leurs nombreux satellites, cet événement potache rassemble également le futur peintre Jean-Charles Blais, alors étudiant comme Plassier aux Beaux-Arts de Rennes ou encore Guillaume Israël, charismatique leader de Modern Guy, groupe dont le nom aura une importance clé dans la définition globale de cette génération spontanée : les jeunes gens modernes.

C'est à peu près la même équipe, dans un delirium tout aussi assumé, que l'on retrouve en juin 1979, toujours sur la scène de la Salle de la Cité, pour la première édition des Rencontres transmusicales de Rennes. Cette fois, ils ont improvisé un collectif hybride dont le nom suggère l'urgence électrique qui lui sert de moteur : Entre les fils dénudés de la dynamo. Entre happening rock'n'roll et théâtre punk, cette éphémère embarcation s'emploie à dynamiter quelques vieux standards dans un esprit libertaire qui tranche sérieusement avec l'image un peu précieuse que l'on a, vu de Paris, du rock rennais.

Daho est sur scène mais il a du mal à se rappeler ce qu'il y faisait. Il y a aussi Frank Darcel, Philippe Pascal, Christian Dargelos et Frédéric Renaud des Nus ainsi que la pétulante fanfare cuivrée Sax Pustuls, fondée cette année-là autour de Pierre Fablet et Philippe Herpin. Parmi les filles, une certaine Anne Claverie fait sa première (et dernière) apparition sur scène avant de rejoindre définitivement les coulisses influentes du métier du disque. Elle sera des années plus tard la manageuse d'Étienne, qu'elle a rencontré pour la première fois le soir du concert des Stinky Toys où elle était venue s'encanailler à l'invitation d'un ami. « J'avais 18 ans, je venais d'un milieu ultra-bourgeois où l'on sortait essentiellement dans les rallyes. J'ai eu un choc énorme en voyant les Toys sur scène alors que je ne savais même pas ce qu'était le punk. J'ai donc absolument voulu rencontrer le garçon qui avait organisé le concert, qui se trouvait être pote avec mon ami. Lorsque Étienne m'a dit bonjour, je lui ai instantanément répondu "vous avez une belle voix". Je n'imaginais pas du tout qu'il deviendrait chanteur, et encore moins que je serais un jour sa manageuse ! Le lendemain, j'ai séché la fac pour aller chez lui, où on a écouté de la musique toute la journée. J'ai comme ça intégré sa bande, laissant en plan mes amis BCBG. C'est comme ça que je me suis retrouvée sur scène parmi les choristes de Entre les fils dénudés de la dynamo. Je me souviens que je devais faire des cris de mouettes et enchaîner en faisant semblant de parler japonais. Ce n'était pas un truc sérieux, on avait juste monté ça pour marquer le coup des premières Transmusicales. Tous nos potes étaient dans la salle et à un moment tout le monde s'est mis à hurler et à applaudir. On croyait que c'était pour nous, en réalité il y avait un type qui venait de passer à poil derrière la scène. » La Dynamo disjoncte dès ce concert terminé, mais pour Étienne, ces timides premiers pas sur scène représentent une foulée de géant. Sa timidité naturelle, qu'il dissimule lorsqu'il est parmi ses amis en éclusant un nombre important de bières, reste un frein important à son envie de devenir chanteur et par conséquent de faire écouter son travail et de monter sur les planches. Comme il n'est pas encore décidé à franchir un tel précipice qui l'obligerait à jouer aux funambules, c'est seul qu'il commence par coucher sur bande, a capella, les premières chansons qui lui encombrent le cerveau depuis des mois. En dehors d'Elli et Jacno, avec lesquels il continue de correspondre par cartes postales – le téléphone est un luxe qu'il ne peut pas s'offrir –, personne n'est au courant de cette première et approximative démarche. Seul Richard Dumas, futur grand photographe, qu'il lui arrive de croiser à la MJC La Paillette, haut lieu des combustions post-punk où il est DJ avec Jean-Louis Brossard, repère en lui un potentiel leader. Dumas a fondé un groupe, baptisé TVC 15 en référence à la chanson de David Bowie sur *Station to Station*, dont le répertoire est essentiellement constitué de covers des Stooges et du Velvet Underground. À plusieurs reprises, sans même savoir s'il en a l'envie et encore moins les capacités, il propose à Étienne de devenir le chanteur de TVC 15. Sans vraiment refuser l'offre, Daho ne se sent pas prêt et s'évertue à inventer des stratagèmes et poser des lapins au groupe lorsqu'il est invité à répéter avec eux. Parfois, Dumas vient tambouriner à sa porte et Étienne, qui est pourtant chez lui, refuse d'ouvrir. « J'ignorais pourquoi Richard me voulait comme chanteur, alors qu'il ne m'avait jamais entendu chanter. Je crois qu'il pensait simplement que j'en avais le physique. » Au cours de l'automne 1979, Étienne surprend pourtant Dumas en lui avouant qu'il a enregistré des chansons a capella et qu'il souhaite les refaire, accompagné cette fois d'un guitariste, lui proposant d'être celui-là.

Contrairement à Daho pour TVC 15, Dumas accepte immédiatement et les deux garçons se retrouvent chez Frédéric Renaud qui possède un magnétophone 4-pistes. Cette maquette rudimentaire mais déjà empreinte d'une singularité remarquable comporte neuf chansons, dont la plupart serviront d'épine dorsale à *Mythomane*.

Contrairement aux autres artistes rennais qui privilégient les réseaux locaux et le maillage des nouveaux labels indépendants pour diffuser leur musique, Étienne fait preuve d'une audace inconsidérée en décidant d'aller directement présenter ses chansons à Paris, dans le grand label qu'est Ariola. Avec sa cassette et accompagné par Sylvie Coma, Étienne va vivre sa première expérience de Candide dans le monde cruel du show-business. Dans le bureau capitonné de Christian Hergott, le directeur artistique qui a accepté de le recevoir, il subit l'humiliation d'une écoute en direct de ses chansons, toisé par la suffisance d'un professionnel qui n'aura pour toute remarque qu'un définitif et cinglant : « Avec ça, vous ne signerez jamais. » Sa déception ravalée, Étienne retourne à Rennes. Paris attendra. Il n'y a pas que pour Étienne que les années 80 commencent mal. Dans son numéro de février 1980, l'influent magazine *Actuel* frappe un énorme coup en proposant une couverture dépliable sur laquelle les cinq membres de Marquis de Sade posent accompagnés... de leurs mères. « Les jeunes gens modernes aiment leurs mamans », titre, légèrement provoc', le mensuel du gourou de la contre-culture Jean-François Bizot. Mais à l'intérieur, l'article signé Patrick Zerbib provoque surtout la nausée chez les membres du groupe rennais, dont l'image est complaisamment déformée pour tenter de donner corps à l'un des fantasmes les plus ardents de l'époque : cette génération serait un ramassis de petits fachos. L'odieux malentendu similaire a frappé quelques années plus tôt Joy Division en Angleterre et c'est à travers cette fois la personnalité de Frank Darcel que l'auteur de l'article tente de réactiver la même polémique. Après avoir précisé que ses parents sont d'actifs socialistes, Mme Darcel ayant été jadis maire PS de sa commune natale de Plessala, le portrait qui se dessine de Frank est celui d'un ancien scout amoureux de l'ordre et ennemi juré des babas cool. « Il se passionne pour l'Allemagne, lit-on. Il aime bien l'esthétique des uniformes nazis, tout en rejetant le système, monstrueux. Il prétend que l'on peut trouver d'autres formes de régimes purs, il lit Nietzsche et souscrit à sa vision des seigneurs et des esclaves. Frank fantasme sur la force et la morale. Il imagine une bande à Baader internationale, une race de héros qui aurait la force surnaturelle de changer le monde, puis qui s'autodétruirait avant que son pouvoir ne l'emmène trop loin. » Ailleurs dans l'article, c'est la description de son physique, présenté comme archétypal de ces Jeunes Gens Modernes, notion inventée pourtant de toutes pièces par *Actuel*, qui sème le trouble : « Regardez sa coupe de cheveux bien dégagée sur les oreilles. Il a toujours soigné ce parfait arrondi, dégarni de la tempe à la nuque. Quand il déplie son mètre quatre-vingts, on perçoit dans ses gestes une légère raideur qui évoque l'allure d'un jeune scout dans la collection Signe de Piste. » L'article est par ailleurs fort élogieux pour Marquis de Sade et relate un récent concert du groupe au Palace : « Le chanteur apparaît en premier, son visage blanc tranche sur un costume électrique, ses yeux écarquillés fixent la salle, ses longues mains dessinent des formes dans l'air, c'est étonnant et inhabituel. En France, poursuit Zerbib, on n'a pas vu ça depuis longtemps : un groupe qui produit un effet par son intensité et sa sobriété sur scène, des costumes gris et des visages figés comme des mannequins, l'immense présence du chanteur qui tourne sur lui-même au lieu de sauter dans la salle ou de grimper sur des amplis comme Iggy Pop. » Après la parution du papier d'*Actuel*, Darcel devient la cible injuste de certaines ligues antifascistes qui infiltrent les concerts de Marquis de Sade pour lui balancer des bouteilles et l'insulter : « J'étais en première ligne parce que j'étais celui qui avait accepté de répondre à l'interview. Zerbib a quand même reconnu qu'ils avaient poussé le bouchon un peu loin, notamment en mettant en parallèle l'itinéraire de nos parents et le nôtre avec un inversement des rôles assez tiré par les cheveux. Nous, nous étions des petits fachos adeptes de l'ordre alors que nos parents auraient eu les idées élargies par Mai 68. Il a fallu que je planque le numéro d'*Actuel* pour que mon père ne tombe pas dessus car les rapports entre lui et moi tels qu'ils étaient décrits dans l'article n'avaient rien à voir avec la réalité. » Parmi ces fameux Jeunes Gens Modernes, concept monté en neige par *Actuel*, il est également question de Jean Ternisien, le guitariste et cerveau des excellents Artefact, et surtout de Jacno, qui déclare notamment, dans un bel élan de provocation cynique caractéristique de l'époque : « La Troisième Guerre mondiale, ça me fait ni chaud ni froid mais je ne veux pas que ça gêne ma carrière. » La « carrière » de Jacno se conjugue en effet désormais au singulier car les Stinky Toys ont volé en éclats après la sortie de leur second album. Fin 1979, il publie un premier 33 tours solo d'où est tiré le génial single *Rectangle*, une ritournelle synthétique instrumentale qui, avec *Cherchez le garçon* de Taxi Girl et *Disco Rough* de Mathématiques Modernes, détermine avec force et élégance le son des années 80 qui s'entrouvrent. Sur la pochette, on voit Jacno sur un fond bleu, tenant entre ses mains une miniature Dinky Toys – en clin d'œil à son ex-groupe – alors qu'Elli y figure au verso, figée dans une pose des danses new wave robotiques de l'époque. *Rectangle* est un énorme succès radio qui place aussitôt Jacno parmi les producteurs les plus courus du moment. L'album *Radio Activity* des Allemands de Kraftwerk, sorti en 1975, a comme paramétré ce son des machines humaines qui déferle désormais sur toute l'Europe, tandis que le terme techno-pop commence à apparaître pour qualifier des groupes comme Orchestral Manœuvre in The Dark ou Human League. Surtout, le journaliste écrivain de *Rock&-Folk* Yves Adrien, dans un fulgurant ouvrage qui paraît en 1980, *NovöVision. Les Confessions d'un cobaye du siècle*, encapsule l'alpha et l'oméga de cette modernité convulsive, profondément anxieuse sous ses dehors extatiques, et dont l'innocente petite musique de Jacno a peut-être capturé l'essence.

Bien à l'écart de ces agitations esthétiques parisiennes, et remis de la douche glacée de l'épisode Ariola, Étienne continue à jouer à se faire peur en attendant des jours meilleurs. Le 25 juin 1980, sur la scène de la MJC La Paillette, il effectue ses premiers véritables pas sur scène sous le nom Étienne Daho Jr en interprétant cinq titres avec pour seul accompagnement des bandes enregistrées. Moins qu'une véritable naissance artistique, qui aura lieu six mois plus tard comme on l'a écrit en introduction à ce chapitre, il s'agit là d'une première contraction – d'ailleurs, il est passablement contracté. C'est aussi une manière courtoise de présenter pour la première fois son travail à ses amis, presque tous présents sans la salle et forcément stupéfiés par l'audace de celui qu'ils considéraient encore comme un jeune oisif dont l'unique but dans la vie était de leur faire découvrir de nouveaux artistes improbables. Rien n'a changé après tout, la seule différence, c'est qu'il est aujourd'hui lui-même sa dernière découverte.

Un Dorian Gray new wave

(1980-1981)

Il n'y a pas qu'un *Rectangle* sur le premier album de Jacno. On y trouve également un *Triangle*. En matière de géométrie sentimentale, le triangle représente cette forme reliant deux personnes à une troisième. Elli, Jacno et Étienne vont ainsi constituer les trois points d'un marivaudage pop qui a pris peu à peu le pas sur leur relation d'amitié. Elli est retournée seule à Rennes, Étienne est venu la voir plusieurs fois à Paris, notamment pour l'un des derniers concerts des Stinky Toys au Palace, où le groupe lui fit cadeau du second album, celui à la pochette jaune, qu'ils venaient de recevoir le jour même. Daho est fou amoureux de celle qui est passée en quelques mois du statut d'idole à celui de meilleure copine, confidente complice et muse des chansons qu'il vient d'écrire. « Pendant quelque temps, c'est resté à un stade un peu inconscient, surtout parce que je ne voulais pas m'avouer certaines choses en raison de mon amitié pour Denis. Pour tenter d'oublier, je sautais sur tout ce qui bougeait mais mon obsession pour Elli ne s'atténuait pas, bien au contraire. Et puis on s'est revus de plus en plus souvent et un jour est arrivé ce qui devait arriver. En même temps, j'étais sans doute un peu naïf mais j'avais l'impression de l'extérieur qu'ils formaient un couple assez libre, et les signes de réciprocité d'Elli m'ont encouragé. C'était une relation un peu souterraine mais on ne cherchait pas non plus à jouer les amants secrets, simplement on n'a pas donné un coup de clairon pour l'annoncer. C'était juste quelque chose dont les gens commençaient à se douter. » Sur un plan artistique, Frank Darcel propose à Étienne de l'aider à remettre en forme ses chansons pour une nouvelle série de maquettes beaucoup plus élaborée que les premières avec Richard Dumas. Déterminé à ne pas laisser passer cette seconde chance, Daho emprunte de l'argent pour financer l'enregistrement qui se tient au studio DB de Rennes. Darcel a embarqué avec lui deux autres membres de Marquis de Sade, le bassiste Thierry Alexandre et le batteur Éric Morinière. Étienne mettra des années à rembourser ces séances luxueuses mais ô combien déterminantes pour la suite de sa carrière. Cette fois, la carte de visite qu'il tient en main est beaucoup plus présentable, d'autant que la caution Marquis de Sade est plutôt un bon sésame pour pénétrer le cénacle des maisons de disques sans risquer une nouvelle déconvenue. Méditant l'erreur de la première fois chez Ariola, Étienne retourne à Paris pour y rencontrer des acteurs plus en phase avec son univers musical. Comme il adore Marie & Les Garçons, il va voir leur producteur, Michel Esteban, qui a fondé le très en pointe label Ze Records. Esteban est un activiste reconnu du milieu musical parisien, l'un des premiers à avoir parlé du nouveau rock new-yorkais via le magazine *Rock News* qu'il a fondé en 1975 et dont Patti Smith était l'icône absolue. Esteban tient également la boutique de T-shirts Harry Cover, dans le quartier des Halles, qui constitue l'un des points de ralliement principaux de toutes les tribus urbaines de l'époque, avec l'Open Market de Marc Zermati. La réaction d'Esteban, à l'écoute des nouvelles démos, sera démesurément inverse à celle du directeur artistique d'Ariola. Séduit par le personnage et ses chansons pourtant encore timides, il projette de l'envoyer à Nassau, aux Bahamas, dans les studios Compass Point appartenant au fondateur du label Island Records Chris Blackwell, rendu richissime en raison du succès international de Bob Marley. La compagne de Michel Esteban, la chanteuse Lizzy Mercier Descloux, a déjà enregistré en ces lieux paradisiaques qui deviendront en quelques années la destination favorite de ceux, comme les Talking Heads, qui cherchent à accoupler new wave et funk. « L'offre était si énorme et inattendue que je n'ai pas cru un seul instant qu'elle était sérieuse. » Daho fait donc la sourde oreille à cette proposition un peu trop clinquante à ses yeux, ce qui constitue avec le recul un acte de courage assez incroyable, alors que n'importe qui à l'époque aurait couru sans réfléchir après un tel rêve exotique. Étienne préfère poursuivre à son rythme sa recherche d'un hébergement idéal pour son éventuel premier album. Et c'est justement chez la personne qui le loge lorsqu'il est à Paris qu'il va trouver l'oreille la plus attentive. Avec Isabelle Chapon, la fiancée d'Hervé Bordier, Étienne débarque ainsi un jour chez Nicole Medjeveski, qui organise notamment sur Paris des concerts de jazz et dont le concubin se nomme Thierry Haupais. Dans les colonnes de *Libération* comme dans les couloirs du journal, Haupais est un personnage entier, une grande gueule infernale qui écrit sur le rock comme on appuie sur une détente, loin des affèteries arty de la new wave. Avec Philippe Conrath et Rémy Kolpa Kopoul, il complète un trio de choc qui évite de tremper sa plume dans l'eau tiède et défend une certaine conception insurrectionnelle de la musique en descendance directe des combats politiques des années 70 dont le punk est venu retendre le ressort. Dans la nébuleuse gauchiste, il a fait partie du groupuscule maoïste Vive La Révolution aux côtés de Guy Hocquenghem et de Roland Castro, une cellule qui manie les armes de la révolution avec un certain humour farfelu peu orthodoxe et un appétit solide pour la baston. Haupais a également enregistré un single sous le pseudonyme Thierry Freedom et participé à l'organisation d'un festival de free jazz, Transmusiques, dont le nom a sans doute inspiré ses correspondants rennais. Dans ses articles, il évoque souvent la vague montante du rock français alternativement avec ses marottes rock'n'roll que sont Iggy Pop ou les Sex Pistols. Il vit sur une autre planète qu'Étienne mais leur amour commun pour Lou Reed – et grâce à l'entremise de sa copine Nicole – va quand même l'amener à écouter les démos du jeune chanteur. À cette époque, par chance, Thierry Haupais décroche progressivement de son métier de rock critic – dont il entrevoit les limites – pour pénétrer de l'autre côté du miroir et tenter de faire valoir ses idées dans le milieu du disque alors en pleine mutation. Toujours avec Philippe Conrath et un autre ancien de *Libération*, Jérôme Beth, il fonde le label CBH, alliance de leurs trois initiales, afin de produire de nouveaux artistes. Haupais a déjà enrôlé Marquis de Sade, une belle prise étant donné la notoriété du groupe, et il perçoit naturellement en Étienne, malgré leur différence de tempérament, un autre de ces représentants d'une modernité rock et pop dont chacun cherche à définir les contours. Durant l'automne 1980, deux titres, *Cow-Boy* et *Tu dors encore*, sont enregistrés au studio Ramsès à Paris en vue de la publication d'un 45 tours. L'expérience laisse une nouvelle fois Étienne en plein désarroi car le résultat ne correspond pas à ce qu'il avait dessiné dans sa tête, ni d'ailleurs aux premières versions démo : « Les maquettes que nous avons enregistrées avec Darcel étaient vraiment réussies et, malheureusement, nous ne sommes jamais parvenus à faire mieux. J'imaginais au départ que nous allions les reproduire avec un meilleur son. Je suppose avec le recul que Thierry voulait rendre le titre plus commercial et il en a modifié les arrangements, ce qui nous éloignait totalement du charme brut de ces maquettes. C'était une situation embarrassante, car j'étais à la fois reconnaissant envers Thierry que j'adorais, d'avoir investi et cru en moi. Mais déjà à cette époque, bien que novice, je ne voulais pas transiger sur ma musique. Par la suite, Thierry a essayé de faire distribuer le 45 tours en licence chez Ariola, sans succès. » L'épilogue de cette aventure est par chance plus heureux car Thierry Haupais rejoint quelques mois plus tard la nouvelle équipe de Virgin France, émanation hexagonale du fameux label anglais de Richard Branson qui ambitionne d'étendre sa toile partout dans le monde. Comme son nom l'indique, la philosophie de Virgin repose depuis 1972 sur l'invention d'un modèle vierge, en rupture avec les habitudes poussiéreuses de l'industrie musicale. Branson a parfaitement réussi son pari même s'il doit l'un de ses plus grands succès au *Tubular Bells* de Mike Oldfield, qui n'est pas à proprement parler un artiste new wave mais un héritier du rock progressif honni des punks. Mais avec le coup d'éclat de la signature des Sex Pistols puis d'un certain nombre d'artistes majeurs de la nouvelle génération (XTC, Simple Minds), Virgin représente une vitrine alléchante des nouveaux sons et la filière française confiée à Patrick Zelnick, Thierry Haupais et Philippe Constantin, qui dirige en parallèle les éditions Clouseau, se doit d'apparaître à la hauteur des mêmes ambitions. Hormis un contrat hérité de la maison mère anglaise avec la chanteuse Valérie Lagrange, qui accomplit à l'époque une mue étonnante vers le reggae rock en compagnie du groupe Ruts DC, Virgin France est encore une page blanche lorsque Étienne Daho y appose sa signature en avril 1981, amené par Thierry Haupais. Sous des dehors de Woody

Allen mixé avec Gaston Lagaffe, Patrick Zelnick, qui a à peine dépassé la trentaine, possède une vision à 180 degrés de ce marché du disque hexagonal pour avoir travaillé pendant sept ans au sein du département marketing de Polydor, dont il était directeur avant de fonder Virgin. Ce diplômé en sciences économiques présente l'énorme avantage d'être un gestionnaire doté d'une fibre artistique, profil qui a su déduire Branson, lequel n'était pas prêt à céder les clefs de sa réussite à une simple bande de potes épris de musique. Aussi, lorsque Thierry Haupais le pousse à accueillir Daho comme premier poulain de cette écurie en construction, Zelnick regarde sans doute déjà l'avenir tel un joueur d'échecs chevronné ayant un ou deux coups d'avance. Au lieu d'aller débaucher de grandes vedettes installées – ce qu'il fera dans un second temps avec Julien Clerc, Alain Souchon ou Renaud –, il mise au contraire sur un inconnu dont le potentiel commercial, en apparence, n'est pas très élevé. En plus, Étienne est provincial, et même si Rennes est quasiment devenue la capitale rock française, tout ce qui provient de Bretagne est synonyme de succès d'estime mais beaucoup moins de réussite sonnante et trébuchante. Zelnick n'est pas au bout de ses surprises, ni de ses sueurs froides, lorsque sa jeune recrue se présente à lui avec pour idée d'enregistrer un album aux couleurs bossa nova. Entre les bords de la Vilaine et la baie de Rio, il n'y a pas seulement douze heures d'avion, il y a plusieurs mondes musicaux que seul un imprudent s'aviserait à faire se rapprocher. En parallèle à son amour du rock et de la chanson pop française, Étienne nourrit en secret une vraie passion pour les harmonies sophistiquées d'Antonio Carlos Jobim qu'il a découvert notamment via son ambassadrice mondiale Astrud Gilberto – avec laquelle Étienne chantera d'ailleurs en duo *Les Bords de Seine* en 1996. De là à se voir lui-même entrer dans la peau cuivrée d'un chanteur de bossa, il y a un pas de géant qu'il est le seul à penser pouvoir franchir. La mode du latin jazz n'est pas encore arrivée en Angleterre et il n'y a pas grand-chose dans les chansons qu'a écrites Étienne que l'on puisse raccorder avec ce genre d'écriture, sinon une certaine mélancolie feutrée et floue dont la voix et les textes de Daho évoquent lointainement, et maladroitement, le souvenir. La couleur bossa est vite abandonnée mais Virgin sort en réponse une autre idée pas moins saugrenue de son chapeau : confier la réalisation de l'album à Steve Hillage. Hillage est un guitariste anglais réputé qui a appartenu à plusieurs formations fumigènes des années 70, notamment le groupe Gong, et qui s'est orienté depuis quelques années vers l'ambient music dans le sillage de Brian Eno, sans toutefois posséder les mêmes visions révolutionnaires que l'ex-clavier de Roxy Music. Surtout, cet ancien baba cool converti au futurisme n'appartient en rien à la galaxie des artistes dont Daho a patiemment rassemblé le puzzle. Contrairement à un John Cale, souvent convoqué pour l'accouchement des disques français de la nouvelle génération (Marie et les Garçons, Modern Guy), le parcours de Steve Hillage n'est pas un objet de fantasme démesuré pour un artiste ayant fait son apprentissage à l'écoute du Velvet ou de Bowie. « Je voulais faire ce disque avec des gens proches de moi, des personnes de même sensibilité. Dans mon esprit, dès le départ, cet album ne pouvait être réalisé que par Jacno. » Heureusement, grâce au succès de *Rectangle* et de *Amoureux solitaires*, Jacno est également un producteur en vogue, et Virgin, malgré les réticences affichées par Zelnick, se laisse convaincre que l'ex-Stinky Toys est l'homme de la situation. Darcel aurait sans doute apprécié d'endosser la blouse du producteur, d'autant que les démos sonnaient déjà comme un disque, mais il devra céder le pas face à Jacno, se contentant de tenir les guitares avec pour la rythmique ses deux complices de Marquis de Sade, exactement comme sur les maquettes. D'ailleurs, l'album qui prend forme au cours de l'été 1981 au studio d'Auteuil ne déviera pas fondamentalement de l'axe décidé un an plus tôt à Rennes. L'empreinte de Jacno est modeste, en tout cas elle reste en deçà de ce qu'on était en mesure d'attendre du créateur des menuets électroniques qui ont fait danser la France la saison passée. Pour Étienne, c'est avant tout le sceau symbolique de la présence de Jacno qui l'emporte sur son travail effectif. Pour Frank, Jacno n'a fait que reproduire en moins bien les maquettes de Rennes. Finalement, c'est la marque d'Elli qui sera la plus visible sur le disque puisqu'elle en signe le graphisme de la pochette après avoir présenté à Étienne le photographe Antoine Giacomoni, un grand ami et portraitiste de Nico. Sur la photo, Étienne porte le blouson rouge offert par Elli et qui ressemble à celui que portait jadis Ricky Nelson sur une de ses pochettes. C'est tout un petit bagage sentimental que Daho exhibe discrètement sur cette pochette dont Giacomoni, à travers les filtres doux et la surexposition du visage d'Étienne, parvient à capturer les frêles secrets. La mode de l'époque est également à l'Orient, le Japon fascine notamment les musiciens et les écrivains, et Elli dessine pour *Mythomane* une typographie qui rappelle les calligraphies nippones. Elli intervient également in extremis pour convaincre Étienne d'abandonner le « Jr » dont il prévoit encore d'affubler son nom. Il faut dire que depuis le mois de janvier, le feuilleton *Dallas* est apparu sur les écrans français, et Jr est aussitôt devenu le synonyme de fieffé salopard. Le cow-boy dont il est question dans *Mythomane* est plus tendre que l'affreux Texan, et surtout Étienne doit maintenant apprendre à devenir un adulte à peu près comme les autres.

Parler d'hystérie nationale à propos de l'arrivée chez les disquaires du premier album d'Étienne Daho, en décembre 1981, serait très exagéré. Mis à part dans certains quartiers de Rennes, où l'album est forcément plus attendu qu'ailleurs, *Mythomane* n'est pas le cadeau de Noël de l'année. Moins en tout cas, pour ne choisir qu'un seul exemple, que le *Live à Pantin* de Barbara qui le toise dans les rayons. Les clients passent, restent en arrêt devant cette pochette légèrement floue, parfois ils prennent la peine d'enfiler un casque pour écouter, trouvent sans doute cette voix et ce son originaux, mais peu d'entre eux l'adoptent d'emblée et le ramènent dans leur salon. Dans la presse, rares sont ceux qui ont reçu le 33 tours à temps pour en faire la chronique dès cette fin d'année. François Gorin, fidèle des premiers jours puisqu'il a déjà effectué plusieurs reportages sur la scène de Rennes, est évidemment de ceux-là. Malgré sa proximité avec Étienne et le privilège qui est le sien pour avoir assisté aux premières loges à cette éclosion, l'article qu'il écrit dans *Rock&Folk* n'est heureusement pas gélifié dans la complaisance. Il évoque d'ailleurs franchement sa déception, concernant les versions finales de *Cow-Boy* et surtout de *Tu dors encore*, comparées à celles entendues quelques mois plus tôt à Rennes. Cette chronique de Gorin, qui porte le premier véritable regard critique sur Daho, s'avère lumineuse lorsqu'on la relit aujourd'hui, tant son auteur y a d'emblée consigné toutes les forces et certaines faiblesses qui constituent la nature d'Étienne Daho chanteur. « Un disque innocent, écrit-il dans le premier paragraphe, qui tourne sur lui-même sans s'en soucier, se pelotonne dans un coin du canapé ou d'une oreille distraite. Discret, rapidement familier, à la saveur profondément anodine. » Plus loin, Gorin approfondit son réquisitoire qui devient subitement plaidoirie. Il parle de « la crainte de voir le personnage mal appréhendé, ses prétentions détournées. En réalité, Daho, qui n'est ni rock ni (vraiment) chanson, ni fleur ni béton, ni Jonasz, ni Couture, ni (encore moins) Simon. » Puis il poursuit : « Dans son cinoche à lui, la lucidité adulte culbute les manières enfantines, les rythmes indolents culbutent les bouts de phrase. » Il conclut par une prise de rendez-vous pour l'avenir : « Souhaitons que la suite lui rende mieux justice. En attendant, ce disque-là, simplement, raconte des histoires. Il y a quelque chose, dedans, qui frissonne. » À cette époque, le rock et la chanson – ou son versant pauvre, la variété – sont des territoires distincts et parfois ennemis. La presse rock, et notamment les deux leaders que sont *Rock&Folk* et *Best*, n'a pas nécessairement la plume très tendre vis-à-vis de cette nouvelle génération incarnée depuis le milieu des années 70 par Alain Souchon, Francis Cabrel, Philippe Chatel ou, pour reprendre les exemples cités par Gorin, Jonasz, Couture et Yves Simon. Cette Nouvelle Chanson Française, label attribué à tout-va dès qu'un nouveau disque apparaît dans les bacs, se distingue de son aînée en raison des thèmes qu'elle aborde et par la modestie assumée de son regard sur les choses. Elle se veut ainsi en connexion directe avec le réel, le quotidien, alors qu'avant certains chanteurs semblaient vouloir embrasser l'univers et les grands sentiments humains, le cri des peuples en révolte et les mouvements tectoniques des mœurs de leurs contemporains. Avec sa focale réglée sur l'individu et le présent, la Nouvelle Chanson Française traduit de manière amusée et légèrement résignée l'ennui sentimental et social de la génération post-68 dont les illusions de changer la société s'abîment de jour en jour au contact du réalisme âpre de la crise économique. Souvent les chansons fleurent encore l'arrière-salle des cafés où l'on s'obstine à refaire le monde sans y croire, elles sont comme la chronique légèrement voilée d'une nostalgie précoce des années lycées sous Pompidou et Giscard. Brassens reste une figure tutélaire prégnante alors qu'un Gainsbourg, malgré son coup de jeune chez les rastas, n'influence encore véritablement personne. Cette génération de chanteurs, ou du moins ce qu'elle incarne, vient de porter Mitterrand au pouvoir et à travers lui cette promesse intenable de lendemains qui chantent – alors que sa raison d'être est et restera le désenchantement, les douces dépressions des citadins, le blues des trentenaires qui s'embourgeoisent malgré eux. De l'autre côté du périph', le rôle du loubard (sur)joué par Renaud offre une piètre alternative à ceux qui attendent de la chanson un minimum de distinction et de hauteur. Dans l'interstice de ces deux courants dominants, qui ont afflué des bouillonnantes et anarchiques années 70 pour se recadrer plus sagement dans la perspective de la nouvelle décennie, Étienne Daho va trouver sa juste place. Celle d'un provincial solitaire ne fuyant pas l'égocentrisme et n'usant pas du ressort « générationnel » pour aborder le thème des relations à deux. La sociologie réglée en trois couplets deux refrains n'est pas sa méthode ni son fantasme. Il cherche à l'évidence à s'adresser individuellement à l'acheteur de son album comme il a senti le souffle de Françoise Hardy lui parler exclusivement lorsqu'il était adolescent. Mieux, Daho révèle dans ses premières interviews que *Mythomane* est une lettre fragmentée adressée à une seule personne, que l'on soupçonne être Elli, à laquelle est explicitement dédié le morceau *Ton cinoche* – « Faudrait-il que j'incarne le héros de ton choix pour que tu daignes enfin poser les yeux sur moi ? » Le préposé à la chronique du mensuel *Best*, Bill Schmock, résume l'essentiel en une formule : « *Mythomane* est une merveilleuse carte de visite qui, en dix morceaux, installe un univers de romances adolescentes et en même temps parfaitement mûres. »

Tous les articles de presse qui tomberont le mois suivant, dans *Le Monde* ou *Télérama*, saluent l'équilibriste Daho qui fait de la chanson avec une conscience rock, conjugue le français yé-yé avec la modernité new wave et ne force aucune caricature. Malgré son aspect encore fragile, presque inachevé, *Mythomane* avance des arguments qui placent sans en avoir l'air Daho dans le sillage d'Alain Bashung ou de Patrick Coutin, dont les tubes nationaux respectifs – *Gaby, Oh gaby* et *J'aime regarder les filles* – ont marqué de leur singularité l'ouverture de la décennie. L'intro de *Encore cette chanson*, avec la basse impulsive de Thierry Alexandre et la frappe posée et précise d'Éric Morinière, n'est d'ailleurs pas sans rappeler le génial single de Coutin. Comme Bashung, même si l'univers haut perché de ce dernier n'a pas grand-chose en commun avec l'imaginaire distancié du Rennais, Daho possède un goût particulier pour ce rock des origines version cœurs tendres, pour Buddy Holly ou Eddie Cochran, pour l'outsider Ricky Nelson, qui se traduit sur *Mythomane* par les emballements soudains de *Mes copains*, *Va-t'en* ou *Tu dors encore*. Du rockabilly passé à l'attendrisseur qui renvoie directement à la photo intérieure du disque, où Étienne Jr, âgé d'environ 4 ans, pose fièrement devant un jukebox, celui que possédaient ses tantes dans leur établissement à Cap Falcon, en Algérie, où il passa une partie de sa jeunesse. À moins qu'il ne s'agisse ici d'un clin d'œil crypté à Alan Vega, qui a cartonné quelques mois plus tôt avec *Jukebox Jive*, une collision justement entre rock primitif et raideur synthétique. Parmi les centaines de disques qu'il a brassés étant étudiant puis ensuite disquaire, Étienne maintient au-dessus de la pile le premier album de Suicide – alias Alan Vega et Martin Rev –, chef-d'œuvre suffocant et minimaliste qui reste comme la trace la plus fraîche (1977) d'une visite extraterrestre sur la planète rock. Plus tard, dans une interview à *Libération* pour la sortie de *Pop Satori*, Daho confiera même son intention d'enregistrer un album d'adaptations des morceaux calcinés de Vega et Rev, ce qui inspirera au quotidien cette plaisanterie à la finesse discutable : « C'est officiel : Daho pense au Suicide. »

Si Daho possède à l'évidence moins d'arguments – et de fusibles cramés – qu'Alan Vega pour que l'on parle de lui comme d'un extraterrestre, *Mythomane* reste pour son époque un genre d'OVNI. Dans la discographie de son auteur aussi. Au-delà même de la classification « première œuvre » qui suffit à lui donner un caractère particulier, l'album apparaît isolé, détaché de la fresque qui s'est dessinée à partir de l'album suivant. On y retrouve néanmoins, dans les textes, tous les germes que Daho mettra dès lors en culture et qui nourriront par la suite la belle vivacité de son écriture. L'autoportrait du jeune garçon en « cow-boy », identification enfantine qui s'accompagne d'un besoin à la fois ludique et pudique de déguisement, Daho l'approfondira au point d'en venir à ressembler à une époque à Lucky Luke. Encore cette chanson témoigne de cette dystrophie sentimentale dont souffrent les fans obsessionnels de pop musique, qui finissent par confondre leur propre histoire et les paroles chantées par leur héros, comme l'a définitivement dépeint l'auteur anglais Nick Hornby dans son roman *Haute Fidélité*. *Idem* pour *Ton cinoche* qui décline la même idée sous l'angle du cinéma, l'autre creuset fantasmatique de cette génération nourrie de vinyle et de Celluloïd. L'Été, saison de cœur d'Étienne Daho, toujours liée chez lui à cette idée obsessive de la régénérescence, apparaît également ici pour la première fois. L'emploi du tutoiement – *Va-t'en*, *Tu dors encore* –, alors que l'« ancienne chanson » voussoyait plus volontiers, signale chez Daho comme chez beaucoup d'autres désormais ce désir d'accorder en mots les rapports modernes du couple dans un esprit égalitaire post-MLF. Enfin, l'album est encadré par deux chansons qui sont, on l'a déjà dit, comme des armures protectrices et préventives vis-à-vis de toute inquisition extérieure dans sa vie privée. *Il ne dira pas*, malgré son caractère vaguement potache – « Il ne dira pas qu'il a tué son père, sa mère, son frère, son chat » –, contient plus de pistes autobiographiques qu'aucune autre chanson de Daho, en tout cas à ses débuts. Il y consigne un malaise aigu lié à l'enfance (« Sur son passé il jette un regard las »), son attrait pour la fête (« Dans les night-clubs il fait la nouba »), son ouverture sentimentale (« Il ne dira pas que pour cet amour il a ce désir-là ») et termine par cet avertissement goguenard à tous ceux qui chercheront à l'encercler : « Un geste, un sourire, il n'est déjà plus là. » *Il ne dira pas*, en fait, dit tout. Mais ce n'est qu'avec le recul des années que le public et Étienne lui-même pointeront cet aspect des choses. Il faut dire que Daho possède une arme de diversion assez redoutable, qu'il a héritée de son goût pour la pop des années 60, et notamment de Gainsbourg et Dutronc : l'emploi d'onomatopées. Cela donne des choses comme « tibitibidiwap dou wap » (*Il ne dira pas*), « wap di wap » (*Tu dors encore*) et des « ah ah ah », ou « wow oh » qui ponctuent les phrases. Cette transposition plutôt anachronique des effets anglicisants du jerk évite que l'on se penche trop sérieusement sur la signification des paroles, réduites à leur pure consonance. Sans le savoir, mais avec cette fine intuition qui est la sienne depuis toujours, Étienne vient sur ce premier album de régénérer cette novlangue sixties qui va redevenir sous son impulsion l'un des artifices majeurs de la pop française des années 80. Ici encore, Daho fait la synthèse entre ses affinités originelles pour le *Comic Strip* gainsbourgien et un certain courant punk qui avait amorcé la même refonte lexicale. En France, le *Re Bop* de Marie & les Garçons, sorti en 1978, en constitue un parfait exemple, avec déjà les fameux « tibitibidi wap » que Daho reprendra à son compte. L'autre chanson emblématique de ce premier album est évidemment celle qui lui donne son titre : *Mythomane.* « Étienne avait cette réputation de raconter un peu n'importe quoi, se souvient Frank Darcel. Ça faisait partie de son charme même si c'était parfois un peu énervant, on ne savait jamais s'il se foutait du monde ou pas. Il faisait preuve d'une franche conviction dans le mensonge, si bien qu'il subsistait toujours un doute. Le plus troublant, c'est que toutes les choses qu'il a racontées à l'époque, il les a réalisées par la suite. Il ne mentait pas donc pas vraiment, il prenait juste un peu d'avance sur son histoire. » Une idée que partage Étienne : « Les gens étaient toujours d'une curiosité hallucinante avec moi et ils en étaient pour leur frais, car je leur mentais systématiquement lorsque les questions étaient trop intrusives ou insistantes. Je n'avais d'ailleurs pas toujours les réponses. J'étais aussi très pressé de passer du bon côté de mon existence et c'est ce que dit clairement *Mythomane.* »

Comme le pointait François Gorin, *Mythomane* est un disque qui raconte des histoires. Le vrai (sa relation avec Elli), le faux, le fantasme, la réalité, autant d'outils qui de toute façon appartiennent depuis toujours à la trousse de secours de ceux qui écrivent des chansons. La chanson réaliste est une foutaise. Personne n'est jamais allé vérifier si Brel, Aznavour ou Barbara n'habitaient leurs chansons que de choses vécues. *Idem* pour Lou Reed ou Iggy Pop, qui si tel était le cas seraient morts depuis longtemps. Entre vouloir être « l'ombre de ton chien » et « I wanna be your dog », il doit bien y avoir une certaine part d'extrapolation métaphorique. Comme l'écrivait Oscar Wilde, soldant définitivement la question : « L'objectif du menteur est simplement de charmer, d'enchanter, de faire plaisir. Il est la base de la société civilisée. » Alors que s'ouvrait la décennie du faux-semblant, Étienne Daho, ce Dorian Gray remixé new wave, était donc miraculeusement synchrone.

C'est sur un plan strictement musical que *Mythomane* se décale légèrement du reste de la discographie de Daho. Ni derrière ni devant, un peu à côté, un peu en déséquilibre. La superposition de personnalités intimidantes, Frank Darcel et Jacno, les deux icônes de la new wave française, empêche à l'évidence Étienne de respirer confortablement, tant il semble comprimé entre son désir abstrait d'exister en tant que chanteur et la réalité plus laborieuse du passage à l'acte. Darcel exerce encore sur lui une influence importante, tant par ses qualités de guitariste et d'arrangeur que par son statut de phare incontournable de la scène rennaise. Jacno, qui n'a pourtant pas introduit un seul des ingrédients qui ont fait le succès de *Rectangle*, attire tous les regards du fait même de ce succès. La rivalité ouverte entre Darcel et Jacno ajoutant pour couronner le tout une pointe de vinaigre à cette salade composée déjà bien relevée. Pour un débutant, parvenir à faire entendre sa voix dans un tel contexte relève de l'exploit, et comme la voix de Daho n'est pas de celles qui s'imposent inutilement – et c'est là une précieuse vertu –, l'atmosphère générale du disque aura parfois été décidée sans lui. *Mythomane*, du moins dans sa configuration instrumentale et dans son esprit musical, aura servi de laboratoire à Darcel pour expérimenter la formule qu'il appliquera à son nouveau groupe, Octobre, dès le début de l'année suivante. On y retrouve notamment ce caractéristique jeu de guitare funky, encore plus souple et félin que chez Marquis de

Sade, et ces rythmiques lorgnant elles aussi vers cette « soul blanche » que l'Angleterre mettra à la mode quelques saisons plus tard – ce qui fait de Darcel un assez bon visionnaire. Le problème, c'est que Daho ne se glisse pas toujours très naturellement dans ces peaux ambrées. Il mettra d'ailleurs ensuite dix ans, avec l'album *Paris ailleurs*, pour oser renouer avec la soul, mais cette fois en pleine connaissance et maîtrise de son sujet.

Au sein de Virgin, et au premier chef Patrick Zelnick, personne ne doute de la singularité d'Étienne et de ses capacités à accélérer après ce galop d'essai. « Je sentais chez lui beaucoup de volonté, dit aujourd'hui l'ancien patron de Virgin France, qui dirige à présent le label Naïve. Il y avait aussi sa culture musicale qui le distinguait de beaucoup d'autres. Il avait des goûts très sûrs qui amenaient beaucoup d'idées, alors que certains artistes qui n'ont pas le même bagage se laissent un peu diriger par leur maison de disques, ce qui conduit parfois à des choses pas très cohérentes. Étienne, dès ce premier album, montrait une vraie cohérence entre la musique qu'il aimait et celle qui voulait faire. Pourtant, à titre personnel, je n'étais pas tellement d'accord pour qu'il fasse appel à Jacno. Pour moi, ce n'était pas du tout l'homme de la situation. Comme il se trouve que j'ai une sorte d'éthique qui fait qu'avec moi les artistes ont toujours le dernier mot, je l'ai laissé faire. Je n'allais pas de toute façon entrer en conflit avec lui dès son premier album, ce qui aurait pu compromettre d'emblée toute relation dans la durée. Je n'ai donc pas été surpris par l'échec commercial de *Mythomane*. Déçu, forcément, mais pas surpris. À mes yeux l'album était beaucoup moins bien que les maquettes, même si les maquettes étaient très frustes par rapport à celles que l'on peut faire aujourd'hui. » Du côté de Daho, il flotte après la sortie et la piètre carrière de *Mythomane* – dont cinq mille exemplaires seulement ont trouvé preneur – un sentiment de désolation beaucoup plus fort. Il est alors persuadé que Virgin va le renvoyer comme un employé lambda n'ayant pas rempli ses objectifs. Il croise ainsi Zelnick, un jour, dans l'escalier qui mène à son bureau chez Virgin, et ce dernier lui dit qu'il faut qu'ils se parlent très vite, sans plus de précision. « Étienne a vécu quelque temps avec cette idée que tout allait se terminer pour lui. Il a d'ailleurs joué la montre assez longtemps en repoussant ce rendez-vous au cours duquel il était convaincu que j'allais lui rendre son contrat. Lorsque nous nous sommes vus et que j'ai commencé à évoquer avec lui la mise en route du prochain album, il était sidéré. »

Le 26 janvier 1982, alors qu'il vient de fêter son vingt-sixième anniversaire, Étienne est sur la scène de La Cité à Rennes pour son premier concert depuis les Transmusicales. *Ouest France* lui consacre un article sous le titre « Une soirée pour convaincre », qui en dit long sur l'état de circonspection du public breton vis-à-vis de son jeune prodige. Ses premiers pas en studio se sont avérés tout bien pesé plutôt convaincants car, comme le souligne l'article, « Étienne préfère avant toute chose la conception, la création de ses chansons », alors que la scène demeure pour lui un vertige. « Je veux rester moi-même : sur scène aussi, confie Étienne au journaliste de *Ouest France*. C'est pour cela qu'il faut travailler, il faut que cela devienne naturel. Je ne veux pas brûler les étapes et être un chanteur éclair qui dure six mois, parce que mangé par le show-business. » Le mouvement punk, et singulièrement le punk français, fut celui des comètes flamboyantes, des combustions joyeuses et de la jouissance immédiate. Beaucoup de groupes, à commencer par Marquis de Sade, n'ont pas passé l'hiver de la new wave. Avec Daho s'éveille désormais une génération raisonnable qui envisage les placements à long terme et considère le « travail » comme une courroie indispensable à la réussite et à la liberté. Après l'insouciance des sixties, la frivolité et la paresse hippie, l'outrance dispendieuse du glam-rock, le nihilisme punk, c'est la première fois que dans la sphère de cette jeune culture qu'est la culture rock s'immisce un certain nombre de valeurs autrefois jugées bourgeoises. L'industrie musicale, qui est passée en quelques années d'un fonctionnement artisanal et vaguement paternaliste à une forme nouvelle de professionnalisme et d'indépendance, exige des artistes qu'ils abordent leur métier avec une certaine conscience des réalités. « Étienne fut l'un des rares artistes attentifs à ces choses-là, raconte Zelnick. Il était dès le départ très travailleur et très exigeant. Mais par rapport à cette exigence qu'il avait envers lui-même, il fallait que sa maison de disques lui prouve en permanence qu'elle l'était tout autant. C'était toujours quelqu'un de très présent, très proche des équipes, mais qui réclamait en retour une présence aussi forte. Comme tous les timides, il parvenait à dépasser sa timidité en faisant preuve d'audace et de ténacité. Les timides se sentent également moins doués, alors ils travaillent plus. » L'une des premières télés d'Étienne montrera à Zelnick tout le chemin qui restait à accomplir. « Ce jour-là, j'étais mal pour lui, j'avais même un peu honte à sa place tellement je sentais qu'il était mal à l'aise. » Étienne chante ainsi *Il ne dira pas* à l'invitation d'Alain Chamfort dans une émission de variétés grand public. Lui, l'amateur des shows de la BBC des sixties ou des grandes récréations collectives de la télévision française type Carpentier, n'a pas envisagé de se retrouver aussi vite propulsé à l'intérieur du bocal. Trois décennies plus tard, Étienne se souvient encore avec un embarras rétrospectif de cette première télé : « Je détestais vraiment faire ces émissions et celle-ci a été particulièrement catastrophique. *Il ne dira pas* est une chanson compliquée à chanter et en plus de ne pas être prêt pour ce genre d'exercice, j'avais une angine carabinée. J'étais sous médicaments, complètement stone, et j'ai donc fait une performance qui aurait dû me coûter ma carrière. Je suis rentré à Rennes pensant que tout était fini, que j'avais foutu mon rêve en l'air. »

S'amorce ici un long et douloureux chemin de croix pour Daho dans ces avenues obligatoires et surexposées que sont les grandes émissions de télé où se nouent et dénouent les carrières de chanteur. Les éviter peut s'avérer fatal, y participer tout autant. Durant les premières années, Daho sera à la télé comme un funambule sur un fil électrique, soucieux de rester lui-même mais mesurant en permanence combien l'équilibre est fragile entre le malaise et le ridicule. Il constate également à ses dépens que la démagogie est télégénique, alors que la retenue et la timidité, l'absence de complaisance vis-à-vis du public, peuvent passer pour de l'arrogance et du mépris. « Au départ, à Rennes, le milieu dans lequel j'évoluais cultivait volontiers cette forme de snobisme calculé où tout ce qui était populaire était forcément suspect. J'avais moi-même une réticence par rapport à ces émissions grand public. Je ne m'y sentais pas à ma place, pas à l'aise et totalement décalé. » Fabrice Nataf, alors manager de Bill Baxter et du groupe new-yorkais The Comateens, fait la connaissance d'Étienne au cours de la fameuse émission : « Ma première réaction, en le voyant ainsi tétanisé, c'était de me demander comment un label comme Virgin, qui était également celui de Bill Baxter, avait fait pour signer un type comme Étienne. Même en play-back, il faisait preuve d'un tel manque d'assurance... En même temps, grâce à ça je l'ai trouvé touchant, sans imaginer que nos chemins allaient se recroiser aussi vite. » Alain Chamfort, vedette principale de l'émission, est accessoirement l'ami de Lio, lolita en pleine floraison qui pénétrera bientôt dans la bulle de *Week-end à Rome*.

LE GRAND ÉVEIL

(1982-1984)

À Rennes comme partout dans cette France rock qui avait fondé en eux ses plus sûrs espoirs, le démantèlement progressif de Marquis de Sade s'accompagne d'un fort sentiment de gâchis. « *Too much class for the neighbourhood* », comme disait un autre grand groupe de l'époque, les Dogs de Rouen. Trop d'ego aussi. Car si Frank Darcel et Philippe Pascal avoueront plus tard qu'ils se mordaient l'intérieur des joues pour que leurs visages paraissent plus émaciés sur les photos, les deux fortes têtes du groupe finiront par se mordre mutuellement jusqu'à l'inévitable et nécessaire jet d'éponge. Leur second album, l'intense et splendide *Rue de Siam*, malgré deux titres chantés (partiellement) en français qui auraient pu lui faire franchir un palier commercial dans ce paysage hexagonal dominé par Téléphone et Trust, restera à l'état stationnaire de succès d'estime – énorme, l'estime ! – en partie à cause de cette guerre intestine. De son enregistrement chaotique (Philippe Pascal et le reste du groupe ne se croisaient que rarement en studio) jusqu'à sa sortie, en janvier 1981, *Rue de Siam* bénéficie toutefois de cette fièvre qui couve à l'intérieur du groupe. Le compromis entre le funk blanc cher à Darcel et cette posture littéraire adoptée par Pascal, en symbiose avec une certaine cold wave qui a engourdi l'époque grâce notamment à The Cure, procure à l'album un son incandescent et unique. Ainsi, les guitares et la rythmique comme recouvertes de givre se réchauffent au contact de la trompette d'Éric Le Lann et des saxophones de Philippe Herpin et Daniel Pabœuf. À la manière des Anglais de Gang of Four, Marquis de Sade a réussi dans la douleur à trouver une formule qui réconcilie la tête et les jambes, le cérébral et les terminaisons nerveuses. Las... C'est déjà un peu tard, et malgré les concerts qui suivent la sortie de l'album, la gangrène fatale a déjà fait son œuvre. En mars 1981, un mois avant la séparation officielle du groupe, le mensuel *Best* envoie le journaliste Gérard Bar-David pour un long reportage sur la scène rennaise. Au domicile de Philippe Pascal, Bar-David apprend incidemment la naissance d'un nouveau groupe baptisé Marc Seberg dans lequel officient pour l'instant Gilles Anzia et Serge Papai (deux ex-Marquis) et qui n'existera réellement que lorsque Pascal les rejoindra quelques semaines plus tard. Marquis de Sade bel et bien enterré, les trois autres se retrouvent sous la houlette de Darcel au sein d'Octobre. Un chassé-croisé s'est également produit avec le groupe Private Jokes, puisque certains membres ont rejoint Marc Seberg tandis que le clavier, Arnold Turboust, vient grossir les rangs d'Octobre. Un jeune chanteur débarqué de Paris, Éric Lanz, complète la formation qui signe un contrat chez Emi et publie début 1982 un mini-album, *Next Year in Asia*, marqué notamment par un single, *Acteurs*, qui bénéficie d'un soutien important de la part d'Alain Maneval, qui diffuse à haute dose le titre dans son émission du week-end sur Europe 1.

Poussé légèrement au second plan sur la photo d'ensemble de *Mythomane*, Frank Darcel va également revenir aux avant-postes comme copilote du projet suivant d'Étienne : « Je trouvais la vie à Rennes à ce moment-là vraiment agréable. Pour la première fois je me sentais débarrassé du poids que représentait un groupe comme Marquis de Sade, dont chacun des gestes était observé par un tas de gens. Avec Octobre, même si le single *Acteurs* marchait bien en radio, la pression que je ressentais était beaucoup plus légère, plus simple à gérer. » Darcel est également de plus en plus à son aise en studio et décide donc de se familiariser avec les technologies les plus récentes qui offrent, en cette période de grands bouleversements, des possibilités infiniment plus grandes en même temps qu'une plus grande souplesse. Grâce au journaliste d'*Actuel* Bernard Zekri, il saisit l'opportunité de se rendre à New York où il rencontre l'un des grands sorciers de l'époque, Bill Laswell, qui avec son groupe Material travaille notamment à des rapprochements fertiles entre avant-garde et funk dans une pure tradition new-yorkaise qui a déjà engendré pas mal d'hybrides similaires, de James Chance aux superstars Talking Heads. « J'ai pu observer Laswell au travail et je suis revenu de ce voyage en ayant l'impression d'être imprégné d'idées nouvelles. Laswell était d'ailleurs pressenti un moment pour produire l'album d'Octobre, mais nos deux managers, Michel Esteban et Jean Karakos, n'ont pas pu s'entendre, et c'est donc moi qui ai assuré la production seul. » Pourtant, chez Virgin comme dans l'esprit d'Étienne, confier la production du prochain single à Frank apparaît une nouvelle fois comme une solution de rechange. Thierry Haupais suggère alors le nom de Gabriel Yared, compositeur et arrangeur d'origine libanaise qui a largement contribué à faire revenir Françoise Hardy dans les transistors français d'où elle s'était évaporée au début des années 70. Sur l'album *Star* en 1977, mais plus encore avec *J'écoute de la musique saoule* (1978) et *Gin Tonic* (1980), l'association entre

Gabriel Yared et Michel Jonasz pour les textes a prouvé son efficacité commerciale. Sa pertinence artistique restant toutefois à démontrer, ces albums de Françoise Hardy n'ayant pas la même grâce que d'autres plus anciens – ou que bien des futurs. Pourtant, même si Yared provient d'une tradition musicale très différente de la sienne, Étienne est si déterminé à faire de ce nouveau single un tube qu'il est prêt à travailler avec quelqu'un qui en maîtrise apparemment les recettes. Ainsi, accompagné de Frank, il se rend un jour dans le studio de Gabriel Yared à Saint-Nom-la-Bretèche, mais c'est Darcel qui ressortira paradoxalement de cette visite avec les meilleurs souvenirs : « J'ai sympathisé très vite avec Gabriel à cause d'un pur hasard. Il y avait sur l'album d'Octobre une chanson intitulée *Nastassja*, en référence à Nastassja Kinski, qui se trouvait être à ce moment-là la fille avec qui vivait Yared. Même si je ne l'ai pas croisé ce jour-là, on a beaucoup parlé d'elle, Gabriel a senti que j'aimais vraiment bien cette fille et moi j'étais tellement fasciné d'être à ce point en contact quasi direct avec elle que j'oubliais pourquoi nous étions venus. » Pourtant, des dates sont arrêtées pour entamer l'enregistrement avec Yared, jusqu'à un ultime rebondissement encore à la faveur de Darcel : « J'étais à la campagne chez mes parents lorsque le téléphone a sonné à neuf heures du matin. C'était Yared, je ne sais pas comment il s'était débrouillé pour trouver ce numéro. Il m'a dit : “J'ai l'impression que tu as vraiment envie de le produire toi-même ce maxi 45 tours d'Étienne, non ? Écoute, j'appelle Virgin demain, je leur dis que je ne le fais pas et que c'est pour toi.” Depuis ce coup de fil, je n'ai plus jamais revu Gabriel Yared. » Au tournant de la décennie, la carrière de Yared avait pris un nouvel élan du côté des musiques de films. Le carnet de commande commençait à se noircir pour le musicien – qui deviendra vraiment célèbre en France quelques années plus tard grâce à la musique de *37°2 le matin* de Jean-Jacques Beineix – et sans doute Yared estimait-il alors que la production lui réclamerait trop de temps et d'énergie pour un résultat commercial assez aléatoire. À moins qu'il n'ait voulu par ce stratagème éloigner Darcel des environs de sa propriété et donc de la belle Nastassja en lui offrant en échange ce job ? Hypothèse un peu farfelue à laquelle Darcel n'aura d'ailleurs jamais pensé. À 24 ans à peine, il se retrouve donc aux manettes d'un genre de bolide encore en rodage. Les regards circonspects, au sein des exigeants cercles rock rennais, qui scrutaient les premiers pas d'Étienne dans la chanson quatre ans auparavant sont désormais emplis d'admiration. Darcel est le premier à deviner qu'il se passe quelque chose autour d'Étienne qui pourrait exploser bientôt, sinon il aurait lâché l'affaire depuis longtemps pour se consacrer à Octobre. Et la mèche principale susceptible de provoquer cette explosion, c'est *Le Grand Sommeil.* Même ceux qui persistent à penser à l'époque qu'Étienne Daho est un auteur et surtout un compositeur limité doivent bien admettre que cette chanson, dont il a écrit texte et musique, possède un charme un peu grave et une sorte de magie spéciale qui impressionne d'emblée et qui imprime durablement la mémoire. Finalement, pas mal des chansons de *Mythomane* semblaient encore appartenir à ce terrain vague de l'histoire de son auteur que l'on situe quelque part entre l'adolescence et l'âge adulte. Avec *Le Grand Sommeil*, même si la chanson parle une nouvelle fois d'un amour enfui – toujours relié à la séparation d'avec Elli –, elle contourne ce piège de la banale redite grâce à l'emploi d'une langue assez élaborée, plus mature et mieux ciselée que précédemment. Mais c'est surtout sa parfaite adéquation avec la couleur dominante de son époque, comme avec certaines mutations en cours, qui va faire de cette chanson la première étape véritablement marquante de la carrière d'Étienne.

À l'extérieur comme à l'intérieur du petit monde de la musique française, tant de choses ont commencé à se métamorphoser que les derniers stigmates des années 70 disparaissent peu à peu, recouverts par le vernis d'un temps nouveau, qu'accompagne forcément une excitation retrouvée. Avec l'appel vers des sons neufs qu'ont occasionné la libération des ondes et la poussée, comme autant de champignons euphorisants, des radios FM, un boulevard semble s'ouvrir sous les pas des chanteurs et des groupes de la nouvelle vague. Ceux qui parviendront les premiers à s'y engouffrer seront forcément considérés comme les symboles saillants d'une révolution culturelle de très grande ampleur. Le passage soudain d'une situation de monopole détenu par quatre radios périphériques poussiéreuses à celui d'une grande et joyeuse anarchie hertzienne fait à nouveau naître cet espoir d'un débridement créatif que la fin maussade du punk avait douché. Pour les majors compagnies du disque, qui sont loin d'avoir rentabilisé leurs investissements au moment du punk et des balbutiements de la new wave, cette seconde chance se présente opportunément pour qu'enfin elles entrent à leur tour de plain-pied, et les poches remplies, dans la modernité. Dans le cercle rapproché d'Étienne, Arnold Turboust incarne celui qui peut justement apporter cette couleur synthétique qui domine déjà la pop outre-Manche, avec l'explosion de groupes comme Depeche Mode, Orchestral Manœuvres in The Dark ou Human League. Les Private Jokes séparés dans la confidence que prédisait leur nom, celui-ci est donc prêt à s'investir dans une collaboration de longue haleine avec Daho, qu'annonce symboliquement le carillon qui introduit *Le Grand Sommeil.* « Ma chance, je dois bien le reconnaître, c'est d'avoir été le seul dans cette bande à posséder un synthé, en l'occurrence un Korg Lambda. J'étais un grand fan de Dave Greenfield, le clavier des Stranglers, et je m'intéressais aussi à cette vague anglaise synthétique, qui avait pris le parti de remplacer tous les instruments par des synthés, y compris les guitares, la basse, la batterie. Ce n'est toutefois pas moi qui ai imposé cette couleur, Étienne et Frank avaient décidé dès le départ d'intégrer des synthés, pour se détacher un peu plus de *Mythomane* et parce que effectivement ça correspondait à la musique que l'on écoutait à l'époque. » Parmi la demi-douzaine de chansons déjà couchées sur démos, parmi lesquelles *Sortir ce soir*, dont la musique est signée Darcel, ou *Swingin' London*, écrite par Turboust, *Le Grand Sommeil* se situe dans une tonalité plus mélancolique qui sied assez bien avec le timbre de voix de ce Daho nouveau, qui semble avoir mûri en accéléré depuis son premier passage en studio. La chanson pose également les fondations du futur album, dont l'idée générale tournerait autour de la nuit, des insomnies volontaires liées à la fête à celles, plus contraintes, des peines de cœur. S'il emprunte son titre au roman noir de Raymond Chandler (*The Big Sleep*) adapté au cinéma en 1946 par Howard Hawks, avec Humphrey Bogart dans le rôle du détective Philip Marlowe, *Le Grand Sommeil* reste une chanson de désamour impressionniste, qui traite de souvenirs charnels et de solitude dépressive. Sa sortie prévue pour le mois de décembre 1982, le single – édité en maxi avec *À quoi tu ressembles ?* et *Swingin' London* en face B – clôturera une année débutée par un coup d'éclat, la publication du premier album de Taxi Girl, *Seppuku*, produit par le bassiste français des Stranglers Jean-Jacques Burnel et habillé d'une somptueuse pochette signée Jean-Baptiste Mondino. Cet album est le fleuron de l'année pour Virgin, qui a signé le groupe parisien au lendemain de son tube *Cherchez le garçon*. C'est aussi un disque où l'influence d'un certain romantisme noir hérité du Velvet Underground s'accorde de façon particulièrement convaincante avec les gimmicks obsédants des synthétiseurs. *Seppuku* est publié en deux versions, l'une en français, l'autre en anglais, car à l'époque Taxi Girl bénéficie de la filière Stranglers pour se produire en Angleterre, ouvrant soudainement une brèche crédible pour un groupe français à l'étranger. Toutes ces données montrent à quel point il existe désormais en France une confluence entre certains artistes nourris aux mêmes écoles, partageant non seulement les mêmes goûts mais aussi un univers de références communes pour une certaine littérature bis et un certain cinéma hollywoodien des années 40-50. Avant *Le Grand Sommeil*, *Cherchez le garçon* fut également inspiré à Taxi Girl par le même Raymond Chandler et son roman *Fais pas ta rosière* (*The Little Sister*). S'il n'existe pas encore de connexion véritable entre Daho et Taxi Girl – elle viendra plus tard, notamment lorsque Étienne produira le single de Daniel Darc, *La Ville* –, le lien artistique entre eux apparaît de plus en plus étroit. Sa sortie durant la trêve des confiseurs n'ayant pas provoqué l'effet commercial immédiat escompté, c'est tout au long de l'année 1983 que *Le Grand Sommeil* va peu à peu grandir dans l'oreille du public. La chanson possède cette qualité assez nouvelle pour l'époque de pouvoir passer sur les grandes ondes comme dans les clubs, sur les nouvelles radios rock comme dans les émissions télé à forte audience. Étienne Daho inaugure ici, de façon tout à fait involontaire, ce qui constituera la recette de base de son succès futur, imminent : cette conciliation subtile entre, au premier plan, des mélodies pop(ulaires), et à l'arrière-champ un univers de références sophistiquées. *Le Grand Sommeil* est également le premier de ces singles publiés par Daho hors du contexte d'un album, comme plus tard *Tombé pour la France*, *Mon manège à moi*, *Le Premier Jour* ou *Boomerang* en duo avec Dani. Tous comptent parmi les plus gros succès commerciaux du chanteur, ce qui valide cette idée que Daho, nourri par un amour du single parfait, des Beach Boys à Blondie en passant par la Motown, est parvenu à en percer le si délicat et mystérieux secret.

De la jolie carrière commerciale du *Grand Sommeil*, ouvrant sur la perspective d'un second album, découle un événement aussi attendu que redouté : le départ de Rennes. Si Étienne restera encore longtemps pour les médias « un chanteur rennais », c'est à Paris désormais que vont s'écrire les pages les plus importantes de son histoire. « Étienne, contrairement à moi, n'était pas si attaché que ça à Rennes, tempère Frank Darcel. Il était triste de devoir quitter sa bande de copains, les lieux qu'il aimait, mais en même temps l'excitation l'emportait sur la mélancolie. Il n'était pas né en Bretagne, et même si ses attaches familiales proches comme sa mère et ses sœurs restaient à Rennes, il n'y a pas eu, je crois, de déchirure véritable. Pour lui, Rennes était quand même synonyme de galère, et comme Virgin lui avait donné un peu d'argent, il était en mesure d'assumer un loyer, de tenter l'aventure. » À cette époque, plus encore qu'aujourd'hui, même si la province joue un rôle de vivier culturel assez important, notamment dans le milieu musical, tout le business, comme l'essentiel des médias influents, est concentré dans la capitale. Refuser son appel équivaut à s'amputer d'emblée du rayonnement et des connexions qu'elle est en mesure d'offrir. Au cours de l'été 1983 qui précède ce grand départ, Darcel, Turboust et Daho vont tester leur capacité de résistance mutuelle en vue d'une future collocation parisienne. Ils passent ainsi leurs vacances sur la côte d'Émeraude, principalement à Dinard, et font l'aller-retour jusqu'à Rennes pour enregistrer les démos des chansons du futur album. À Dinard et autour du trio s'est coagulée une petite bande de fêtards dont l'insouciance et la complicité auront une influence importante sur les textes qu'Étienne écrit à l'époque. Il y a notamment Catherine Guenneguez, surnommée Sainte Catherine, la patronne des sorteurs rennais, à qui Étienne aime faire écouter sur la plage les chansons fraîchement couchées sur bande. Un autre personnage faisant partie du séjour, Jérôme Bourdin, s'occupe de trouver des appartements à louer, que le groupe déserte parfois indélicatement sans avoir réglé l'addition. Bourdin et Darcel ont également séduit les deux filles du plus grand traiteur de Dinard, ce qui les autorise à pénétrer en douce la nuit dans les locaux du commerçant et d'en ramener des victuailles pour d'homériques festins à l'œil. Le photographe Pierre-René Worms, décidément de toutes les virées, capture sur pellicule ces instants de franche euphorie un peu potache. Et Étienne s'en imprègne également, notamment lorsqu'il écrit *Saint-Lunaire, dimanche matin*, où pointe par avance la nostalgie de ce dernier été en Bretagne : « La fête s'achève et les derniers se pressent. C'est comme dans un rêve et y a plus rien à boire, bonsoir. »

Une autre chanson de l'époque ouvre au contraire dès son titre, *Promesses*, vers les nouveaux horizons désormais à portée de main : « Demain est presque là, éclaire une autre ville », dit le texte. Pour Étienne, Paris est plus encore qu'une promesse. S'y rendre, il en est convaincu, est une question de survie, artistique et personnelle. « Je garde un souvenir assez cafardeux du dernier été en Bretagne, malgré l'atmosphère de fête et de travail qui y régnait. Avec Frank et Arnold, on avait fini par tomber dans une espèce de systématisme du sexe et de l'alcool, qui devient glauque, quand la légèreté, le goût du jeu n'y sont plus. On s'éloignait peu à peu de l'innocence et de l'euphorie qui nous avait portés jusque-là et j'avais cette sensation de tristesse déjà nostalgique, liée à la fin d'une époque, à l'imminence de cette grande dispersion de tous ces gens que l'on connaissait à Rennes et qui allaient partir eux aussi. De plus, l'histoire avec Elli était finie et je vivais mal mon premier grand chagrin d'amour. J'étais pressé de démarrer des choses nouvelles et ailleurs. » En septembre, Paris est en vue, mais le fameux voyage se transforme en une rocambolesque épopée. Turboust en rigole encore : « On a vraiment été jusqu'au bout du cliché des provinciaux qui montent à Paris. On est partis le soir à bord d'un camion, avec Étienne et Frank, on a entassé quelques affaires, nos instruments, on a dit au revoir à tout le monde et on a pris la route. Manque de bol, à mi-parcours on a voulu faire le plein et au lieu de mettre du diesel on a mis de l'essence. Au lieu d'arriver à minuit, on est arrivé au petit matin. Ça commençait fort ! » Le trio désormais inséparable loge dans un petit appartement au 24, rue de Navarin, dans le 9e arrondissement, loué au trompettiste Éric Le Lann, cousin de Darcel. En novembre débute pour deux mois l'enregistrement du nouvel album au studio de L'Oncle Sam, rue de Washington, devenu le studio Labomatic, appartenant aujourd'hui à Dominique Blanc-Francard et dans lequel Gainsbourg enregistra bon nombre de ses chansons. Pourtant, la chanson *Sortir ce soir*, envisagée d'emblée comme le single devant succéder au *Grand Sommeil*, fait apparaître un certain amateurisme qui engage l'album sur de mauvais rails : « J'ai très vite compris que j'avais foiré *Sortir ce soir*, reconnaît Darcel. Étienne me l'a d'ailleurs aussitôt reproché en me disant qu'il trouvait ça trop variété. En même temps, c'est lui qui avait amené les choristes et qui avait écrit l'arrangement de chœurs qui à mon sens posait problème sur le morceau. » L'équipe complémentaire de musiciens recrutée pour l'occasion ne donne pas non plus entière satisfaction au producteur. Le batteur, notamment, n'est pas tout à fait dans l'esprit léger du disque, mais il va falloir faire avec. Un second clavier apporte la partie plus virtuose et technique qui fait défaut à Arnold, mais l'ensemble y perd un peu en spontanéité. Quelques ajustements plus loin, le temps d'une pause où apparaît le guitariste Xavier Géronimi, un ancien du groupe rennais Ubik qui deviendra depuis ce temps-là l'un des musiciens fétiches d'Étienne, et la machine se relance assez naturellement dans la bonne direction malgré la différence qui sépare désormais Étienne de Darcel quant à leurs goûts musicaux : « Moi je continuais à être fasciné par le rock new-yorkais, par Material ou Indoor Life. Étienne écoutait un peu ce genre de chose aussi, notamment les B-52's, Tom Tom Club, mais il s'intéressait aussi à la vague des néoromantiques anglais – Heaven 17, Spandau Ballet – qui moi me laissait complètement indifférent. On savait qu'on allait naviguer un peu entre ces différents courants. » Le week-end, il arrive que les Rennais expatriés repartent se ressourcer en Bretagne, et les morceaux encore en chantier sont testés auprès de leurs amis, parfois même dans les lieux publics comme L'Aventure, où Étienne fait écouter ses nouvelles chansons un peu comme s'il était impatient de mesurer leur impact. Darcel : « Dès ces écoutes sauvages, alors que l'album n'était pas encore mixé, on savait que ça prendrait. Même si c'était nos potes, certains ne se seraient pas gênés pour nous dire qu'ils trouvaient ça mauvais, ou invendable, or tout le monde était vraiment enthousiaste. » Cerise sexy sur le gâteau, Lio vient poser furtivement sa voix – avantageusement voilée ce jour-là par une grosse angine – sur le titre *Week-end à Rome* qui s'annonce comme l'un des plus accrocheurs de l'album. C'est encore Alain Maneval qui a joué les entremetteurs, alors qu'il recevait à la radio l'interprète de *Amoureux solitaire*s : « J'étais retourné à Rennes pour assister à un concert de John Cale lorsque Alain m'a appelé pour me passer Lio, en direct à l'antenne. Nous avons échangé nos numéros et nous nous sommes rencontrés quelques jours plus tard, autour d'un chocolat chez Angelina. »

Les rencontres se multiplient dans le tourbillon parisien, comme ces longues et savantes constructions de dominos que rien n'arrête une fois lancées. Lorsqu'il croise à nouveau Fabrice Nataf lors d'un dîner chez une amie commune, Annie Amsellem, programmatrice de l'émission *Platine 45*, c'est comme si Étienne avait déniché le dernier – et fondamental – atout qui manquait à son jeu de réussite. Lorsqu'il raconte à Nataf qu'il n'a pas été payé lors d'un passage télé, celui-ci lui tend sa carte pour une prochaine fois, sans insister. De loin en loin, Étienne et Fabrice apprennent à se connaître, commencent à travailler ensemble de manière informelle, à travers quelques échanges et conseils, puis officialisent à une semaine de la sortie de *La Notte la notte* leur relation qui fait de Nataf le manager officiel de Daho. Fabrice Nataf est un personnage avenant, bien immergé dans le milieu musical grâce au succès français des Comateens, même si sa situation financière n'est pas beaucoup plus reluisante que celle d'Étienne. « J'arrivais souvent vers midi chez Virgin en trouvant un prétexte quelconque, par exemple faire des photocopies, dans l'espoir qu'une attachée de presse m'invite à déjeuner avec une note de frais. J'habitais chez un pote, je végétais à droite à gauche, et avec Étienne nous n'avons jamais signé le moindre contrat. Je prenais 50 % de ce qu'il gagnait, ce qui peut paraître énorme, mais en contrepartie je lui versais également 50 % de tout ce que je rapportais par ailleurs. En tout cas, au début, ça ne représentait pas grand-chose. On est surtout devenus très copains très vite, on avait les mêmes goûts en musique et on adorait tous les deux le cinéma. Il nous arrivait d'organiser des soirées que l'on baptisait "soirées lacrymales". Ça consistait à venir muni d'une boîte de Kleenex pour regarder en vidéo des films comme *L'Incompris* de Comencini ou *La vie est belle* de Capra. Même les mecs les plus virils ne pouvaient pas y résister. » S'il n'a suivi qu'en pointillé la confection de *La Notte la notte* – titre qui évoque un autre maître italien, Michelangelo Antonioni –, Nataf est en revanche aux avant-postes lors de son lancement, au printemps 1984. Il participe notamment aux discussions qui accompagnent le choix d'une pochette donc l'impact visuel sera équivalent, voire supérieur dans un premier temps, à celui des chansons. Quelques mois plus tôt, en marchant dans Paris, Étienne était tombé en arrêt devant la couverture d'un magazine signée Pierre & Gilles. Depuis la fin des années 70, cette fertile association entre un photographe (Pierre Commoy) et un peintre (Gilles Blanchard) a donné naissance à l'un des univers parallèles les plus singuliers dans ce dévidoir à images qu'aura été le punk. À la fois inspirés par la culture teen-age de magazines comme *Podium*, le pop art, le kitsch flamboyant de Bollywood et la bibeloterie gay qui désacralise les hiérarchies entre Claude François et Jean Genet, Dalida et Pasolini, Pierre & Gilles sont les créateurs symboles d'une époque qui assume les mythologies Kleenex et revendique la confusion des genres. Ils ont rapidement acquis une flatteuse réputation d'héritiers d'Andy Warhol grâce à leurs nombreuses couvertures réalisées pour le magazine *Façade*, revue chic et superficielle créée par les publicitaires Alain Benoist et Hervé Pinard sur le modèle du fameux *Interview* du démiurge emperruqué de la Factory. Vitrine en papier de l'état d'esprit qui flotte sur Paris durant les années fastes du Palace, *Façade* a trouvé en Pierre & Gilles ses Raphaël et Michel-Ange d'un inframonde branché et narcissique. Grâce au traitement laqué qu'ils font subir à leurs portraits, grâce aux mises en scène longuement élaborées à partir de symboles et de décors déréalisés, chaque sujet élu a l'occasion de se voir plus beau en ce miroir, comme les vedettes d'après-guerre lorsqu'elles ressortaient des Studios Harcourt. Le travail de Pierre & Gilles, longtemps méprisé par le milieu de l'art, sera réévalué à la hausse plus tard, à l'instar des photos de nymphettes cotonneuses de David Hamilton, peut-être parce qu'il aura offert l'espace d'un instant à une génération nombriliste – artistes, mondains, mannequins égéries – l'illusion que leur désir flagrant et obsessif d'immortalité pouvait s'accomplir. Comme Warhol avant eux, Pierre & Gilles savaient également que la véritable notoriété populaire de leur art passerait par une évasion du circuit des galeries et des musées – où ils n'étaient de toute façon pas admis – pour pénétrer celui de la culture de masse, à travers les couvertures de magazines, des affiches, la publicité et les pochettes de disques. L'ambiguïté toujours latente de leurs images, où une forme de candeur enfantine très « première communion » croise de plus troubles et adultes suggestions, va s'accorder à la perfection avec cette nouvelle pop sucrée salace dont Lio, avec son *Banana Split*, a ouvert le bal. Le duo de graphistes a déjà réalisé des pochettes de 45 tours ou d'album pour Marie-France ou pour le groupe növö Mathématique Moderne lorsqu'il s'attelle à l'image de

La Notte la notte. Est-ce la provenance bretonne d'Étienne qui inspire à Pierre & Gilles l'idée du T-shirt marin ? Pas seulement. Le sulfureux réalisateur allemand Rainer Werner Fassbinder vient tout juste d'adapter au cinéma *Querelle de Brest* de Jean Genet avec l'éphémère vedette Brad Davis (*Midnight Express*) dans le rôle-titre. La marinière, directement empruntée à Genet lui-même, devient l'accessoire numéro 1 de l'identification homo alors qu'un créateur de mode en pleine ascension, Jean-Paul Gaultier, en fait la panoplie de ses « hommes objets » qui affriolent le Tout-Paris de la mode. Pour Pierre & Gilles, Étienne arrive à point nommé, presque comme une bénédiction, pour servir de modèle au chromo gay ultime : cheveux noirs luisants, visage imberbe et perlé de gouttes d'eau, la lèvre inférieure exagérément charnue et la tête légèrement penchée comme pour mieux mettre en relief l'œillade lascive et légèrement lasse qu'il accorde à l'objectif. Pour couronner le tout, il porte un perroquet sur l'épaule. « Au début, se rappelle Fabrice Nataf, la plupart des gens que je rencontrais ne comprenaient pas pourquoi j'avais accepté de travailler avec "le mec au perroquet". Il y avait encore dans le milieu du rock ce vieux côté viril qui méprisait tout ce qui pouvait apparaître comme trop féminin. Bon, ces ricanements n'ont pas duré très longtemps. Dès que l'album a commencé à marcher, les mêmes sont revenus me voir pour me dire que j'avais eu un sacré flair. » Nataf trouve simplement l'image belle. À Étienne comme à lui, elle rappelle ces pochettes de Ricky Nelson qu'ils aiment tant. Dans une interview au quotidien *Le Matin*, en août 1984, Étienne avouera toutefois trouver la connotation gay « énervante ». Mais, ajoute-t-il, « ce qui est bien, c'est que cette pochette est vraiment neutre, c'est un support au fantasme des gens. Il y en a qui pensent Bounty, d'autres Erroll Flynn, d'autres Boby

Lapointe, ou affiche de film arabe, etc. En plus, ça n'est pas du tout ressemblant ». C'est l'aspect « affiche de film arabe » qui résonne le mieux lorsqu'on met la photo en regard de la propre histoire d'Étienne, mais à cette époque personne ne sait vraiment qui il est et d'où il vient. Le chanteur reste flou, superficiel, insaisissable, rétif à la confidence. Il s'accommode parfaitement de cet embaumement pop que lui ont fait subir Pierre & Gilles. Pourtant, avec ce cliché, mot dont tous les sens sont ici valables, le duo a percé deux vérités d'importance, avec ou sans la complicité d'Étienne. Ils ont d'abord su aller dénicher en lui cette âme orientale qu'il s'employait avec force à cette époque à dissimuler. Ils ont compris également, et cela était en parfaite liaison avec leur propre travail, que cet album était une bulle – selon la formule employée d'entrée dans *Week-end à Rome* –, un micro-univers mis sous cloche, un « aquarium ». Après l'autoportrait, même retouché, que constituait *Mythomane*, *La Notte la notte* est un album où Daho choisit avec force de n'en dévoiler que le moins possible. Certes, il y étale en diverses occasions son goût pour la vie nocturne, les amours furtives et la griserie des alcools (*Sortir ce soir*, *Laisse tomber les jaloux*, *Saint-Lunaire*...), mais ce sont là à l'évidence des contre-feux d'artifice qui le dispensent d'afficher un profil plus intime et d'éventuelles éraflures. Comme les portraits de Pierre & Gilles, *La Notte la notte* ne dissimule pas grand-chose et c'est précisément ce qui fait son charme. On serait tenté d'y radiographier des sens secrets ou, comme chez Jacques Demy, des tragédies lourdes masquées sous le Ripolin de chansons légères, mais tel n'est pas le cas ou si peu. L'éloignement amoureux de *Signé Kiko* est en tout cas de ces traumatismes dont on se relève sans effort. Une partie de l'album fait référence à des souvenirs de cinéma, de *Vacances romaines* (*Week-end à Rome*) à Gene Tierney qu'Étienne vient juste de découvrir dans *Péché mortel*, *Shangai Gesture* et bien sûr *Laura*. Il est également question de Jack l'éventreur sur le mode désinvolte typiquement yé-yé de l'interpellation, *Jack, tu n'es pas un ange* rappelant *Gare à toi Gargantua* de France Gall. À moins qu'il ne s'agisse d'une allusion fine au *Jack the Ripper* du premier album des Toys. Finalement, le titre le plus grave du lot reste *Le Grand Sommeil*, écrit à part du reste, comme si Daho avait délibérément choisi avec ce deuxième album d'ouvrir une parenthèse et d'en chasser d'emblée tous les nuages. « Le gris m'empoisonne » de *Week-end à Rome* est peut-être la phrase sésame de *La Notte la notte*.

Tombé au chant d'honneur

(1985)

S'il n'est pas encore l'auteur magnétique qui bouleversera une génération avec *À l'ami qui ne m'a pas sauvé la vie*[1], le récit de sa cohabitation avec le virus du sida, Hervé Guibert est déjà en 1984 un écrivain important. Il vient notamment de récolter un César pour le scénario de *L'Homme blessé*[2], écrit à quatre mains avec Patrice Chéreau et mis en scène par ce dernier pour ce qui constitue l'un des premiers films français où l'homosexualité se dévoile aussi crûment à l'écran, sans détour par l'astuce parodique et sans faux-semblant sociologique. Hervé Guibert écrit également des articles et c'est à lui que *Le Monde* commande un portrait d'Étienne, publié le 5 juillet 1984 sous le titre « Étienne Daho, le chanteur cow-boy ». Le papier débute par une série d'erreurs imputables aux fausses pistes dont le chanteur se servait depuis ses débuts pour dérouter les inquisiteurs trop persévérants. « À l'époque, c'est une attachée de presse chez Virgin qui avait rédigé une bio à la hâte. C'était truffé d'erreurs, ça disait notamment que j'étais

1. Paris, Gallimard, 1990.
2. Paris, Minuit, 1983.

prof d'anglais, ce genre de choses pas bien graves. J'ai donc laissé faire, ça me convenait. »

Ainsi, sa date de naissance est tronquée (1957 au lieu de 1956) et le lieu inexact (Paris au lieu d'Oran). C'est pourtant ce même article qui dévoile pour la première fois des éléments biographiques (réels, ceux-là) qui fendillent un peu la carapace à l'intérieur de laquelle Étienne tentait depuis ses débuts de préserver son intimité. Au détour des lignes on fait ainsi connaissance avec ses sœurs Mimi et Fanfan, plus âgées que lui, et l'on apprend notamment qu'encore enfant Étienne partait avec elles dans des virées au dancing de La Locomotive, place Blanche, à côté du Moulin-Rouge. Dans le long couloir sombre de la Loco, vers le milieu des années 60, il y avait cet appareil très en vogue à l'époque, que Godard montre notamment dans *Masculin, féminin* : une mini-usine à rêves en forme de cabine de Photomaton permettant d'enregistrer un 45 tours express et de repartir avec, simulacre désuet de cette condition d'idole que les yé-yé ont alors érigé en aubaine sociale. Comme Elvis dix ans plus tôt, Étienne va ainsi faire ses grands débuts au micro, dans ce réduit de un mètre carré sentant la brillantine et la sueur, rentrant chez lui avec la précieuse rondelle où on l'entend chanter *Tout au long du chemin* d'Hugues Aufray, une chanson apprise chez les scouts. Le premier single d'Étienne Daho, pour le coup très « junior ». Étienne confie également à Guibert sa passion authentique pour James Dean, dont il collectionne les photos : « J'aime chez lui, comme chez Dutronc, son espèce de personnage myope, incompréhensible, timide. » Autoportrait caché ? « Je n'ai pas eu envie de lui ressembler ni de m'aligner sur aucune vedette comme un point de repère, coupe court Daho. Les copains de ma vie que j'ai trouvés particulièrement drôles ou subtils m'ont plus marqué que mes héros. »

Étienne évoque également pour la première fois dans cette interview son étrange et empirique façon de travailler, au moyen notamment d'un système de notation musicale à base de traits, de points et de figures géométriques qui remplacent chez lui l'opaque solfège officiel qu'il n'a jamais appris. Quant aux textes, sa méthode est encore plus simple : « Je pars toujours de la musique et des bribes de phrases viennent en même temps. Je mets cinq à dix minutes à écrire un texte et ensuite je n'y touche plus, c'est presque de l'écriture spontanée, de l'écriture musicale : les mots ont une correspondance avec les sons. » L'écrivain Guibert a cette formule idéale pour parler d'un art si étranger au sien : « Ses paroles, Étienne Daho semble les écrire au chic, les mains dans les poches, d'un coup de stylo. » L'article, enfin, évoque en pointillé cette envie un peu folle qui a traversé Étienne récemment d'aller vivre aux États-Unis. De fait, quelques jours après la parution de ce portrait dans *Le Monde*, le 14 juillet, Étienne est de l'autre côté de l'Atlantique, à New York, où il donne un concert à La Danceteria – en réalité, il interprète *Le Grand Sommeil* accompagné d'une bande. Quelques mois plus tôt, à l'initiative d'un Français expatrié, Éric Dufaure, une compilation intitulée *Made in France* a vu le jour aux États-Unis, présentant plusieurs artistes de la nouvelle génération, dont Étienne avec *Le Grand Sommeil*. Devinant intuitivement l'empreinte de la musique new-yorkaise sur le style du jeune Frenchy, l'influente presse locale, dont le *Village Voice*, a d'emblée pris Daho pour un interlocuteur crédible, citant son morceau en exemple. Il y a même un programme français dans une radio universitaire du South Bronx, et Daho s'y retrouve convié pour un dialogue avec les auditeurs. Pourtant, à l'origine, ce séjour dans la Grosse Pomme est juste une petite arnaque montée par Nataf pour obtenir un reportage dans le mensuel *Best* de la rentrée et coïncider ainsi avec la sortie de *Week-end à Rome* et la future tournée française des Comateens où Daho apparaîtra en guest. « J'avais vendu cette idée de papier groupé sur mes deux artistes à Jean-Éric Perrin en l'assurant qu'Étienne allait faire un concert à New York avec les Comateens. Je lui ai même raconté que le concert était organisé par Robert De Niro pour l'anniversaire de sa fille, qui était fan du groupe. Un bobard énorme. Ce n'est qu'après le décollage de l'avion que j'ai avoué à Jean-Éric la supercherie, je lui ai aussi annoncé qu'on n'avait pas d'argent pour payer l'hôtel et qu'on allait dormir chez le groupe. » Pendant une semaine, Étienne, Fabrice et Jean-Éric Perrin dorment ainsi dans le loft qu'occupent les Comateens sur Washington Heights, et c'est dans ce lieu privé qu'aura effectivement lieu le fameux concert... sans public, sans lumière ni gloire, ce que personne n'était d'ailleurs venu chercher. Au cours de l'expédition, Étienne prend le temps de dédicacer son album à la chanteuse des Comateens, Lyn Byrd, de ce paraphe qui, à l'époque, le caractérise à merveille : « Pour Lyn, un fan. » Daho se sent encore à l'époque en position d'infériorité par rapport aux artistes qu'il admire, cette dédicace en étant la preuve amusante. Le séjour à New York aura servi avant tout à tisser de vrais liens d'amitiés et de travail entre Étienne et les Comateens, qui se connaissaient seulement de loin par l'intermédiaire de leur manager commun. Au même titre que The B 52's ou The Flying Lizards, les Comateens font partie de ces groupes new-yorkais apparus avec les années 80 et qui ont téléporté à cette époque avide en brouillages spatio-temporels l'imaginaire rétro des années 50 et 60 vers la modernité new wave. Ils cultivent également un look et un univers graphique opérant les mêmes raccourcis, à la manière des Stinky Toys quelques années plus tôt. Surf songs reconfigurées novö (*Garbanzo*), reprises électro-pop du *Summer in the City* des Lovin' Spoonful, funk minimaliste avec synthés détournés de vieux films SF (*Get off My Case*, *Ghost*), il y a chez les Comateens tout pour plaire à Daho. Le trio formé par les frères Nik et Oliver North et par la chanteuse Lyn Byrd a d'ailleurs obtenu un petit succès en France avec ses deux premiers albums publiés en 1981 puis 1982, tandis que le troisième, *Deal with It*, tout juste paru, contient leur premier véritable hit hexagonal, l'irrésistible *Don't Come back*. C'est en outre lors de cette première vraie rencontre entre Daho et les Comateens que jaillira l'idée d'un album commun, *Daho Meets the Comateens*, qui ne verra jamais le jour mais dont subsisteront toutefois deux titres, *Sleep* et *Sally Go round the Roses* (une reprise d'un vieux hit de 1963 signée des oubliées The Jaynetts), publiés en 2002 dans le coffret *Dans la peau de Daho*.

En France, quatre mois après sa sortie, *La Notte la notte* s'écoule parfois à une cadence infernale de trois mille exemplaires par jour, presque autant que le total des ventes de *Mythomane*. Et encore, la carte maîtresse que constitue le single *Week-end à Rome* ne sera abattue qu'en septembre par Virgin, ce qui laisse augurer encore de belles heures pour l'album dans les mois qui viennent. Dans l'appartement du 24, rue de Navarin, le téléphone retentit désormais si souvent, avec à l'autre bout des fans trop heureux d'avoir déniché le numéro de leur idole... dans l'annuaire, qu'Étienne est obligé de s'inscrire en catastrophe sur liste rouge. Pour la première fois, il observe avec un amusement légèrement coloré d'inquiétude des jeunes gens couchés en bas de son immeuble. Et ce ne sont là que frêles prémices, maigres clapotis d'avant la vague, la grande déferlante. Face à ce succès grandissant, la logique aurait voulu que Daho se retrouve aussi vite désavoué par la presse rock qu'il y avait été encensé lorsqu'il ne vendait pas de disques. Les perturbantes années 80 ont vu l'apparition d'une pop anglo-saxonne tellement tendre et pâlotte – dont Culture Club est l'archétype – que les barricades entre le rock et la variété méritent pour certains d'être à nouveau érigées. Le succès commercial étant souvent synonyme de compromission – ce qui fut effectivement le cas durant cette période –, Daho serait ainsi inévitablement passé du côté ennemi. C'est cette énervante distinction que soulève, pour mieux l'atomiser, Jean-Éric Perrin dans le fameux article « new-yorkais » de *Best* qui paraît en septembre 1984 : « Daho vient du rock, ses racines sont rock, ses musiciens ne sont pas des requins blanchis sous le harnais des heures de studio mais des mecs de sa génération passés par la dure école du groupe français ayant sévi entre 1978 et 1982... » Et Perrin d'achever sa démonstration à la sulfateuse : « C'est l'une des raisons majeures de l'infantilisme permanent du rock fabriqué en France, ce combat d'arrière-garde pour une street-credibility masturbatoire qui sert d'alibi à ceux qui végètent dans un anonymat souvent mérité. Y a-t-il un de ces rockers de café-des-jeunes qui n'échangerait pas ses boots pointus et ses lunettes noires contre une petite place sous les spotlights de Guy Lux ? » La question est provocatrice, surtout dans un magazine aussi tatillon que *Best*, dont le lectorat de l'époque est constitué pour moitié de hard rockers monomaniaques, mais la réponse qu'apporte Daho en demeurant partout lui-même est exemplaire. Et elle le restera toujours, lui offrant d'occuper à la fois les plateaux télé les plus regardés et de figurer dans la presse la plus pointue de l'Hexagone, sans jamais y laisser de plumes ni surjouer des rôles imposés. Dans l'article de Perrin, Daho a cette formule géniale :

« Pour les gens qui mettent une frontière entre le rock et la variété, je suis juste assis sur le poste de douane ! »

Pour le grand public qui le découvre vraiment, maintenant que *Week-end à Rome* plane sur les ondes des radios périphériques comme des FM, ces combats de coqs n'ont aucune prise. La chanson est légère comme la bulle dans laquelle Daho promet de coincer sa fiancée, on se dit sans doute que ce chanteur n'a qu'un avenir limité mais qu'il correspond à l'air du temps, qu'il n'y a rien de grave. Après tout, lorsqu'en 1962 les Beatles chantaient *Love Me Do*, ceux qui pouvaient prédire que les mêmes allaient bouleverser l'histoire de la musique étaient aussi nombreux que ceux qui annonçaient qu'on allait bientôt marcher sur la Lune. La pop, un petit mot aux grandes conséquences, a toujours dissimulé sous son apparente futilité les plus importants mouvements musicaux. Et, dans les années 80, cette appellation désuète redevient symbole de nouveauté. La scène pop française dont Daho semble aux avant-postes attire les faveurs des médias et celles d'un public qui apprécie à la fois son panache mélodique et sa fraîcheur musicale. Indochine, L'Affaire Louis Trio, Les Innocents ou les Rita Mitsouko, pour n'en citer que les principaux, dynamisent au cours de ces quelques années les hit-parades et les soirées étudiantes. Un autre changement récent aura son importance dans l'émergence de ces artistes. La gauche au pouvoir a libéré les ondes FM, créant un formidable appel d'air pour des musiques autrefois absentes des antennes. Les premières années, celles des radios libres, seront celles de l'aventure et de la découverte d'autres continents musicaux souvent insoupçonnés. D'ailleurs, les musiques d'Afrique ou du Maghreb commencent à sortir des ghettos à la même époque, tout comme certains sons expérimentaux ou la frange du rock la plus ardue. Mais, sous la pression de quelques entrepreneurs de ces nouveaux eldorados radiophoniques, qui n'ont pas l'âme de philanthropes, le pouvoir décide à partir de 1983 d'ouvrir ces nouveaux champs libres à la publicité commerciale. Un nouveau modèle économique se met en place avec une rapidité record et des radios comme NRJ ou RFM transforment vite leurs programmes en une sorte de juke-box entrecoupé de messages publicitaires tapageurs. Ces stations se nourrissent exclusivement de tubes, elles n'ont pas de temps pour la pédagogie, et leur demande en la matière est si importante que la seule production internationale n'y suffit pas, d'autant qu'en contrepartie du « cadeau » incroyable que l'État leur a déposé sous le sapin celui-ci demande qu'une certaine proportion d'artistes français puisse y trouver refuge. Une nouvelle variété, pas moins désolante que l'ancienne mais modernisée à la hâte, va ainsi émerger de ces antennes, avec en tête de pont Jeanne Mas ou le *Cargo de nuit* d'Axel Bauer et son clip signé Mondino qui convoque à son tour l'univers gay du *Querelle* de Jean Genet et Fassbinder. Il apparaît alors comme évident, du côté des maisons de disques, que le single « diffusable en FM » doit constituer une priorité absolue. Un bon titre formaté accompagné d'un clip vidéo astucieux, et c'est le jackpot assuré.

Étienne commence en mars 1985 une tournée d'une vingtaine de dates en France et en Belgique, accompagné d'une formation de six musiciens, parmi lesquels l'incontournable Turboust aux claviers et l'ancien Starshooter Jello à la guitare, Frank Darcel ayant décidé de battre en retraite vers la Bretagne. Deux choristes noires aux prénoms d'animatrices de site Minitel, Estella et Samantha, font aussi partie de cette caravane baptisée Étienne Daho e grupo, qui fait notamment escale le

18 mars à l'Olympia, le premier pour Étienne. Pour n'importe quel artiste, pénétrer dans le saint lieu du music-hall parisien autrement qu'en simple spectateur constitue une forme de consécration accompagnée d'un stress à la mesure de l'endroit. « Tout comme moi, ma famille redoutait qu'il n'y ait pas grand monde, et, pour remplir, ils avaient réservé un rang entier pour eux et leurs amis. Une précaution inutile car le concert était archiplein. » Ce sont là les premières secousses d'une Dahomania qui va aller crescendo au cours des mois à venir, avec pour accélérateur l'un des seuls nouveaux titres présents au programme, glissé parmi les chansons de *Mythomane* et de *La Notte*. La chanson, baptisée *Tombé pour la France*, que le public découvre en live, possède plusieurs des atouts indispensables à cette nouvelle catégorie de tubes dont la décennie 80, ici à mi-parcours, engendre sous la pression des radios. Son titre, déjà, sonne comme un slogan à la fois accrocheur et mystérieux. Il appartient certes au vocabulaire guerrier, ce qui peut constituer un risque anxiogène, notamment pour les frileux programmateurs des FM, mais il suggère aussi cet appel au succès populaire national dont la réponse va aller au-delà des espérances. Avec sa rythmique dansante et sa mélodie futée, ses paroles qui exorcisent encore une fois un amour enfui – l'empreinte de l'histoire avec Elli reste encore fraîche – par une tonalité conquérante à la limite de la défiance, *Tombé pour la France* synthétise avec un certain génie l'esprit d'une époque du point de vue des relations entre jeunes adultes. L'année précédente, avec *Les Nuits de la pleine lune*, l'éternel jeune homme du cinéma d'auteur, Éric Rohmer, a parfaitement retranscrit ces sentiments complexes d'une jeunesse qui doit réinventer des nouveaux codes de survie et repenser son éducation amoureuse et sociale hors de l'héritage de ses aînés. Elli et

Jacno en signaient la musique pour ce qui fut l'une de leurs dernières collaborations en couple, il n'y a là aucun hasard. Ce n'est pas la première fois que l'expression « tombé pour la France » surgit dans une chanson. Vingt ans plus tôt, dans le sublime *À mourir pour mourir* qui déflore l'un de ses albums les plus célèbres[1], Barbara chante ainsi « Au jardin du bon Dieu, ça n'a plus d'importance, qu'on s'y couche en amoureux ou tombé pour la France, ou tombé pour la France ». Mais là, il s'agit vraiment d'un hasard. Pourtant, c'est sensiblement à la même époque où il écrit son titre fétiche qu'Étienne manque de croiser la route de la Dame en noir. Pour satisfaire aux nouveaux objectifs que s'est fixés Virgin, on lui conseille de s'adresser à une attachée de presse rompue à tous les arcanes du show-business hexagonal. Elle s'appelle Tony Krantz et c'est un personnage à la fois respecté et craint dans le milieu, où l'on reconnaît immédiatement au bout du fil sa voix rauque de fumeuse de Gitanes et ses manières courtoises mais fermes de femme qui n'a pas de temps à perdre avec les badinages et qui porte « ses » artistes avec une conviction difficile à contrarier. C'est Philippe Constantin qui a saisi son téléphone pour lui proposer une rencontre avec un « jeune artiste formidable » dont il estime que Tony est la seule sur Paris capable de lui faire « monter les étages ». Tony Krantz : « Je partais pour la Corse le lendemain, j'étais en train de faire mes valises mais j'ai quand même accepté qu'il passe à la maison. Étienne a débarqué avec son sac à dos, je crois même qu'il portait le pull marin de *La Notte la notte*. Il était charmant mais d'une timidité incroyable, il me parlait mais en même temps il regardait ailleurs, autour de lui, un peu désemparé. Il faut dire que j'habitais dans un appartement

1. *Barbara chante Barbara*, Philips, 1964.

entièrement peint en vert pomme et blanc, il avait l'air fasciné et perdu à la fois, se demandant où il était tombé. Moi, j'étais pressée, sur le départ, mais je lui ai quand même demandé de m'accorder quelques heures pour voir ce que je pouvais faire. Je m'occupais depuis plus de vingt ans de Barbara et on travaillait à ce moment-là sur le casting du spectacle *Lili Passion*. Il y avait un rôle qui était une sorte d'ange, une espèce de môme qui servait à tout et à rien, un personnage un peu lunaire et Étienne pouvait correspondre au profil. Tout Paris avait déjà défilé chez Barbara pour le rôle, Bashung, Florent Pagny, même Patrick Bruel, alors un de plus... J'ai envoyé en express à Barbara la pochette de *La Notte la notte* après lui en avoir parlé au téléphone et elle me rappelle aussitôt, presque en m'engueulant : "Tu es devenue folle ou quoi ? Tu m'envoies la photo d'un très joli garçon, mais on dirait un mannequin, avec ce perroquet..." Finalement, l'affaire fut vite réglée car Depardieu a décidé peu après qu'il voulait être seul en scène avec Barbara et on a supprimé tous les autres rôles. » Étienne aurait sans aucun doute décliné cette proposition pour le moins saugrenue, qui l'aurait qui plus est fait entrer dans un cercle officiel de la chanson française et possiblement fait trébucher dans son parcours jusqu'ici sans obstacle. Cette nouvelle vague dont il était l'un des représentants les plus prometteurs s'accommodait alors assez difficilement avec les atmosphères nettement plus compassées et sérieuses de la Grande Chanson dont Barbara incarnait la déesse absolue. On aurait pourtant aimé, ne serait-ce qu'un instant, assister à cette rencontre de deux planètes issues de cieux aussi lointains, avec l'imposant Gérard Depardieu en Atlas moderne.

Peu de temps avant d'attaquer la tournée du printemps, Étienne est entré en studio avec Frank et Arnold pour enregistrer *Tombé pour la France.* Le petit noyau déjà à l'œuvre sur *La Notte* reprend du service même si Turboust, qui a composé la musique du futur single, devient peu à peu l'alter ego numéro 1 alors que Darcel, de nouveau choisi comme réalisateur, pressent qu'il s'agit là de sa dernière collaboration avec Daho. Étienne et Arnold vivent désormais du côté de Vincennes, chez un ami de Fabrice Nataf, et Frank ne vient plus à Paris que pour les séances d'enregistrement. Celles-ci auront lieu en deux temps, l'une dans la capitale pour les bases du morceau, l'autre dans un studio à Bruxelles équipé des dernières technologies digitales. Étienne veut coproduire le morceau, bien décidé à ne pas laisser échapper une moindre chance à ce titre jugé unanimement comme l'un des plus porteurs commercialement depuis ses débuts. Darcel renâcle un peu au départ : « Je ne pensais pas qu'Étienne avait la légitimité pour s'improviser en tant que producteur. Lorsqu'un artiste qui n'a pas une grande expérience se pique de vouloir toucher à la production, ça ne donne pas souvent des résultats extraordinaires. Je dois reconnaître pourtant qu'Étienne avait des idées qui ont été déterminantes pour la chanson, notamment son envie d'utiliser le Fairlight qui a donné son empreinte à la production, notamment sur la version longue. Il y avait eu quelque temps auparavant ce tube de Yes, *Owner of a Lonely Heart,* produit par Trevor Horn, avec cette fameuse montée chromatique qu'on a commencé à analyser parce qu'un tel effet pouvait vraiment donner du ressort à *Tombé pour la France.* C'est Dominique Blanc-Francard, qui avait travaillé dans le même studio que Trevor Horn, qui nous a dit ce qu'il fallait faire pour obtenir ce résultat. » Véritable feu d'artifice synthétique, avec en point d'orgue ce fameux climax chromatique en fin de chaque refrain, qui donne l'impression d'une aspiration dans la quatrième dimension, *Tombé pour la France* repose sur un équilibre quasi scientifique entre le romantisme hérité de la pop psychédélique (Étienne francise le terme en « Psychadélique ») et le futurisme année 80 tel que des films comme *Blade Runner* l'ont circonscrit. Si on l'observe avec un peu de recul, cette chanson clé apparaît comme l'examen de passage d'un Daho entre deux rives. C'est la première chanson d'un provincial à Paris, elle ressasse un thème lointain tout en renouvelant radicalement son approche, et du point de vue musical elle repose sur une harmonie de contraires qui va beaucoup contribuer à son succès. Étienne évoque les « jerks électroniques », en référence à la fameuse collaboration entre Pierre Henry et Michel Colombier sur la musique de *Messe pour le temps présent*, le ballet de Maurice Béjart, en 1967. Un clin d'œil qui trahit son désir d'appartenir à une catégorie d'artistes, peu nombreux en France, qui ont su conjuguer des formes populaires avec des avancées technologiques. Face à l'impressionnante armada du Fairlight, ce synthé digital révolutionnaire inventé par la firme australienne du même nom, il oppose dans la chanson l'instrument le plus rudimentaire de la création, l'harmonica, celui qu'utilisaient les bluesmen fauchés du Mississippi et les folkeux bohèmes de Greenwich Village. Enfin, lorsqu'il évoque dans le texte « les démons de la danse », il place délibérément sa chanson dans une perspective nouvelle pour lui : devenir un chanteur que l'on diffuse aussi bien sur les radios que dans les discothèques. « Il existait déjà des remix dance de *Il ne dira pas*, *Le Grand Sommeil* et *Week-end à Rome*. Ces titres passaient énormément en boîte de nuit. J'étais DJ et je sortais beaucoup, donc, dès le début, il m'a semblé tout à fait naturel et nécessaire de faire des remix de ces titres électro-pop qui étaient de toute façon faits pour danser. » Une version maxi destinée aux clubs et dopée de façon spectaculaire voit donc naturellement le jour en parallèle au single. À cette époque, le son diffusé dans les boîtes de nuit a considérablement évolué. Entièrement voués aux musiques blacks depuis la fièvre disco et le phénomène Michael Jackson qui en a prolongé l'extase funky, les clubs s'ouvrent depuis peu à la new wave anglaise qui a effectué sa mue vers le dancefloor grâce aux succès de New Order, Depeche Mode, Simple Minds ou Tears for Fears. La pop synthétique, embryonnaire dans l'oreille du grand public quelques années auparavant, impose désormais ses sonorités métalliques et son groove légèrement mécanique. Étienne, qui reste un grand noctambule, n'est pas insensible à cette mixité entre une musique purement hédoniste et des sons ou des voix qui portent encore la trace, même lointaine et sagement domestiquée, de la déflagration punk. Il a d'ailleurs participé, dans les chœurs, au single du nouveau groupe d'une vieille connaissance rennaise, Daniel Chenevez, ex-Ombre Jaune, qui officie désormais avec Muriel Moreno sous le nom de Niagara, par amitié pour Daniel Pabœuf, leur producteur – Daniel est l'un des deux Sax Pustuls et saxophoniste sur la tournée *Étienne Daho e grupo*. L'anodin mais charmant *Tchiki boum* est un tube immédiat en France, propulsé par le Top 50 de Marc Toesca sur la jeune chaîne Canal+, et il annonce le retour de la revanche de la scène rennaise dans le paysage hexagonal. Malgré lui, mais bénéficiant d'un effet de groupe finalement profitable, Daho rejoint cette caravane au cœur léger et aux prétentions mesurées qui va squatter les antennes. Avec *Marcia Baila* des Rita Mitsouko, *Canary Bay* et *3e Sexe* d'Indochine, et pendant que la meute de la variété française chante pour l'Éthiopie, c'est comme une petite révolution pop qui émerge sur les écrans. Avec ses vidéos créatives et colorées qui se singularisent également des clips de Balavoine ou Goldman, scénarisés comme des téléfilms vieillots et qui témoignent d'un académisme encore bien ancré dans la chanson hexagonale. Le clip de *Tombé pour la France* est signé par un jeune réalisateur nommé Jean-Pierre Jeunet, tandis que Stéphane Plassier, l'ex-ambianceur de la bande de Rennes, en signe les costumes. À l'époque, cette vidéo crève le tube cathodique par sa construction frénétique et son astuce formelle – tout se déroule à l'intérieur d'une boule à neige –, mais aujourd'hui on pourrait la désigner comme l'illustration suprême du kitsch eighties. Étienne y cultive pourtant son image de dandy nouvelle vague, même s'il porte toujours ces lacets de cow-boy autour du cou, accessoire dont le fétiche nous échappe encore. Pour l'anecdote, signalons que ce clip aura une incidence à long terme sur l'un des plus gros succès du box-office français. Comme il est question dans la chanson d'une histoire de Photomaton, Jean-Pierre Jeunet a l'idée d'animer avec les moyens de l'époque une série de ces photos montrant la brune et piquante Olivia, qui inspirera d'ailleurs *Pop égérie O*. Quinze ans plus tard, il réutilisera le procédé et en fera l'un des ressorts de *Le Fabuleux Destin d'Amélie Poulain*, dans un Montmartre sous cloche aussi ringard que le clip de *Tombé pour la France*. Moins inspiré que Jean-Baptiste Mondino, pas aussi fou et inventif que le sera plus tard Michel Gondry, Jeunet reste toutefois plus volontiers un réalisateur de clip qu'un cinéaste. L'image d'Étienne auprès du grand public, à partir du moment où le clip donnera chair à la chanson déjà matraquée sur les ondes, restera longtemps celle du jeune homme propret et un peu gauche qu'on aperçoit dans ce film. Une autre France, celle qui se couche tard et attend chaque samedi soir avec impatience *Les Enfants du rock* sur

Antenne 2, va découvrir un Daho assez différent grâce au portrait de vingt-six minutes que lui consacre Alain Wais. Ce journaliste du *Monde* fut l'un des premiers à parler d'Étienne dans les colonnes du quotidien, il était naturel qu'il prolonge avec lui une expérience déjà tentée avec d'autres artistes français, notamment avec Lio et Alain Chamfort. Intitulé *Cow-Boy* et diffusé en juin 1985, ce portrait est l'occasion pour Étienne de faire étalage sous une forme élégante de toutes les personnes, fantasmées ou proches, qui ont construit son imaginaire. Jacno, Elli et d'autres font naturellement partie de ce voyage en Dahovision, mais l'essentiel est ailleurs. Outre plusieurs chansons de son répertoire, à commencer par *Tombé pour la France* et sa face B, *La Ballade d'Eddie S.* composée par Arnold en hommage à l'égérie warholienne Eddie Sedgwick, il se livre à un pointilleux exercice de reprises destinées à baliser les contours de son inspiration musicale : « J'ai toujours tenu à citer mes sources d'influence, pour les partager d'une part, mais aussi pour que l'on cerne mieux l'éclectisme de mon univers. Je me payais aussi le luxe de reprendre les artistes pour lesquels j'avais de la gratitude, qui m'avaient aidé à me construire. »

Ainsi, il reprend le merveilleux *Arnold Layne* de Pink Floyd, sommet de l'art à la fois enfantin et pervers de Syd Barrett, qui sous des dehors de petite vignette psychédélique aborde le thème scabreux d'un voleur de sous-vêtements. Il chante également *Chez les yé-yé*, évocation à deux bandes d'une époque et de son principal fauteur de troubles, Serge Gainsbourg. Lorsqu'il trousse cette chanson pleine de convulsions et d'ironie, en 1963, Gainsbourg piétine encore dans l'antichambre du succès comme en témoigne le titre de l'album génial dont elle est extraite : *Gainsbourg confidentiel.* Plus âgé et surtout bien plus lucide que la génération *Salut les copains !* qui bourgeonne comme de l'acné sur l'adolescence des années 60, Gainsbourg se tient en alerte, une arme (le cynisme) prête à faire feu et un talent hors norme qui va bientôt éclabousser toute cette aimable cour de récréation. Enfin, le cadeau qu'Étienne va faire aux spectateurs des *Enfants du rock* est tout d'abord un cadeau qu'il s'est fait à lui-même : un duo avec Françoise Hardy sur *Et si je m'en vais avant toi*, chanson signée par Hardy elle-même qu'il reprenait déjà en solitaire sur *La Notte la notte*. C'est par l'intermédiaire de Jacno qu'Étienne a pu approcher Françoise quelques années auparavant dans les studios de RMC où la chanteuse exerçait à l'antenne son autre profession, astrologue. L'astre Hardy ne pouvait de toute façon, tôt ou tard, qu'entrer en relation avec la jeune étoile Daho, son jumeau astral à bien des égards et surtout l'un des rares à avoir su transposer jusqu'aux vulgaires années 80 son goût de la discrétion, de l'ellipse, des subtils effacements qui éblouissent paradoxalement ceux qui les observent, par contraste avec la frime environnante. En lui accordant ce parrainage, Françoise Hardy ne sait pas encore qu'elle vient de trouver en la personne d'Étienne un supporter de choc, un futur mentor, un ami pour la vie et, pour commencer, un biographe. En 1986 paraîtra, chez Jacques Grancher éditions, *Françoise Hardy, superstar et ermite*, un ouvrage coécrit par Étienne et le journaliste et musicien Jérôme Soligny.

Syd Barrett, Gainsbourg, Françoise Hardy, il ne manque qu'un seul point cardinal dans cette boussole indiquant les racines musicales profondes d'Étienne : le Velvet Underground. Un vide comblé par la reprise de *Sunday Morning* qui figure sur l'album hommage *Les Enfants du Velvet* qui paraît en fin d'année chez Virgin. Sur ce projet, unique en son genre à l'époque, on retrouve logiquement Marc Seberg, le nouveau groupe de l'ex-Marquis de Sade Philippe Pascal, pour une reprise de *Venus in Furs*. Il y a également Taxi Girl dans une adaptation en français du délicieusement pervers *Stephanie Says* sous le nom de *Je rêve encore de toi*. Les Rita Mitsouko, a priori moins velvetiens dans l'âme, se tirent assez honorablement de l'épineux *All Tomorrow's Parties*, tandis que deux autres pensionnaires du moment chez Virgin, Graziella de Michele et Aliss Terrell, complètent ce programme plutôt décevant. De l'aveu même d'Étienne, il est passé à côté de sa reprise, comme c'est souvent le cas avec les sujets trop admirés. « Avec Arnold, nous passions toujours trop de temps à travailler les chansons et en voulant bien faire, nous l'avons trop arrangée. C'est dommage, car nous avions une autre version qui n'est pas sortie, plus épurée et donc plus pertinente. »

Il n'est pas parvenu à retrouver cet équilibre entre les éclats de lumière aveuglants et la noirceur sépulcrale qui fait toute la magie du groupe de Lou Reed et John Cale. Quoi qu'il en soit, la voix de velours d'Étienne Daho, à l'entrée de l'automne 1985, n'est plus du tout souterraine.

Dahomaniaques

(1986)

Même si Alain Wais, modestement, a tendance à atténuer l'opinion d'Étienne sur l'effet déclencheur qu'aura le documentaire *Cow-Boy* sur la notoriété du chanteur, Daho, lui, n'en démord pas : « J'ai senti que les choses basculaient dès le lendemain de la diffusion. La France entière, et notamment le public des amateurs de musique, me découvrait sous un jour assez proche de ce que j'étais vraiment, avec mes références, mon entourage. » Toute l'ambition complexe de Daho face à cette notoriété nouvelle se trouve résumée dans cette phrase. Il ne va en rien snober ce succès public, qui a toujours été l'un de ses moteurs, persuadé que le statut de chanteur maudit n'était pas fait pour lui. Mais dans le même élan, il a conscience que sa carrière ne pourra s'équilibrer à long terme que si elle repose également sur un socle plus solide, celui de la reconnaissance critique. Sur ce plan, il est récompensé au-delà des espérances lorsqu'il reçoit au printemps 1985 le Bus d'acier, une distinction très prisée à l'époque puisqu'elle est remise chaque année à un artiste français sélectionné par un vote collégial de la rock-critic. Après ça, le documentaire qu'il a voulu comme une sorte de manifeste esthétique constitue une véritable aubaine pour affirmer pile au bon moment des choix qui l'accompagneront tout au long des années suivantes. Les références au cinéma, à la littérature, seront également pour lui, à travers les chansons, dans les clips ou dans les interviews, des occasions d'élargir le seul horizon de ses chansons et d'en dévoiler certains ferments secrets. Comme tout amateur de rock, Daho considère la musique comme une ouverture, un sésame, et non comme un cul-de-sac. L'arborescence culturelle qui s'échafaude à partir de l'écoute de groupes aussi fondamentaux que Pink Floyd ou le Velvet Underground peut devenir plus importante que la musique elle-même, tant elle ouvre l'esprit sur des univers parallèles mystérieux, eux-mêmes chargés d'une histoire à rebondissements. Du moment où il accède à l'opinion, avec ce pourvoir de peser sur elle, Étienne se sert de cette opportunité pour dévoiler généreusement ses découvertes, ses plaisirs, son bagage, à la fois par sens du partage mais aussi, plus égoïstement, parce que cela va lui permettre de densifier son propos et d'échapper à cette condition dévorante de chanteur de variétés auquel on serait plus enclin de demander ses secrets d'alcôves que ses trésors de bibliothèque. Un ouvrage littéraire va ainsi avoir une importance considérable sur le projet que Daho doit mettre en chantier pour poursuivre sur la lancée de *Tombé pour la France*. Avant de quitter définitivement le cercle de ses collaborateurs, Frank Darcel a ainsi fait découvrir à Étienne un livre de Jack Kerouac intitulé *Satori à Paris*. Publié en 1966, trois ans avant la mort du poète et écrivain phare de la Beat Generation, *Satori à Paris* est une création singulière dans l'œuvre de Kerouac et forcément plus résonnante pour le public français puisqu'elle a pour théâtre, comme son nom l'indique, Paris et la Bretagne. Cette improvisation fortement alcoolisée et empreinte d'une fièvre radicale comme un solo du saxophoniste free Albert Ayler trouve bizarrement pas mal d'écho avec le parcours d'Étienne au cours des années précédentes. En retrouvant pour l'occasion son vrai nom, Jean-Louis Lebris de Kerouac, l'auteur mène tout au long d'un récit crypté mais drolatique une quête identitaire sur ses racines françaises. Forcément, le déraciné Daho y note un parallèle ténu mais non sans intérêt avec sa propre histoire. Le fait que l'action se déroule entre Paris et la Bretagne constitue également une coïncidence assez troublante. Et si Kerouac fut l'un des inspirateurs évidents de Dylan, cet amoureux transi de Françoise Hardy dont l'effervescence poétique a sans doute marqué le Velvet, alors Daho ne se situerait, culturellement parlant, qu'à quelques degrés de séparation de l'auteur de *Sur la route*. C'est ainsi que se tissent les liens invisibles d'une œuvre à l'autre, et la légitimité de Daho à emprunter son titre à Kerouac pour le futur album qu'il prépare n'est en rien contestable. Ce qui intéresse Étienne dans le livre, notamment, c'est cette idée du Satori, un mot japonais qui signifie un flash, une illumination, une espèce de culminance jouissive. À ce stade de sa carrière, où pas mal de feux sont passés au vert et où il réalise un rêve inouï, celui de vivre de la musique, Étienne se sent porté par une force résolument extatique dont il compte faire le thème central de ses prochaines chansons. Profiter à plein de l'instant présent, trouver la position idéale pour recevoir l'onde sensorielle du bonheur, voilà un des grands thèmes qui va infiltrer son travail dès cet instant. Le mot pop et son ambiguïté de toujours, entre le pop art et l'art popu, représentent également un générique fort pour cette nouvelle aventure. Depuis les Beatles ou les Beach Boys qui en ont bâti les contours, la pop au sens noble du terme est une recherche perpétuelle de félicité qui rejoint l'extase du Satori. *Pop Satori* est comme une double affirmation, une surenchère dans cette recherche d'idéal. C'est le titre talisman d'un album qu'il reste à écrire. Comme une façon de donner chair à une illumination, ce qui devrait être la base même de toute œuvre. Mais il convient aussi parfois de tempérer ses ardeurs, notamment lorsqu'une maison de disques risque beaucoup d'argent sur un projet et que les accidents artistiques sont vite arrivés. Chez Virgin, on a beau avoir l'esprit large, le cas précédent de l'échec de l'album de Taxi Girl – *Seppuku*, encore un mot japonais – produit par Jean-Jacques Burnel des Stranglers a laissé des traces. Il ne faudrait pas que Daho tombe à son tour dans ce travers qui consiste à ruiner l'effet d'un tube à cause de choix trop radicaux qui déboussoleraient un public de plus en plus volage. Aussi, c'est avec un enthousiasme très mesuré qu'est accueillie l'idée de partir enregistrer l'album à Londres avec un producteur sorti de nulle part. Étienne est en effet complètement tombé amoureux d'un disque du trio anglais Torch Song, *Wish Thing*. Formé par William Orbit et Grant Gilbert avec la chanteuse Laurie Mayer, Torch Song existe depuis 1983 et a signé avec le puissant label IRS, dont le patron est Miles Copeland, l'ancien manager de Police (et frère du batteur Stewart). *Wish Thing* est leur premier album, dans la droite lignée de la new wave électronique et légèrement vaporeuse de l'époque. Daho est séduit notamment par la science méticuleuse dont fait preuve William Orbit dans sa façon de jouer en permanence entre la froideur des synthés et l'incarnation humaine de la voix féminine. Il sent instinctivement qu'il pourra sans mal couler ses chansons à l'intérieur de ce moule high-tech et donner une nouvelle impulsion plus anglaise à son travail. Il sait également que le binôme qu'il forme désormais avec Arnold Turboust est parfaitement en adéquation avec cette nouvelle façon de penser la musique, en jouant au maximum sur les possibilités des nouvelles machines digitales mais en conservant l'esprit pop des sixties qui les anime l'un et l'autre. De plus, Orbit a déjà à son actif un succès récent assez parlant puisqu'il a coproduit un single pour Sting, *If You Love Somebody Set the Free*, mixé par un jeune ingénieur surdoué nommé Rico Conning, ancien leader du groupe new wave The Lines et membre intermittent de Torch Song. Le groupe a installé dans son garage du quartier Little Venice à Londres un studio d'enregistrement dernier cri où Étienne se verrait bien prendre ses quartiers afin de bénéficier de ce privilège d'une bulle artistique, loin des regards de sa maison de disques et dans sa ville de cœur que reste la capitale anglaise. William Orbit, qui deviendra quelques années plus tard un producteur inapprochable en travaillant notamment avec Prince, Madonna ou Robbie Williams, accepte cette étrange proposition venue de France. À la rentrée 1985, Étienne et Arnold se retrouvent dans l'appartement d'Anne Claverie rue Lamartine, où loge désormais Étienne, pour composer en quatrième vitesse les maquettes des chansons du futur album avant de rejoindre Orbit à Londres. « Nous étions dans un état d'excitation maximale, se souvient Turboust, car il fallait partir de presque rien et faire naître un disque en quelques mois avec cette perspective londonienne qui nous plaisait beaucoup. On a commencé à écrire certaines chansons sur un petit orgue, sans trop de direction, en se reposant beaucoup sur le fait que les choses prendraient vraiment forme en studio. » La greffe avec Orbit est néanmoins loin d'être assurée, et c'est un peu vers l'inconnu qu'Étienne et Arnold embarquent à l'entrée de l'hiver 1985, direction le studio Guerilla du producteur anglais. Ils ne savent pas encore que le nom du studio est prémonitoire du bras de fer qui va bientôt les opposer à leurs hôtes britanniques. Au départ, tout se passe normalement avec Orbit, qui pour se faire la main réalise un remix assez efficace de *Tombé pour la France*. Pénétrer l'univers assez opaque de Torch Song n'est pourtant pas chose aisée, il n'est pas non plus question de reproduire exactement le même son, simplement de s'en servir comme d'une base. « Je voulais un disque avec pas mal de recoins, des tiroirs à ouvrir, un son général assez ambitieux et complexe qui procure en même temps l'illusion d'un monde accueillant, réconfortant pour qui prend le temps d'y entrer. » Les premières sessions avec Orbit se déroulent sans problème et donnent naissance à trois chansons du futur album, *(Qui sera) demain mieux que moi*, *Quelqu'un qui me ressemble* et surtout le magique *Paris le Flore*, adaptation en français de *Love at First Sight*, sublime aubade que Stuart Moxham, ex-guitariste des Young Marble Giants, a publiée sous le nom de *The Gist*. Ces trois titres, sans doute les plus sages de toute cette aventure, donnent toutefois un aperçu flatteur de ce que Daho peut donner une fois mis en Orbit. Un avant-goût surtout destiné à rassurer Virgin sur le bien-fondé de cette escapade outre-Manche. Mais, comme décidément aucun album de Daho ne paraît devoir naître sans la douleur d'un accouchement au forceps, le climat va brusquement virer à l'orage lorsque, après une pause pendant Noël, les deux Frenchies reviennent au studio Guerilla où les attend un « cadeau » dont ils auraient volontiers fait l'économie. Pensant retrouver William Orbit derrière sa console, ils tombent à la place sur son manager, Dick O'Dell, qui leur explique que William ne pourra pas poursuivre avec eux l'enregistrement. Seule une fille, ingénieur du son débutante, est présente dans les lieux, et sa compétence est si élargie qu'elle est obligée de consulter un manuel d'instruction épais comme l'annuaire de Londres et de sa banlieue pour faire fonctionner le lourd appareillage du studio. « C'était une situation cauchemardesque, d'autant qu'on ignorait tout des raisons de la prétendue disparition de William Orbit, se souvient Daho. Je suis sorti de mes gonds pour que l'on trouve au plus vite une solution à cette embrouille. J'ai menacé notamment de tout laisser tomber et de repartir en France, et c'est seulement là que Dick O'Dell nous a proposé les services de l'ingénieur du son Rico Conning, le quatrième membre de l'ombre de Torch Song. » Turboust : « L'arrivée de Rico a remis l'album sur les rails, on a immédiatement été rassuré par sa présence, par ses idées, par sa gentillesse et son talent surtout. C'était un mal pour un bien, car sans doute Rico a-t-il apporté plus d'idées que Orbit aurait pu le faire. Il s'est totalement immergé dans le projet, on a senti que ça lui plaisait, qu'il n'était pas là juste pour le fric mais que ce disque était également pour lui une étape importante en tant que producteur. » Seul problème, de taille : avec tous ces rebondissements imprévus, l'écriture des chansons est restée un peu à l'état de chantier et il n'y a pas assez de matière pour un album, notamment au niveau des textes. Étienne va donc se confronter pour la première fois à une expérience sans filet : écrire à mesure de l'avancée de l'album, du jour pour le lendemain. Et pour inspiration, il n'a rien trouvé de mieux que sortir tous les soirs dans les clubs de la capitale anglaise, d'où il émerge tôt le matin pour filer presque directement en studio. « Le temps restant, entre la sortie des boîtes et le studio, je le passais à écrire les textes, souvent en me servant des impressions, des rencontres et des lieux de la nuit passée, dans un état d'euphorie et de fatigue mêlées. Je ne me souviens pas d'avoir dormi une seule nuit complète pendant toutes les sessions. » Rejoint par le guitariste Xavier Géronimi, le duo Étienne/Arnold réalise des prodiges en composant en flux tendu des chansons qui cherchent à recréer toute la fulgurance de ces nuits londoniennes et doivent néanmoins ne pas dérouter le public français. L'une d'entre elles devient l'illustration idéale de cette atmosphère d'effervescence artistique et charnelle qui plane sur l'enregistrement. Une nuit au Taboo, un club londonien où se presse la faune new wave des années 80, Étienne fait la connaissance d'une créature portant un tatouage, aussitôt statufiée dans la chanson *Épaule tattoo* qui a tous les atouts pour devenir un single aussi affriolant que son inspiratrice. Avec Kerouac comme ombre tutélaire, ce Taboo qui rappelle étrangement le Tabou du Saint-Germain-des-Prés existentialiste, l'allusion au café Le Flore, au be-bop dans *Tombé pour la France*, les citations furtives de la trompette de Miles Davis ici ou là, il y a comme ça disséminées sur le disque de claires références à l'euphorie de l'après-guerre française. Et aussi, Londres oblige, une connexion tout aussi évidente avec le Swingin' London de Marianne Faithfull et des Stones. Le tout reconfiguré pour ces années 80 où la légèreté et la superficialité sont érigées en modèles de vie. Comme avant lui *La Notte la notte*, *Pop Satori* sera encore un disque en trompe l'œil où Daho va aller au bout de son personnage de papillon de nuit et de séducteur sans lendemain, dissimulant ses cicatrices sous des vernis colorés et des baumes douceâtres. « Le succès de *Pop Satori* devra beaucoup à cette apparente légèreté. Je crois que le public avait besoin de quelque chose de ce genre à l'époque, mais pour moi ce disque n'était pas simplement résumable à ça. J'ai mis dans l'écriture des choses inconsciemment plus profondes et personnelles qui ne sont pas forcément perceptibles. Moi-même, je me suis rendu compte des années plus tard, en la réarrangeant pour la scène, du côté sombre et tourmenté d'une chanson comme *Pari à l'hôtel*. Mais c'est la marque de mes chansons de l'époque : un certain goût du paradoxe avec des musiques légères et des textes sombres, mais aussi l'inverse. » Et comme s'il fallait à tout prix que la gestation de l'album soit au diapason de cette ambiance de douche écossaise, un ultime rebondissement va intervenir et tout chambouler à nouveau alors que le calme semblait revenu. Un jour, à neuf heures du matin, le fameux manager Dick O'Dell et William Orbit se présentent dans la chambre d'hôtel où loge Étienne et lui annoncent qu'ils arrêtent l'enregistrement, car Virgin leur doit toujours l'argent des sessions de fin 1985 et celui de la location du studio. Un vrai scénario de polar mafieux car O'Dell ajoute qu'il a mis à l'ombre les bandes de l'album et qu'il ne les rendra que lorsque la facture sera acquittée par la maison de disques. Une nouvelle fois interrompu, l'album termine sur cette rocambolesque péripétie sa carrière londonienne. Étienne ne sait plus très bien comment il est parvenu à récupérer les bandes mises sous séquestre, mais le fait est que l'équipe repart à la hâte en France comme des contrebandiers pour élire domicile dans le décor beaucoup plus apaisant du studio Marcadet à Paris. Les dix nouvelles chansons, auxquelles s'ajoute *Tombé pour la France* et une reprise logiquement crépusculaire du *Late Night* de Syd Barrett, vont donc être achevées dans un climat moins tumultueux que celui de Londres. On s'autorise même quelques récréations, comme lorsqu'Étienne invite ses meilleures amies à participer à l'album. Il y a là Elli bien sûr, Anne Claverie et une nouvelle venue, une petite beauté blonde d'origine argentine, Mercedes Audras, qui habite avec Anne et Étienne rue Lamartine. « J'étais en train de passer mon bac, se souvient Mercedes. J'étais venue habiter chez lui alors qu'il était en enregistrement à Londres, donc on a fait pour la première fois connaissance dans sa cuisine. Il m'a immédiatement adoptée et intégrée à sa bande d'amis, ce qui signifiait que je participais également à ses projets. Je faisais déjà de la musique à l'époque dans un groupe, Power Game, et c'est plus tard Fabrice Nataf qui aura un vrai coup de cœur pour moi et qui me permettra de débuter. J'ai découvert en Étienne quelqu'un d'extrêmement généreux et très anxieux à la fois. Je pense qu'il était assez angoissé par la notoriété qui était la sienne. Il avait son groupe d'amis, il embarquait toujours tout le monde avec lui en vacances, et en même temps dès qu'il était hors de ce cercle il voulait se protéger en permanence. D'où cette mèche qui lui tombait toujours sur les yeux à l'époque, je pense. J'ai aussi découvert quelqu'un d'extrêmement méticuleux et organisé dans le travail. Il arrivait en studio avec des papiers sur lesquels il avait décomposé tous les morceaux par instruments, qu'il cochait au fur et à mesure lorsqu'ils étaient en boîte. De la même façon il avait inventé un système de couleurs pour lire la musique à sa façon, parce qu'il ne connaissait pas le solfège. Il possède surtout une très bonne oreille, il a toujours de bonnes idées de production. Un jour, on était en vacances en Bretagne, en voiture, et on s'est amusés à hurler comme des cons. Il a flashé sur mon cri et m'a demandé illico de venir hurler sur *4 000 Années d'horreur.* » Cet esprit ludique prévaut lors des derniers jours d'enregistrement de *Pop Satori*, album qui revient des limbes et impose néanmoins une sorte de rayonnement immédiat. Avec son générique james-bondesque, il exploite à fond ces incessants allers-retours entre les époques mais s'impose surtout avec le recul comme l'instantané parfait d'une ère en voie de disparition, l'ultime guirlande lumineuse d'une fête déjà presque consumée, où se refermaient avec l'arrivée du sida les dernières folies nocturnes et poudrées du punk, du novö, de l'extravagance des années Palace. Un disque qui raconte en creux bien plus que son époque mais en épouse parfaitement les tics et les gimmicks. Un album à la fois anachronique et contemporain, nostalgique et futuriste, bourré de petits défauts qui lui confèrent un charme inusable. Y compris dans cette écriture par flashs, très prisée à l'époque, qui refuse le récit linéaire de l'approche littéraire française pour un carambolage à l'anglaise. Un disque pop, donc. Et un futur Satori pour Étienne Daho.

Pourtant, l'euphorie et la fierté qui accompagnaient la fin du disque vont retomber brusquement lors des premières écoutes chez Virgin. Dans l'équipe, on est un peu embarrassé par cet album qui sonne comme aucun autre disque français de l'époque et qui peut dérouter les radios françaises qui dictent alors leurs lois. C'est en tout cas le sentiment, un sentiment de dépit un peu gêné, qui prévaut alors que le troisième album d'Étienne Daho est attendu partout avec une grande excitation. Daho tombe de haut : « Personnellement, j'étais très heureux du disque alors que chez Virgin, les gens étaient accablés. Ils ne s'attendaient pas à ça, pensaient qu'il n'y avait aucun single et qu'il faudrait sans doute un miracle pour poursuivre l'ascension entamée depuis *Tombé pour la France.* » La pochette qui le montre en train de faire la gueule, une cigarette à la main, n'est pas non plus du goût de tout le monde. C'est pourtant bien ce disque, dont l'auteur s'affiche sans apprêt, comme tombé du lit et en plein bourdon – la photo, signée Janusz Kawa, a en fait été prise au Flore après une nuit blanche –, qui va déclencher dans les mois à venir une véritable hystérie collective. Une « Dahomania », selon l'expression consacrée et détournée de la fameuse Beatlemania des années 60. Il sort au mois d'avril 1986, en même temps que le single *Épaule tattoo*, finalement préféré au plus lisse *(Qui sera) demain mieux que moi*, pressenti au départ pour porter l'album. La presse rock est toute retournée par la réception du Daho nouveau, ce qui est toujours un signe. Dans *Best*, le styliste hors pair Francis Dordor n'y va pas avec le dos du stylo : « L'existence d'artistes comme Daho, Lloyd Cole, Paddy MacAloon [leader des merveilleux Prefab Sprout NDA] n'a de sens que dans la mesure où l'on est disposé soi-même à tomber la garde, à devenir nous aussi vulnérables, et non victimes, enfants écorchés d'un siècle charcuté, à ne plus refréner les pleurs ni l'envie stridente de remonter la route de la soie qui recouvre les jambes de cette fille rencontrée hier soir. » Plus loin, Dordor remarque judicieusement que « ce disque tourne autour du sexe plus qu'il n'en parle. Il évoque les ambiances du sexe et de sa sœur d'approche, la séduction ». Là est sans doute la clé du succès de *Pop Satori* : c'est un album qui aimante l'attention, par son apparente frivolité, et qui vous engloutit sans prévenir. Un peu comme un flirt de vacances derrière lequel couverait quelque chose de passionnel. « Quelque chose de lumineux et de raffiné, qui donne irrésistiblement envie de danser, de se griser... », affirme quant à lui Philippe Blanchet à propos de l'album dans sa chronique de *Rock&Folk*. Concluant par ce verdict sans détour : « Daho pop star, définitivement. » *Libération* n'est pas en reste, dans le chapeau d'un article intitulé « Le prendre un peu Daho », le quotidien, sous la plume inimitable de Bayon, concède qu'il tombe également pour Étienne : « Ce journal aura mis deux albums et cinq ans avant de se prononcer, le nouveau trente londonien du Petit Chose new wave de Rennes emporte les dernières réticences : c'est analgésique, yéyé et bien. » Dans l'article qui suit, Daho est interviewé et livre ce petit scoop : « Je vais tourner dans le prochain film de Virginie Thévenet, la réalisatrice de *La Nuit porte-jarretelles*. Et puis aussi dans un film d'Olivier Assayas, *Soleil de minuit*. Je rentre dans le cinéma par la petite porte. C'est une curiosité. Je préfère. Ça me permet de roder, de voir ce que je vaux. Mais j'écris un scénario, je ne serai pas chanteur toute ma vie », se hasarde-t-il. De fait, il apparaîtra déguisé en Joconde (!) pour le film *Jeux d'artifices* de Virginie Thévenet, cinéaste et comédienne pimpante des années 80 qui avait toutefois un goût un peu moyen pour les jeux de mots en solde. Il figurera également au générique du très sombre premier long-métrage d'Olivier Assayas, rebaptisé *Désordre*, dont l'ambiance rappelle étrangement celle du Rennes de la fin des années 70. À travers ces deux expériences, Étienne a le temps de se rendre compte qu'il n'est pas un acteur. Dommage, car avec un peu plus de fantaisie dans son jeu, il aurait pu faire une petite carrière semblable à celle de Jean-Claude Brialy dans les films de la Nouvelle Vague, qui lui ressemble comme un frère. Brialy proposera d'ailleurs à Daho quelques années plus tard d'interpréter le rôle de son fils dans un film qui ne verra jamais le jour. Tout comme le scénario que Daho promettait pour sa reconversion, et que l'on attend encore.

Bonne nouvelle, les premiers chèques de la Sacem, notamment ceux liés aux ventes de *Tombé pour la France*, commencent à tomber. Étienne, pour se remettre de l'enregistrement éprouvant de *Pop Satori*, s'est enfin offert des vacances au Maroc avant d'affronter la suite. Il sait qu'une véritable machine de guerre l'attend au retour. Mise en place progressivement, au gré des rencontres et du hasard, cette équipe commando est dominée par deux fortes têtes féminines. Anne Claverie tout d'abord. L'ancienne copine de Rennes avait fini par rejoindre Fabrice Nataf chez Virgin, et lorsque Nataf, trop occupé par son poste de P-DG de Virgin France, ne pourra plus assurer seul le management de Daho,

Anne prendra progressivement le relais. Beaucoup moins souple dans ses rapports que Nataf, Anne Claverie se pose d'emblée en rempart entre Étienne et l'extérieur, ce qui est souvent la marque des managers respectés. « Étienne a beaucoup de qualités, explique Claverie, mais son défaut majeur, à l'époque, c'était d'être totalement incapable de dire non. Quitte à endosser le rôle de la méchante, j'étais celle qui devait dire non à sa place, et cela m'est arrivé souvent car le succès entraîne un nombre incroyable de demandes en tous genres. » Quant à l'autre femme cerbère, Tony Krantz, responsable des relations presses, elle a pour mission de faire entrer Daho dans une famille de magazines à gros tirages dont il n'a eu jusqu'ici accès qu'en pointillé, et dans lesquels on ne lui parlera pas forcément de musique. « Tony m'a convaincu non sans mal de faire une presse ou des émissions qui ne me plaisaient pas. Je n'avais surtout pas envie que l'on me pose des questions qui me ramenaient à un passé que je voulais mettre derrière moi. Ma vie de jeune homme commençait, j'avais du succès et je voulais en profiter, pas qu'on me ramène en arrière. » Le défi auquel s'attaque Tony Krantz n'est pas simple, il est même double, car il faut d'un autre côté convaincre cette presse à fort tirage que Daho est désormais un artiste capable d'intéresser un lectorat plus vaste que celui des magazines spécialisés. « Dans *Match*, par exemple, mis à part Johnny et Sardou, aucun chanteur n'avait droit à un reportage. On a réussi à monter un truc incroyable, avec des photos prises à l'aube près de l'Arc de triomphe avec tous nos copains. L'idée, c'était de montrer toute la modernité d'Étienne et en même temps de l'inscrire dans une tradition qui disait quelque chose à la fois aux rédacteurs en chef des journaux et à leurs lecteurs. Il y avait donc ce côté joyeuse bande qui était censée rappeler les yé-yé, et en même temps musicalement ça devait complètement coller à l'époque. Pareil lorsqu'on a fait *Salut !* la première fois. Ce n'était plus tout à fait *Salut les copains* mais le journal avait conservé ses lettres de noblesse, et obtenir une couverture représentait vraiment quelque chose. Étienne a été rédacteur en chef d'un numéro entier, c'était la seule manière pour lui d'accepter ce genre de presse, il fallait qu'il puisse parler de ses goûts, de ses potes. Les gens chez Filipacchi avaient vraiment peur de se planter, Étienne n'était pas forcément quelqu'un qui voulait jouer le jeu pour vendre un peu plus de disques. Il voulait surtout convaincre le public, dans le sens noble du terme. » Le *Satori Tour*, programmé pour octobre, devait donc être celui d'une conquête difficile du public qu'Étienne s'apprêtait à attaquer bec et ongles. « J'étais très fier de ce disque mais on avait fini par me convaincre que rien ne serait facile. En fait, toutes ces craintes se sont évaporées très vite, car le disque s'est mis à marcher immédiatement. Du coup, lorsque la tournée a débuté, les salles pour nous accueillir n'étaient plus assez grandes et le public, de plus en plus nombreux chaque soir, connaissait toutes les paroles par cœur. » En effet, les seuls chiffres du 45 tours *Épaule tattoo*, qui a dépassé les 140 000 ventes deux semaines seulement après sa sortie, indiquent que l'album est parti pour un véritable triomphe, que les concerts devraient asseoir en fin d'année. Peut-être est-ce un pur hasard (ou pas), mais la tournée démarre à Reims le 15 octobre pour s'achever un peu moins de deux mois plus tard à Rennes, le 9 décembre, lors des traditionnelles et symboliquement chargées Transmusicales. Reims et Rennes, les deux villes françaises qui ont vu grandir Étienne à son retour d'Algérie et qui vont donc le voir renaître en Étienne Daho superstar, le favori de saison des jeunes filles et de leurs mamans. Celui qui rend leurs petits copains verts de jalousie. Bref, une idole. Par chance, son prénom est de ceux qui se scandent, s'hystérisent et se pleurent, de joie et de dépit, d'impuissance et d'amour à jamais irréel. Depuis les fameuses Bobby Sockers qui tentaient l'impossible pour attirer ne serait-ce qu'un regard cliniquement ourlé de Frank Sinatra, la musique populaire génère à intervalles réguliers ces hordes de donzelles prêtes à tout, brouet sympathique quoiqu'un peu effrayant de filles du peuple et de bourgeoises unies dans la même transe hormonale. Aux premières loges pour assister au phénomène, Tony Krantz se souvient de l'équilibre naturel qui a présidé à l'agglomération de ce public : « Du jour au lendemain j'ai vu des gens littéralement tomber amoureux. Des filles, des garçons, des gens célèbres, des comédiens, des gens de la mode comme Jean Paul Gaultier. Beaucoup de jeunes mais aussi d'autres qui avaient plus de 40 ans. Tout le monde tombait sous le charme de ce garçon qui, sur scène, ressemblait à un dessin. Il possédait une silhouette absolument merveilleuse. Il n'avait pas beaucoup de voix mais il avait SA voix. On peut dire aussi sans que ce soit forcément négatif qu'Étienne n'était pas quelqu'un de dérangeant. Les gens s'identifiaient à lui parce qu'il aurait pu faire partie de leur famille. C'était l'époque qui voulait ce genre de vedettes : on sortait un peu de cette caricature des artistes qui sont obligés de tout casser sur scène. Pour moi il a été exactement à l'heure au rendez-vous que lui fixait son époque. Par exemple, au moment où il a vu l'effet qu'il produisait à la fois sur les filles et les garçons du public, il s'est mis à jouer inconsciemment sur ce côté équivoque, mais toujours dans la légèreté. » Pour Daho, les choses sont au contraire très claires : « J'aime tout, comme je l'ai écrit dans *Des attractions désastre*, qui est un tube que tout le monde connaît. Cette chanson résume et assume tout cela clairement et légèrement. C'est ma norme depuis Rennes, où tout le monde autour de moi vivait librement sa sexualité dans la joie et la bonne humeur, mais aussi car les icônes de mon adolescence comme Bowie, Lou Reed ou Jagger revendiquaient leur double préférence. Ce n'est pas que je n'aie pas envie d'en parler, bien que je préfère le faire qu'en parler, c'est juste que, très honnêtement, je ne vois pas ce que je pourrais dire de passionnant sur le sujet. »

Dès les premières dates du *Satori Tour*, il se passe quelque chose d'inhabituel, un doux parfum surnaturel qui flotte dans l'air, indiquant que cette tournée changera complètement le rapport d'Étienne à la scène, au public, à son métier de façon la plus étendue possible. Jusque-là, il lui arrivait souvent de douter de lui-même, alors ce succès grand format allait tomber au bon moment pour affirmer sans nuance cette légitimité. D'autant plus qu'il n'arrive pas seul : Elli Medeiros avec *Toi mon toit* et Arnold Turboust avec *Adélaïde* figurent également parmi les gros succès de l'année au Top 50. « Nous avions trois tubes au même moment, on pouvait vraiment parler d'une nouvelle génération pop même si beaucoup de gens ont résumé ça à “la génération Daho”, simplement parce que j'étais celui qui faisait le lien entre tous. » L'astuce et l'efficacité du virevoltant single d'Elli ne doivent il est vrai pas grand-chose à Étienne. En revanche, sans doute Turboust a-t-il bénéficié de l'effet loupe que lui procurait sa présence auprès de Daho pour *Adélaïde*, titre qu'il lui avait d'ailleurs proposé de chanter. « J'avais fait cette chanson avec un copain, Benjamin Minimum, qui avait écrit le texte, et une copine qui faisait les chœurs. Étienne n'a pas trop accroché sur ce titre, il ne se voyait pas chanter ça, donc je l'ai gardé pour moi et je l'ai enregistré pendant les sessions en Angleterre. C'est Étienne qui a eu l'idée d'appeler Zabou, qui était une copine à nous, pour me donner la réplique. » Même la pochette du single d'*Adélaïde*, avec son graphisme stylé, ressemble à celle de *Pop Satori*. Quant à la voix de Turboust, elle appartient au même registre feutré et légèrement pâle que celui d'Étienne, ce qui empêchera toujours Arnold, hormis l'exceptionnelle réussite de ce single, de voir grandir ses chansons hors de l'ombre d'Étienne. Le point d'orgue de la tournée automne-hiver 1986, c'est évidemment cette semaine de résidence à l'Olympia du 21 au 29 octobre. Un marathon parisien à guichet fermé qui ressemble fort au « flash » extatique qu'espérait Étienne à l'abord de *Pop Satori*. En première partie, Elli surchauffe la salle avec son nombril à l'air et ses danses exotiques qui n'ont plus rien à voir avec la rigidité punk rock des Stinky Toys. Malgré les nausées ressenties lors de la première (elle apprendra ensuite qu'elle était enceinte de son compagnon de l'époque, le musicien Ramuncho Matta), Elli décapsule la soirée sans jouer les doublures, en vedette bis. Pour cet Olympia d'exception, Étienne a voulu retrouver l'atmosphère des grandes parades sixties qui, au même endroit, voyaient se succéder tous les artistes en vogue. Il a aussi pour référence les revues de la Motown et leur fièvre collective, et c'est la raison pour laquelle Elli est invitée à revenir sur scène lors de son concert (pour faire les chœurs sur *Pop égérie O*, un titre taillé sur mesure pour elle), où qu'Arnold et Zabou promènent au milieu du répertoire d'Étienne leur *Adélaïde*. Le show d'Étienne est une véritable fantaisie colorée, la scène à deux étages est décorée de cubes aux couleurs vives et aux motifs psychédéliques tandis qu'on reconnaît également dans le décor les motifs de la pochette de *Pop Satori*, ces drôles de figures or et noir dessinées par Étienne lui-même et qui représentent des personnages et des oiseaux par paires, semblant symboliser une union de contraires, une recherche d'harmonie symétrique. La prédominance des claviers, dont certaines séquences programmées à l'avance, n'empêche en rien la chaleur de monter ni la machine de battre tel un cœur humain, les chœurs étant par ailleurs assurés par le chanteur soul Bruce Johnson et Aliss Terrell, éternel espoir de Virgin. Le Tout-Paris de la mode, des médias, de la branchitude alors à son comble se presse pour voir le phénomène Daho, hier encore petit provincial réservé désormais assis sur le toit de l'Olympe. « J'étais subitement fêté dans des endroits qui me refusaient parfois l'entrée peu de temps auparavant, alors j'en profitais à fond avec mes potes. Je me souviens que Le Palace organisait régulièrement des fêtes en mon honneur. J'avais tout à fait conscience d'être le mec à la mode du moment, ça me plaisait et je vivais cela légèrement, comme un cadeau. L'album et les tournées cartonnaient, j'étais très entouré et il régnait une sorte de frénésie très cool autour de moi. »

Pendant la semaine des Olympia, une ombre pesante et inattendue va venir un soir assombrir l'ambiance. Étienne Daho, le père, a choisi ce moment pour réapparaître et vient se présenter au guichet de l'Olympia. Plus de vingt ans après avoir abandonné femme et enfants en Algérie pour aller vivre une autre vie dont personne ne sait rien, il débarque sans prévenir boulevard des Capucines, où le nom de son fils brille des fameuses lettres rouges sur le fronton de la salle la plus prestigieuse du music-hall français. On se gardera de penser à la place de cet homme, de soupeser la somme des regrets et des remords qui lui alourdissent ce soir-là plus que jamais la conscience. Son fils, qui en a toute la légitimité, racontera cet épisode fameux du point de vue de son père dans la chanson phare de son album *L'Invitation*. Mais ce sera plus de vingt ans plus tard. On ose à peine souscrire à cette idée, un peu misérable il est vrai, selon laquelle il serait venu pour tenter de récupérer une part de la lumière qui jaillissait alors sur Étienne, phénomène pourtant connu de beaucoup d'« abandonnés » célèbres. La nouvelle de sa présence se répand comme une traînée de poudre dans les coulisses pourpres du cabaret et une âme un peu inconséquente croit se rendre utile en prévenant Étienne que ses souvenirs les plus douloureux seront le soir même assis dans la salle. Comme presque tous les jours, une grande partie de sa famille assistera au concert, ses tantes, ses sœurs et bien sûr Lucie, sa mère, qui n'a pas revu non plus son mari depuis 1964. De fantaisie pop, la situation menace de basculer en drame familial avec apparition du « spectre » paternel comme dans *Hamlet*. Alerté par l'urgence de la situation, Fabrice Nataf fait mission de bons offices en allant trouver Étienne Daho senior alors que celui-ci a poussé le goût des retrouvailles jusqu'à prendre place, plusieurs heures à l'avance, au premier rang de la salle. « C'est la sœur d'Étienne qui est venue sur le coup des dix-sept heures pour m'annoncer la catastrophe. Elle m'a dit qu'en plus il était le premier derrière les barrières à l'entrée et qu'il allait donc se retrouver au premier rang pour le concert. Je suis donc allé le voir pour lui dire qu'on filmait le concert et qu'il valait mieux qu'on voie des jeunes filles dans les rangs de devant. Je lui ai donc proposé une belle loge et il a accepté de se faire discret. » Hormis les très proches, comme Nataf justement, ou encore Elli avec laquelle il partage pas mal de secrets, personne dans l'entourage d'Étienne n'est vraiment au courant de son histoire familiale. Comme le reste, l'épisode du soir est passé sous silence par Daho, qui a refusé de voir son père après le concert : « Je n'ai été au courant de cette histoire que bien des mois plus tard, se rappelle Elli Medeiros. Étienne n'a rien laissé paraître, il a assuré comme si rien ne s'était passé, il était très fort pour ça. » « Cela s'est passé lors de la dernière à l'Olympia et j'étais complètement retourné. Nous devions ensuite tous nous retrouver pour une grande fête au Royal Lieu, et on devait me remettre un disque d'or pour *Pop Satori*. J'étais dans une confusion de sentiments contrastés mais je n'ai rien laissé paraître ni rien dit à personne. » Le deuxième 45 tours extrait de *Pop Satori*, *Duel au soleil*, paraît au début de l'année 1987 et conduit l'album sur le chemin du disque de platine, distinction qui valide officiellement cinq cent mille exemplaires vendus. Mais *Duel au soleil* est plus qu'une simple romance orchestrée comme une ballade de l'idole Ricky Nelson. Le texte, une fois débarrassé du vernis de la confrontation amoureuse, renvoie explicitement aux rapports d'Étienne avec ce père absent. Au moment où ce dernier a décidé de revenir, le public ignore la portée de ces mots qui glissent sur les ondes : « L'horizon s'éclaircit sublime le soleil s'est levé/Dans le rôle du rebelle des sables enfin tu apparais/Défiant toutes tes attitudes dans les dunes caché/Je n'te laisserai aucune chance pas de chance. » Contre qui d'autre que ce père, fantasmé en aventurier des sables, Étienne peut-il faire le vœu d'un duel au soleil ? Le texte a pourtant été coécrit par Robert Farel, un jeune chanteur qu'Étienne a pris sous sa coupe et pour lequel il produira quelques mois plus tard un premier 45 tours, une reprise des *Petits Boudins* de Serge Gainsbourg. La musique, quant à elle, est signée Jérôme Soligny, musicien du Havre avec lequel Étienne a écrit la biographie de Françoise Hardy qui vient également de paraître. À l'origine, Soligny avait imaginé en anglais une histoire de garçon qui tombe amoureux d'une double page centrale de *Playboy*, et la chanson s'intitulait d'ailleurs *Centerfold Romance*.

Étienne a rencontré Jérôme par l'intermédiaire de Fabrice Nataf, leur manager commun : « Avant même qu'on se rencontre, le journaliste François Gorin dans *Rock&Folk* nous avait réunis dans un article en parlant des trois mousquetaires, Étienne, Christophe J. et moi. J'avais déjà fait un EP produit par Elliott Murphy et je venais de publier un single, *Bye Bye Love*, que je détestais mais qui bizarrement avait plu à Gorin et à Étienne. De mon côté j'avais vu un clip du *Grand Sommeil* et j'étais intrigué par ce personnage qui ne ressemblait à aucun autre chanteur français de l'époque. On savait qu'on avait le même manager mais Nataf était plutôt discret, on ne se connaissait pas les uns les autres. Après notre rencontre, on a passé énormément de temps ensemble. Il venait chez moi au Havre, j'allais à Paris dans l'appartement où il habitait avec Arnold et ça a duré comme ça pendant deux ou trois ans. Très vite il a émis le souhait de reprendre une de mes chansons. À l'époque, comme c'était mon activité principale, j'en écrivais trois par jour. Quand il a attendu la démo de *Centerfold Romance*, sur l'autoroute Paris-Bruxelles où il se rendait pour faire une télé, je m'en souviens très bien, il a jeté son dévolu sur celle-ci. » Pour les raisons évoquées plus haut mais aussi en raison de sa nature propre, cette chanson bientôt rebaptisée *Duel au soleil* est avec *Paris le Flore* comme un îlot à part dans la jungle électronique de *Pop Satori*. Ces deux chansons qui ne portent par la griffe Turboust évoquent plus volontiers l'autre versant de la pop de l'époque, plus tourné vers les guitares acoustiques et les harmonies du folk-rock, à l'instar du *Forest Fire* de Lloyd Cole and The Commotions, voire de certaines ballades des Smiths. Dans toute la carrière de Daho, *Duel au soleil* cultive également sa place singulière de standard universel, adapté plus tard par des gens aussi divers que l'espagnole Luz Casal ou par Laurent Voulzy, rejoignant par là certaines madeleines des années 60 défiant par leur magie inexplicable l'épreuve du temps. C'est également *Duel au soleil* qui transformera le succès de *Pop Satori* en triomphe commercial en occupant les ondes plusieurs mois durant, à tel point qu'Étienne demandera expressément à sa maison de disques de ne pas publier le troisième single extrait de l'album, *Paris le Flore*, de peur que cette effervescence ne se transforme en un incontrôlable débordement. Par ce geste que n'importe qui jugerait complètement absurde, la capitalisation d'un succès étant l'un des réflexes automatiques depuis que l'on fait commerce de la musique, Daho démontre à la fois son attachement à sa condition d'artisan et une peur sans doute justifiée que son personnage de chanteur populaire surexposé ne plonge définitivement dans l'ombre le fou de musique – et de musiques souvent maudites – qu'il avait su rester. Pourtant concerné au premier chef puisqu'il s'agit de sa chanson, Jérôme Soligny ne saisit pas à l'époque la dimension intime et la résonance de l'histoire personnelle d'Étienne que l'on trouve dans *Duel au soleil* : « Je suis quelqu'un qui ne pose jamais de question, et avec Étienne je n'ai jamais su de sa vie que ce qu'il voulait bien m'en dire. Si nos rapports sont restés aussi étroits au fil du temps, c'est probablement grâce à ça, et surtout parce que nous avons toujours eu des projets communs autour desquels on était très occupés et qui ne laissaient pas vraiment de temps aux confidences personnelles. Bien sûr, au moment de l'Olympia et de l'apparition de son père, j'étais au courant, mais là non plus je n'ai posé aucune question, je n'en ai même pas parlé avec lui. » En raison de cette plaie ancienne qui venait de se rouvrir brutalement, mais également à cause de la fatigue cumulée des concerts, de la promo intensive, des sollicitations de plus en plus nombreuses et de moins en moins créatives, les lendemains du grand bain d'ivresse que fut l'aventure *Pop Satori* auraient forcément un revers. L'expression « gueule de bois » est celle qu'emploie le plus volontiers Étienne pour qualifier son retour sur terre. Avant une envolée « martienne ».

Une enfance à « La Radieuse »

(1956-1966)

Les yeux sans doute rougis par un long périple vers un interminable « horizon stérile et brûlant », Guy de Maupassant est passé à côté d'Oran. Dans son recueil de voyages *Au soleil*, l'écrivain trouve la ville « sans grand intérêt » mais s'arrête toutefois sur la plus remarquable des attractions locales, « de belles filles aux yeux noirs, à la peau d'ivoire, aux dents claires. Quand il fait beau, on aperçoit, paraît-il, à l'horizon les côtes d'Espagne, leur patrie ». Quelque soixante-dix ans plus tard, dans son roman *La Peste*, qui aura pour théâtre la deuxième ville d'Algérie, Albert Camus lui embraye le pas dans cette cécité propre à tous ceux qui traversent la ville avec un regard biaisé par un trop profond désir d'exotisme. Ainsi lit-on dès les premières pages de *La Peste* cette description à la machette : « À première vue, Oran est en effet une ville ordinaire (...) La cité elle-même, on doit l'avouer, est laide (...) Un lieu neutre (...) On s'y ennuie. » Pourtant, dans certains de ses cahiers datant de son arrivée à Oran, en 1941, Camus s'enflamme au contraire à propos d'Oran avec un lyrisme qui confine à un autre genre d'aveuglement : « Tous les matins d'été sur les plages ont l'air d'être les premiers du monde.

Tous les soirs d'été prennent un visage de solennelle fin du monde. Les soirs sur la mer étaient sans mesure. Le matin, beauté des corps bruns sur les dunes blondes. Nuit de bonheur sans mesure sous une pluie d'étoiles. Ce qu'on presse contre soi, est-ce un corps ou la nuit tiède ? Ce sont des noces inoubliables. » Maupassant comme Camus, malgré leur déception, n'ont pas manqué de relever la sensualité palpable de la ville, partagée entre langueur orientale et volupté andalouse. Un sentiment qui ne sera pas sans effleurer l'esprit d'Étienne Daho, qui en fera l'une des composantes essentielles de sa musique et de ses textes. Une sorte d'hommage indicible et inépuisable à sa ville berceau, celle où il entre en scène le 14 janvier 1956.

Dans les années 50, Oran est la seule ville en Algérie où la population des Européens est supérieure en nombre à celle des Algériens musulmans. Près de 70 % d'entre eux sont d'origine espagnole, suite à la grande migration de la fin du XIXe siècle, mais la plupart sont naturalisés français en raison d'un décret datant du 26 juin 1889, qui par crainte que les populations immigrées ne viennent à dépasser la colonie française, stipulait que « tout étranger né en Algérie serait naturalisé automatiquement s'il ne réclame pas à sa majorité la nationalité d'origine de son père ». La branche maternelle de la famille d'Étienne fait ainsi partie de ces immigrés venus d'Espagne et notamment d'Almeria, ville portuaire andalouse située juste en face d'Oran, ce qui facilita les transits méditerranéens lorsque la pauvreté poussa la population à rejoindre l'Eldorado algérien. Pourtant, si le nom de famille de sa grand-mère, Soriano, ne fait aucun doute sur les racines espagnoles, celui de son grand-père, Douma, qui signifie « maison » en russe, suggère un autre brassage sanguin en provenance des pays de l'Est. Comme la plupart des Espagnols installés à Oran, il s'agit d'une famille de petits commerçants habitués à travailler dur dès le plus jeune âge et à transmettre le patrimoine d'une vie de labeur aux générations suivantes. Il y a toutefois quelques artistes perchés dans l'arbre généalogique : des oncles, danseurs au Moulin-Rouge avec Mistinguett ou chanteurs amateurs dans des orchestres d'ambiance. La figure du grand-père se détache légèrement de la photo. De vingt ans plus âgé que la grand-mère d'Étienne, il règne en patriarche au milieu de « ses » femmes, puisque le couple a eu cinq filles dont Lucie, la mère d'Étienne, est l'aînée. « Je garde de mon grand-père le souvenir d'un homme très rigoureux et droit, à l'allure austère, mais très bon. Il travaillait dans les transports et avait également été jockey, mais pour moi il était surtout un homme entouré de femmes qui étaient toutes en adoration devant lui. Ma grand-mère parlait un drôle d'espagnol à moitié francisé, un langage propre à cette famille. C'était une femme au caractère assez fort elle aussi, à qui il était arrivé une chose étrange puisqu'elle a été aveugle jusqu'à l'âge de 20 ans. Ensuite elle a retrouvé la vue de façon inexplicable. De toute façon, elle a toujours eu des dons, parmi lesquels celui de soigner les brûlures, mais aussi des intuitions, ce dont je pense avoir hérité. Cela m'a souvent aidé. »

Sur le versant Daho, la famille du père d'Étienne, les brumes liées à l'abandon ont accumulé une sorte d'épaisse muraille que personne aujourd'hui ne souhaite vraiment percer. Lorsque je rencontre deux des tantes d'Étienne et sa sœur Mimi, les trois femmes sont assez formelles sur leur refus de remuer des souvenirs vers lesquels elles s'appliquent à ne jamais se retourner. « Pour nous, dit Sonia au nom des autres, la coupure a été totale à partir du jour où son père est parti. La jeunesse d'Étienne, on la connaît, on en parle volontiers, mais ce qui s'est passé avant, on a oublié. » Du grand mystère qui entoure la vie d'Étienne Daho père, son fils s'efforce pourtant de rassembler les indices, récoltés au fil du temps auprès de sa mère et de ses tantes, mais où règne là encore un flou pudique et parfois embarrassé : « Je n'ai aucun souvenir de la famille de mon père. Je n'ai jamais connu mes grands-parents paternels. Je sais qu'ils étaient aisés et possédaient des vignes, des chevaux, et qu'à leur mort précoce, mon père et ses frères et sœurs ont hérité d'une fortune assez colossale. Mon père a hérité de cet argent très jeune et cela lui a permis de vivre à l'abri du besoin et de mener une existence de fête, de plaisirs, entretenant pas mal de gens autour de lui. C'est d'ailleurs ce qui me le rend sympathique avec le recul, car je pense avoir hérité de ces traits de caractère. Je crois savoir également qu'il possédait une propriété familiale, que l'on appelait “Le Château”, aux alentours d'Oran, un lieu dont je conserve quelques souvenirs flous, pour y être allé une ou deux fois lorsque j'étais très petit. Je crois me rappeler de grands plateaux dorés, de hammams, mais c'est à peu près tout. » Les quatre sœurs Douma ont cette beauté que décrivait Maupassant, qui leur donne un pouvoir d'attirance assez immédiat qui se conjugue avec une joie de vivre et un goût pour la danse et la musique. Lorsqu'il croise Lucie, âgée comme lui d'à peine 20 ans, Étienne Daho tombe éperdument amoureux de celle que tout le monde décrira plus tard comme un sosie d'Audrey Hepburn. « Mon père a fait une cour assidue à ma mère et l'a couverte de cadeaux. Il lui a offert entre autres un vélo, ce qui devait correspondre à un luxe absolument dingue à l'époque. » Très tôt mariés, ils vont avoir une première fille, Mimi, une seconde, Fanfan, six ans plus tard, et enfin Étienne quatre ans après. Du bonheur amoureux des débuts ne resteront bientôt plus que des lambeaux, à l'image de cette ville d'Oran, surnommée « la radieuse » (El Bahia), qui s'enfonce de plus en plus en 1956 dans la violence d'une guerre d'indépendance qui a débuté deux ans plus tôt. Pour tenter de les extraire de ce double contexte de plus en plus perturbant, Étienne et ses sœurs sont envoyés le plus souvent au Cap Falcon, une station balnéaire paisible située à 18 kilomètres d'Oran où leurs grands-parents ont ouvert un établissement tenu désormais par leurs tantes. Partagé entre une épicerie et un débit de boissons et de glaces, Chez Sonia est un des repères de la jeunesse locale qui vit encore de ces illusions bientôt éteintes que l'Algérie est un genre de paradis terrestre. Outre son caractère convivial, l'endroit possède un atout supplémentaire, il est doté d'un magnifique juke-box d'où s'échappent à longueur de temps les airs venus de France, d'Angleterre et des Amériques. On y danse sur les premiers tubes de rock ou sur du madison qui déhanche les filles et tourneboule la tête des militaires de la caserne située à proximité. Étienne a grandi dans une ambiance familiale où la musique était présente en permanence, ses deux parents ayant toujours eu des disques ou des postes de radio qui brassaient aussi bien des partitions classiques que des musiques plus légères. Ils allaient aussi fréquemment au concert, écouter de l'opéra ou du jazz. Très jeune, son oreille est déjà sensible à ces caresses mystérieuses qui lui procurent en outre une sorte d'échappatoire rêveuse lorsqu'il sent que l'atmosphère de la maison est assombrie par les relations qu'entretiennent ses parents. Au Cap Falcon, grâce au juke-box, il aura désormais l'outil idéal pour cultiver cette passion précoce pour la musique, qui se transforme d'emblée en passion pour les disques. Rosine, sa tante, se souvient de l'attrait particulier qu'exerçait la rutilante machine sur son neveu : « Les clients avaient fini par l'appeler Étienne only you, parce qu'il chantait tout le temps *Only You* des Platters avec sa petite voix. Certains mettaient une pièce dans l'appareil mais avant qu'ils aient eu le temps de choisir un morceau, la musique démarrait parce que Étienne s'était faufilé pour taper son choix à leur place. Il ramassait aussi les pourboires sur les tables pour les mettre dans le juke-box. Il était vraiment rigolo, c'était un peu la mascotte de l'établissement et nous, les tantes, on le considérait comme notre propre fils vu que nous n'avions pas d'enfant. Il savait à peine parler mais il chantait déjà en anglais ! Les gens disaient : "Ce soir il va y avoir des attractions, Étienne va danser avec toutes les jeunes filles." Des gamines de 14 ou 15 ans qui l'adoraient parce qu'il avait un charme très particulier, très attirant. Cette passion pour les disques, il l'a toujours eue. Il y avait ces 45 tours chez lui, qu'il alignait le long du mur, et on pouvait lui demander n'importe quel morceau il vous le trouvait et le mettait sur l'électrophone, alors qu'il ne savait pas lire ! »

Arrive alors ce fameux jour où son père, venu spécialement d'Oran pour mettre en scène ses adieux, débarque au Cap Falcon pour voir son fils une dernière fois. Il est en Jeep, accompagné d'un militaire, et c'est dans l'un des appartements situés au-dessus du commerce qu'Étienne senior retrouve son junior avant le grand saut dans une autre vie : « Sans doute allait-il partir pour la France, les gens commençaient à fuir l'Algérie et il faisait partie de ceux-là. Il quittait tout d'un coup, son pays et sa famille, on n'a jamais vraiment su pourquoi. Il ne m'a rien dit, il s'est contenté de me serrer très fort dans ses bras. J'ai ressenti un truc très émotionnel même si je ne savais pas ce qui était en train de se passer. J'avais juste cru comprendre que mes parents n'étaient plus vraiment ensemble mais c'est tout, j'étais vraiment trop jeune pour analyser la situation. Il m'a donc serré très fort et ensuite il est parti par la terrasse, en sautant du premier étage pour ne pas repasser devant l'établissement et se faire voir. Je ne l'ai jamais revu. » Avec ses sœurs, Étienne commencera vite à poser des questions sur les raisons de cette absence, mais toutes les réponses resteront nimbées d'un flou entretenu par tous. Parfois ils adressent des cartes postales à une poste restante mais ne reçoivent jamais la moindre réponse en retour. « On a longtemps vécu dans cette espèce de mythe parce qu'on s'est vite rendu compte qu'il valait mieux ne pas en parler. Il n'est plus là donc on n'en parle plus, c'était implicite chez tout le monde. On sentait qu'il y avait une certaine hostilité compréhensible et silencieuse, notamment de la part de ma grand-mère, mais ma mère n'a en revanche jamais rien dit de négatif sur lui, ce qui est assez remarquable, quand on pense a l'inconséquence inouïe avec laquelle il s'est comporté avec elle, l'abandonnant sans argent, en pleine guerre et avec trois enfants à charge. Elle ne montrait pas son inquiétude, mais je sentais, malgré mon jeune âge, qu'elle était fragile et déprimée. Du jour au lendemain, elle a cessé de chanter, elle qui chantait tout le temps... Heureusement que mes grands-parents et mes tantes formaient un véritable clan très soudé et nous ont beaucoup aidés. » Pour Étienne, ce traumatisme dont il n'a encore qu'une très lointaine conscience se manifeste lorsqu'il lui arrive de fuguer plusieurs heures, non pour échapper à sa famille mais simplement par goût de l'aventure et en raison de cette prédisposition à la solitude qui l'accompagnera toujours, lorsque plus tard il ira de longs mois s'installer seul à Ibiza ou à Londres. « Je partais me promener, j'allais sur la plage, je visitais les cabanes des pêcheurs et puis je revenais, alors que je n'avais seulement que 4 ans, ce qui naturellement provoquait l'inquiétude de tout le monde. Nous ne ressentions pas vraiment l'insécurité au Cap Falcon. Quand nous étions à Oran, par contre, la guerre était de plus en plus présente autour de nous, nous devions nous protéger en permanence, passer sous les fenêtres, se coucher dès qu'on pénétrait dans une voiture pour ne pas prendre une balle. Nous enjambions les cadavres en rentrant de l'école, des types qui avaient la cervelle à l'air, j'ai vu tout ça. Il y a également eu cette période de très forte tension où des gens brûlaient les appartements où habitaient les Français. Nous étions avec mes sœurs et ma mère dans notre appartement lorsqu'on a entendu “on va aller brûler chez Daho”, et je ne sais toujours pas comment nous avons échappé à ça. Nous voyions les flammes à travers les volets qui étaient heureusement fermés, mais miraculeusement, rien n'a brûlé à l'intérieur. » Cet épisode, Daho l'exorcisera en 1996 dans une chanson intitulée *De bien jolies flammes*, qu'il nichera pudiquement sur une face B de single. Une chanson qui décrit le plus simplement possible le sentiment de terreur qui fut le sien à l'époque (« Les sirènes hurlent, les balles sifflent, trop de bruit, mais nos sanglots couvrent les cris ») tandis qu'un passage tout aussi direct s'adresse à sa mère : « Mon oriflamme, ma vaillante chérie, affolée, nerveuse et trahie. » Puisque la situation de chaos, à l'intérieur comme à l'extérieur, semble devoir s'installer, Étienne est envoyé très vite dans une pension qui porte un joli nom enfantin, Les Poussins, mais qui de plus près ressemble dans ses souvenirs à un petit enfer. Plus tard, lorsqu'il découvrira *Les Diaboliques* d'Henri-Georges Clouzot, l'un de ses cinéastes favoris, Étienne retrouvera l'ambiance pesante de cette institution tenue par un personnage aussi inquiétant que celui qu'interprète Paul Meurisse à l'écran : « C'était sans doute plus joyeux que je ne le vivais, mais j'étais tellement habitué à être livré à moi-même que j'avais un vrai problème avec l'autorité, qui durera d'ailleurs pendant toute ma scolarité. Je me sentais comme un animal en cage et il me semblait que je provoquais systématiquement l'hostilité des directeurs et aussi j'étais terrorisé à l'idée de ne plus jamais revoir mes parents, ma famille. » L'angoisse heureusement dure moins d'un an, ensuite Étienne rejoint le Cap Falcon pour poursuivre une scolarité nettement plus relâchée puisque, dans sa classe, ils ne sont que trois élèves d'âges très différents. L'un a 17 ans, l'autre 12 et Étienne moitié moins, autrement dit les cours sont quasiment inexistants et l'établissement fait plus volontiers office de garderie que d'école. « Je suis arrivé en France avec un niveau scolaire catastrophique », dit-il, au moment d'évoquer ce déracinement rendu inéluctable avec la fin de la guerre et à cause de la sauvagerie innommable dont fut témoin Oran après le cessez-le-feu officiel.

Comme sa mère, qui a pris un travail de secrétaire, n'est pas en mesure de rejoindre le continent pour une histoire de papiers liés au départ de son mari, dont elle n'est pas officiellement divorcée, c'est avec l'une de ses tantes, Francine, qu'Étienne sera rapatrié au cours de l'été 1964. Il atterrit à Reims tout d'abord, car son oncle a trouvé un poste important dans la région. Obligé de se plier à une discipline scolaire plus rigoureuse qu'auparavant, il s'adapte à cette nouvelle situation en un temps record : « En arrivant, j'avais tout à apprendre. En plus, je n'avais rien de commun avec les autres gosses, je ne pouvais pas raconter mon histoire. Je venais d'un pays étranger, mes parents étaient absents, j'étais forcément différent mais j'ai très vite éprouvé l'envie de m'intégrer. Donc je me suis intégré d'abord en obtenant de bons résultats scolaires et en respectant tant bien que mal la discipline. Très tôt j'ai senti que la culture, le savoir seraient des armes pour me défendre et pour me protéger. Ma tante était femme au foyer et c'est avant tout elle qui m'a enseigné avec beaucoup d'attentions les rudiments de civisme, qui m'a donné l'envie de lire, de me cultiver, qui m'a fait rattraper mon énorme retard en math, en orthographe, qui m'a enseigné les règles élémentaires de la politesse, enfin tout... J'ai lu *Le Fantôme de l'opéra* à l'âge de 8 ans, mon premier livre, puis *Mont-Cinère* de Julien Green. Mon oncle et ma tante étaient un jeune couple et ils ont été incroyablement généreux d'accepter de s'occuper de moi. Ils étaient très attentionnés mais aussi très stricts concernant la discipline. » Malgré leur dévouement, l'oncle et la tante, qui auront deux enfants plus tard, ne peuvent jouer les parents de substitution et y sacrifier leur jeunesse. Un trimestre à peine s'écoule à Reims, ensuite l'oncle est finalement muté à Rennes où Étienne suit le couple avant d'être enfin rejoint par sa mère et ses sœurs qui ont résolu leurs problèmes de papiers. « C'est le hasard qui a voulu que nous nous retrouvions à Rennes, car ma mère aurait préféré venir à Paris où avait atterri le reste de la famille, mes grands-parents et mes autres tantes. Mais comme j'avais commencé ma scolarité à Rennes... Et puis je crois que ça la rassurait d'élever ses enfants en province après ce qu'elle avait vécu. Elle a tout perdu en quelques années, son mari, cette vie qu'elle adorait, cet endroit où elle avait grandi, c'était très dur pour elle. » À Paris, en revanche, la vie a repris de plus belle pour le commerce familial car les deux tantes et la grand-mère d'Étienne, qui sont revenues plus tôt d'Algérie, ont ouvert un nouvel établissement à Pigalle, Le French Cancan, place Blanche, dans ce périmètre en surchauffe de la capitale, dédié aux plaisirs et à la nuit. « La brasserie était ouverte vingt-quatre heures sur vingt-quatre, se souvient Sonia. On se relayait avec Rosine, on faisait douze heures chacune, et notre mère tenait la caisse. C'était très différent de l'Algérie, beaucoup plus dur et usant, il n'y avait pas la plage ni l'ambiance du Cap Falcon, mais on était heureux quand même. » Dès qu'il en a l'occasion, notamment pendant les vacances scolaires, Étienne rend visite à ses tantes et à ses grands-parents. Ils avaient un appartement sur le boulevard de Clichy et lorsque je passe devant aujourd'hui j'ai l'impression d'avoir toujours vécu là. Je passais aussi pas mal de temps avec mon grand-père rue Lepic, il adorait ce quartier, sa messe d'enterrement et celle de ma grand-mère ont d'ailleurs eu lieu à l'église des Abbesses. » Rue Lepic également, les tantes croisent souvent chez le tailleur un certain Jean-Michel Boris accompagné de son épouse. Boris est le neveu de Paulette Coquatrix et c'est lui qui, de son poste de directeur artistique de l'Olympia qu'il occupe depuis 1959, a entièrement modernisé le théâtre du boulevard des Capucines pour y faire notamment entrer des artistes yé-yé. Bien que doté d'un flair infaillible et d'un œil expert pour repérer les talents, Jean-Michel Boris est à ce moment-là très loin d'imaginer que le jeune garçon qui accompagne ces dames chez le tailleur foulera vingt ans plus tard les planches de l'Olympia en vedette. Lorsqu'il est en vacances chez elles, ses tantes l'amènent d'ailleurs au spectacle, et souvent à l'Olympia, comme lorsqu'en 1966 ils iront applaudir Petula Clark tous ensemble. La musique est partout dans la vie d'Étienne. Évidemment, le French Cancan est également équipé d'un juke-box et désormais il a l'âge de pouvoir lui-même faire sa propre programmation. Sa tante l'amène donc chez le disquaire qui fournit les galettes magiques pour le juke-box et c'est lui qui sélectionne les derniers tubes en provenance de

Salut les copains mais plus sûrement d'Angleterre. Les Beatles, Stones, Kinks et autres Who ont sa préférence.

Comparée à ces escapades parisiennes, la vie à Rennes est beaucoup plus monotone. Sa mère a trouvé un travail de secrétaire dans une usine de produits chimiques loin de la cité où ils habitent, 18, rue Charles-Marie-Vidor. Elle part tôt le matin et rentre tard le soir. Faute de moyens, ils n'ont ni voiture ni téléphone. Quant à ses sœurs, l'une d'entre elles est partie en pension et l'autre est restée à Paris chez ses tantes. Du coup, Étienne passe le plus clair du temps seul dans l'appartement, où il reçoit toutefois des camarades de classe souvent troublés par cette absence d'adulte. Il y a notamment les jumeaux François et Benoît, deux fous de musique très érudits et qui cultivent comme lui des goûts en contradiction volontaire avec ceux du reste de leurs copains. Étienne fréquente aussi les scouts à Rennes, histoire d'avoir un minimum d'expérience communautaire : « Je voulais faire partie de quelque chose, c'était la première fois que je vivais quelque chose avec d'autres gamins de mon âge. Le reste du temps j'étais très solitaire, individualiste en tout cas. Les autres gamins vivaient dans une espèce d'insouciance qui est celle des enfants de cet âge : jouer au foot, acheter des Carambars... Moi j'avais déjà un background un peu plus épais. » C'est cette différence par rapport aux autres qui attire le regard de Philippe Ferchat, l'un des enfants de sa classe de sixième. « Au départ, se souvient Étienne, il cherchait à me casser la gueule. Il m'attendait à la sortie du collège, il me dira ensuite qu'il était jaloux, qu'il me trouvait beau et intelligent et que ça l'énervait. » Mais les deux garçons finissent par lier une amitié qui repose encore une fois de plus sur la musique. C'est avec Philippe qu'Étienne monte chez lui des petits spectacles le jeudi après-midi où ils font du play-back sur les tubes du moment. Parfois ils vont ensemble aux Nouvelles Galeries pour essayer des vêtements chics et tentent d'embobiner les vendeuses en leur disant que leurs parents passeront les régler plus tard, stratagème qui échoue inexorablement. Ferchat se souvient d'Étienne comme d'un élève modèle : « J'étais assez envieux de cette maturité qu'il avait. Il était très bon en classe, notamment en français, et en plus de ça il était toujours entouré des plus jolies filles. On avait un point commun : on tirait au flanc lorsqu'il y avait sport. On n'aimait pas du tout ça. En revanche, il était au premier rang lors des cours de musique. On avait un professeur aveugle qui nous faisait deviner les notes à l'oreille, et Étienne était le plus fort dans cet exercice. » Malgré ses prédispositions scolaires, Étienne est surveillé de près par les enseignants car la réputation des Daho l'a précédé, notamment parce que sa sœur cadette Fanfan a laissé dans les établissements de la ville un souvenir plutôt explosif : « Ma sœur Fanfan foutait le bordel partout où elle passait, même si on n'était pas dans le même lycée il y avait toujours un pion qui avait entendu parler d'elle. Il faut dire qu'elle s'était distinguée en tirant sur un de ses profs avec un pistolet à plomb. Elle a toujours eu une espèce de colère en elle. À l'époque c'était un vrai garçon manqué, un chef de bande. Elle avait toujours autour d'elle un groupe de mecs prêts à faire n'importe quoi pour elle. Dès le premier jour au collège j'ai pris une heure de colle, puis une autre heure de colle pendant l'heure de colle. Et ça n'a plus arrêté. Je ne supportais pas cette autorité et j'avais surtout un sentiment d'injustice et de révolte sourde. » C'est également par l'intermédiaire de sa sœur, qui lui présente une de ses copines, qu'Étienne connaît sa première expérience sexuelle, à l'âge de 11 ans seulement. « C'était une fille nettement plus âgée que moi et la première fois fut la bonne. Je n'ai même pas eu le temps de connaître les flirts, c'était droit au but. Mais je n'en parlais pas à mes petits camarades, ils n'auraient pas compris. Pendant l'adolescence, je n'ai eu aucun sentiment amoureux, il n'y a que le sexe qui m'intriguait. Par contre, dès que j'ai ressenti mes premiers vrais émois, ça a été d'une intensité inouïe. Je devenais totalement obsessionnel. »

Toujours à la même époque où il est en sixième, Étienne va faire une rencontre d'amitié déterminante. Une rencontre non pas avec une personne mais avec une famille entière. La famille Éluard. « L'une des filles Éluard, Élisabeth, était dans ma classe. Elle était sublime, j'étais totalement en admiration face à elle et on a fini par se parler lors d'un concours de diction. » La magie opère entre cette jeune beauté et ce courtisan qui refuse de l'avouer. Un dimanche, tiré à quatre épingles, Étienne se rend donc chez les Éluard avec des fleurs et un paquet de gâteaux. Jean-Christophe Éluard, qui a quatre ans de moins que sa sœur Élisabeth, se souvient parfaitement de ce jour où Étienne entre dans leur vie en appuyant sur la sonnette : « J'ai tout de suite vu que ce gamin était différent. J'avais 7 ans et il faisait attention à moi, il était plein d'affection avec tout le monde. Il parlait bien, il était bien habillé, très poli. Mes parents ont adhéré immédiatement à ce gamin, qui est un peu devenu le sixième enfant de la famille. » Les Éluard ont trois filles et deux garçons, Jean-René, Marie-Christine, Élisabeth, Anne et Jean-Christophe. Le père, Guy, enseigne l'allemand, et Marie-Thérèse, la mère, élève ses enfants. Marie-Christine, qui épousera plus tard Thierry Alexandre de Marquis de Sade, est celle d'emblée dont Étienne est le plus proche, celle qui perçoit le plus vite également la souffrance rentrée de ce gamin aux dehors affables et fantaisistes. « Il nous faisait beaucoup rire, ce fut l'une des raisons pour lesquelles toute la famille s'est sentie immédiatement sous le charme, comme un vrai coup de foudre collectif. Pourtant lorsque je suis allée chez lui la première fois j'ai été très surprise par la solitude dans laquelle il vivait. On savait vaguement qu'il n'avait pas de père, même s'il n'en parlait pas trop, mais sa mère non plus n'était jamais là. Je ne l'ai rencontrée que dix ans après avoir fait la connaissance d'Étienne, alors qu'on se voyait tous les jours. Pourtant il n'était pas malheureux, il ne manquait de rien, son frigo était plein, il était soigné, impeccable, mais il était seul. En même temps, comme aucun de nous n'a jamais réclamé de voir sa famille, il s'est vraiment senti à l'aise avec ça. Je crois qu'il cherchait à être le plus discret possible avec ça et c'est sans doute en raison de cette discrétion que les liens qui se sont tissés ont été si forts. Son manque affectif, cette façon de le compenser à travers nous, c'était quelque chose d'implicite mais qui n'a jamais été vraiment formulé. » Étienne reste également prudent sur la question quarante ans après, se refusant à parler d'une famille de substitution à propos des Éluard : « Cette rencontre a été essentielle pour moi. J'étais ami avec chacun des enfants et j'adorais la fantaisie qu'il y avait dans cette famille. Je me sentais bien avec eux et ils m'ont accepté et aimé comme un des leurs. J'étais chez eux tous les jours, tous les week-ends, tout le temps... Nous avons tout appris ensemble. »

Pendant plusieurs années Étienne va donc fréquenter de façon assidue les Éluard, à l'exception généralement des fins de trimestre, lorsque tombent les bulletins scolaires. « Monsieur Éluard étant enseignant dans mon bahut, il assistait à tous mes conseils de classe. Comme j'avais une réputation d'élève dissipé, plutôt rebelle à l'autorité, je ne tenais pas trop à le croiser dans ces sales périodes. Il m'est arrivé souvent de passer par la fenêtre de chez eux, pour l'éviter, et de rentrer chez moi pour ne pas réapparaître avant plusieurs semaines. » Et si la musique apparaît aux yeux de tous comme l'unique vraie passion d'Étienne, personne ne l'entend encore à cette époque évoquer le désir d'en faire un métier.

La gloire ou le caniveau

(1967-1976)

C'est de Jean-Christophe, le plus jeune des enfants Éluard, qu'Étienne se rapprochera au fil du temps pour partager ses découvertes musicales. Les autres membres de la famille sont tout au plus amusés par la façon dont Étienne semble prendre très au sérieux ce sujet par essence frivole. Pourtant, l'acte d'écouter de la musique ne se métamorphose pas chez lui en envie de participer au jeu. Il a cependant en permanence des mélodies qui lui encombrent l'esprit, celles qu'il retient des disques qu'il écoute mais aussi d'autres, inédites, qu'il se chante intérieurement et qu'il laisse repartir aussitôt. Il ne joue pas d'un instrument, n'oserait jamais demander à sa mère, qui n'en a pas les moyens, de lui payer des cours, et jusqu'à l'âge de 15 ans il restera dans ce rapport abstrait face aux chansons qui le fascinent. Lorsqu'il découvre le Velvet Underground, cette fascination prend une dimension encore plus irréelle, de l'ordre du choc mystique, car cette musique est à la fois sublime et dérangeante, lumineuse et grinçante, et elle ouvre en grand sur un univers totalement inconnu qui en décuple les pouvoirs d'attraction. Le premier album du groupe new-yorkais, produit par Andy Warhol qui en a dessiné également la sulfureuse pochette (une banane qui se pèle, laissant apparaître un fruit couleur chair évoquant un pénis), est un sésame pour toute une galaxie d'artistes de cette bohème de l'East Village dans les années 60. C'est également un disque en rupture avec toute l'imagerie du flower power qui domine alors le monde, une sorte de poison violent dont l'époque peace & love serait tout entière l'antidote. Les chansons de Lou Reed parlent frontalement de drogues dures, de désespoir urbain, d'homosexualité, d'amour violemment déréglé et de rapports de domination et de soumission en liaison directe avec l'écrivain dont l'un des livres a donné son nom au groupe – et, accessoirement, au sadomasochisme – Leopold von Sacher-Masoch. Dans l'une des premières chroniques publiées sur le disque dans le journal américain *Vibrations*, le journaliste le décrit comme « une attaque à grande échelle des oreilles et du cerveau. En utilisant des outils comme le feedback ou un violon strident, le Velvet Underground attaque, agresse, écorche et torture les tympans jusqu'à ce que le cerveau soit littéralement réduit en porridge ». Sur plusieurs titres, dont l'inégalable *Femme fatale*, la voix caverneuse et envoûtante de la chanteuse et mannequin d'origine allemande, Nico, apporte une dimension presque aristocratique au free rock du Velvet, distinguant encore plus radicalement ce groupe de tout ce qui se fait dans la musique à l'époque. Ce contraste violent entre la noirceur des textes et une certaine lumière opale que dégagent cette voix et ces guitares tressées dans la laine de verre, le fait également que rien des grandes causes du moment – la paix au Vietnam, les révolutions collectives, le retour à la nature – n'ait été autorisé à pénétrer dans cette bulle opaque, finissent de faire du Velvet l'astre maudit de la seconde moitié des années 60. D'ailleurs, leurs disques se vendent peu du vivant du groupe. On comprend en revanche aisément pourquoi Étienne Daho en tomba très tôt éperdument amoureux. « J'allais toujours chez le même disquaire à Rennes et j'avais fini par être assez copain avec le vendeur pour qu'il me laisse écouter des disques tout l'après-midi. Et celui-là particulièrement, que j'ai dû écouter des dizaines de fois avant de pouvoir l'acheter. Je versais un peu d'argent chaque semaine et lorsque le compte y était, je revenais avec à la maison comme si je ramenais un trophée. Je devais souvent faire du baby-sitting pour réunir l'argent. Mais concernant le Velvet, ça allait bien plus loin que la musique. J'étais fasciné par les photos iconiques, leur mystère et leur rareté. » C'est cette attirance sans mesure qui conduit Étienne, alors qu'il a à peine 16 ans, à faire une virée à Paris pour aller voir un concert de Nico, expédition dans laquelle il entraîne Jean-Christophe : « Nos parents n'étaient même pas au courant, on ne savait pas où dormir, mais Étienne était prêt à tout pour apercevoir ses héros. Moi je le suivais, j'avais confiance en lui, il était très protecteur et très mature. » C'est également à Jean-Christophe qu'il lâche un jour une phrase qui ressemble à un vers fulgurant de Lou Reed : « Je sais que, pour moi, ce sera la gloire ou le caniveau. » Pour Jean-Christophe, cette sentence sans appel n'a rien d'une simple affirmation en l'air mais traduit au contraire un besoin chez lui, très palpable à l'époque, d'échapper par le haut, ou par les tréfonds, à une existence prédéterminée : « Je pense qu'il devait avoir un profond désir de revanche par rapport à ce qui lui était arrivé, il voulait une vie pas ordinaire, sans tristesse, même s'il n'avait que peu de pistes pour y parvenir à l'époque. Il n'en savait rien lui-même, il voulait juste vivre un truc pas habituel. » Selon Daho, cette expression, la gloire ou le caniveau, n'était pas juste un bon mot. Je savais bien que je n'avais pas de bonnes cartes dans mon jeu, que je serais seul pour me protéger et me défendre. Ma passion pour la musique était réellement ma seule issue, l'unique façon de m'en sortir. Heureusement, je savais aussi confusément que j'avais une bonne étoile et j'ai tout fait pour amadouer la chance ». Un peu plus tard, une autre de ses amies proches, Dominique Praizelin, lui tire les cartes. Ce jour-là, il tire les bonnes cartes et Dominique lui annonce qu'il va réussir quelque chose de grand dans un domaine artistique.

L'Angleterre, patrie de toutes les nouvelles sensations musicales, continue d'exercer sur Étienne une attirance bientôt irrésistible. « Il fallait que je gagne de l'argent et j'ai pu combiner ce besoin avec ce désir d'aller en Angleterre en dégotant des boulots d'été dans les hôtels à Londres ou à Manchester. Pendant toutes les vacances scolaires, à partir de l'âge de 15 ans, je me rendais là-bas où, entre autres, je portais les bagages des clients dans leur chambre, en évitant de me faire serrer par eux, ce qui devenait un sport. La première fois, à Manchester, j'ai été plongé de plain-pied dans le mode de vie rock'n'roll. J'habitais chez une logeuse et il y avait là un type de 19 ans, un mec supercharismatique et très convaincant avec lequel j'ai pour la première fois touché à la drogue. C'était l'époque où l'on te mettait sans prévenir un acide dans le Coca, et moi je suis tombé sur le pire de tous, la fameuse Pyramide noire qui m'a laissé accroché au plafond pendant douze ou treize heures. Ce n'est pas un très bon souvenir, je n'en ai d'ailleurs pas de très bons avec la drogue mais j'ai vraiment essayé parce que c'était le moment, il y avait des expériences à faire. À Londres, quelques saisons plus tard, j'ai carrément habité chez un dealer, un petit caïd qui m'utilisait, avec d'autres, comme cobaye. Je testais tout ce qui passait, ce qui n'était pas franchement une bonne idée car j'avais quand même pas mal de choses que j'avais mises de côté, des démons qui ne demandaient qu'à sortir, et la drogue facilite vraiment l'ouverture des portes noires. À cette époque j'ai vraiment fait de mauvais trips, très destructeurs, des expériences très angoissantes car je déteste perdre le contrôle. Je suis aussi quelqu'un d'excessif lorsque je touche à quelque chose, j'ai un comportement addictif, je m'accroche à tout, mais, pour la dope, je n'avais pas les moyens. De plus, j'ai toujours eu un réflexe de survie, probablement la conséquence du fait que j'ai été un enfant de la guerre ou d'avoir vu la mort de près, d'avoir senti son odeur. Autour de moi, certains héros du dimanche flirtaient avec le danger par pure posture, mais sans panache, puis rentraient se faire dorloter par leurs parents et retrouver leur petit confort bourgeois. Pour moi, la vie n'est pas un jeu, elle me fascine et je connais son prix. » Cette période, durant la première moitié des années 70, où il fait la navette entre la Bretagne et la Grande-Bretagne, coïncide avec l'arrivée en force du glam-rock, de Bowie, T.Rex, Roxy Music. Une musique extravagante qui joue à fond la carte toujours payante de la confusion des genres. David Bowie a posé, alangui et vêtu d'une robe, sur la pochette (censurée) de *The Man who Sold the World*, Marc Bolan, Mick Jagger, les New York Dolls portent des maquillages outranciers et provoquent sans répit les gardiens de la morale, creusant encore plus profond ce fossé entre les générations qu'a engendré le rock, musique encore transgressive à l'époque. « Je sortais voir des concerts, je découvrais des choses incroyables, les premiers artistes reggae et surtout cette faune glam qui exhibait totalement sa sexualité, son ambiguïté. J'ai été biberonné à ça et tout était pour moi très normal, c'était même très chic. » Le contraste est encore plus saisissant lorsqu'il retourne à Rennes, ville provinciale encore engourdie, où les derniers courants musicaux et les modes vestimentaires n'arrivent qu'au compte-gouttes. Après avoir empoché son bac A4, littérature et langues, il s'inscrit dans une fac d'anglais et tente également un DEUG d'arts plastiques, matière qui le connecte vaguement avec les groupes anglais qu'il adore, Pink Floyd ou Roxy Music, dont les membres ont également fréquenté les écoles d'art. « J'ai toujours été fasciné par l'art même si je ne connais rien à la peinture, par exemple. J'ai vécu une assez mauvaise expérience avec la fac d'arts plastiques, à cause d'un professeur principal qui m'était très hostile parce que j'arrivais en retard et que je n'étais pas très discipliné. J'étais surtout attiré par les arts graphiques, les lettrages, la typographie. Ça m'a conduit à m'impliquer plus tard à fond dans les pochettes de mes disques, mais sinon la fac reste une expérience ennuyeuse. En anglais, ce n'était pas beaucoup mieux. Au bout d'un moment je n'allais plus du tout aux cours et comme j'avais décroché un job de pion, j'avais un peu d'argent que je consacrais essentiellement à l'achat de disques, aux sorties et à la fête. » La vie estudiantine des uns et des autres ressemblant plus volontiers à un grand courant d'air qu'à un objectif sérieux, les bancs des amphithéâtres les verront moins souvent que les chaises des cafés. Trouver un vrai métier, emprunter une voie rectiligne, constitue encore une option très secondaire. La jouissance sans entrave prônée sur les barricades de 68 trouve encore un large écho auprès de la génération suivante, même si les moyens d'y parvenir sont légèrement différents. À Rennes, l'alcool social coule plus ardemment que l'alcool triste, même si les atterrissages sont souvent voisins. Et si la fête est un mode de vie en soi, la culture n'est pas reléguée aux oubliettes cafardeuses des livres de cours. Elle incarne au contraire un possible terreau d'épanouissement, le seul en réalité envisageable si on veut échapper à la norme laborieuse, ce miroir terne que renvoient les parents. La musique est un art social absolu, les concerts sont des lieux d'échanges et de rencontres, les bars et les boîtes des points de ralliement où le son détermine une identité, un langage commun. Étienne s'intéresse aussi beaucoup aux images, le cinéma l'attire comme terrain d'expérience plus vaste encore que celui de la musique. Il découvre ainsi les films psychédéliques du Chilien Alejandro Jodorowsky, notamment *La Montagne magique*, et surtout *Deep End*, du réalisateur polonais Jerzy Skolimowski qui le bouleverse et établit un lien direct avec certaines de ses expériences en Angleterre et son désir d'amour absolu. Le film se déroule en effet à Londres où un adolescent de 15 ans trouve un travail dans un établissement de bains d'un quartier sordide, occasionnant une plongée sévère dans les bas-fonds et dans les gouffres de la sexualité nocturne. Une œuvre au noir, traversée par le désir fou et contrarié de l'adolescent pour une autre employée, et qui règle au passage son compte aux principes d'éducation obsolètes qui régissaient la société de l'époque. Un film au dénouement tragique pour le jeune homme, dont le romantisme éperdu et les pulsions autodestructrices sont parfaitement synchrones avec ce qui va sédimenter la nouvelle scène punk et new wave. Car cette euphorie qui commence à éveiller la nuit rennaise, dont Étienne est l'un des piliers déjà solide, masque parfois d'autres nuits sans sommeil où l'angoisse l'emporte sur les plaisirs et sur la fête. C'est avec Marie-Christine Éluard qu'il partage cachets en tout genre et moments de dérive dont il ignore souvent la raison et dont les nuages parfois menaçants traverseront régulièrement sa vie. Marie-Christine est également une grande anxieuse, qui tente parfois d'étourdir ses idées noires à grand renfort de Valium. L'un et l'autre, mutuellement, se soutiennent lorsque ces vents mauvais commencent à souffler, ce qui empêchera souvent le dématage fatal. « Je me souviens d'une fois, dit Marie-Christine Éluard, où Étienne est venu sonner chez moi dans un état de panique incroyable. Il venait de connaître sa première attaque de panique à tel point qu'il n'avait pas pu traverser la rue. Une autre fois, nous étions chez mes parents et j'ai commencé à sombrer de façon assez violente, là c'est lui qui m'a soutenue en appelant un médecin et en me rassurant. On était sans doute traversés l'un comme l'autre de pensées suicidaires, on a d'ailleurs fait de solides dépressions à quelques années d'intervalle, mais on ne cherchait pas vraiment à en connaître la cause. » C'est un état semblable de panique générale et de dérèglement profond qui surgira au lendemain de la grande explosion de *Pop Satori*, en 1987, lorsque Daho devra désormais apprendre à apprivoiser son nouveau statut d'idole. Moins de dix années se sont écoulées depuis le fameux concert des Stinky Toys, qui paraît pourtant avoir eu lieu il y a cent ans. Mais en revanche Étienne se rend compte qu'entre la gloire et le caniveau il n'y a parfois qu'un battement d'aile. Ces ailes de papillons noirs que chantait Serge Gainsbourg, ce totem de la chanson française décomplexée dont il va bientôt croiser le chemin.

Daho in blue

(1987-1989)

1

2

3

4

5

6

7

8

9

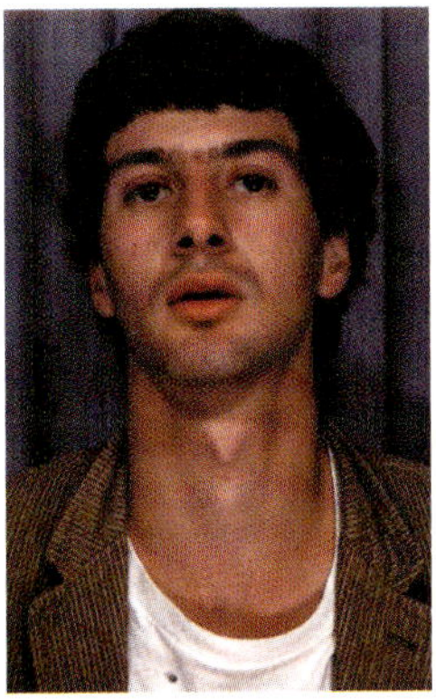
10

11

12

60
2 x 30 min.
ETIENNE DAHO Jr
FIRST
2
Etienne Daho
ORIGINAUX
etienne daho jr

13

14

STINKY TOYS
mercredi 20 décemb
salle de la Cité
A leurs débuts, les STINKY TOYS se sont surtout spécialisés dans le scandale collégien qui consistait à faire gicler de la bière ou à lancer des Mac Donald's. Cette attitude puérile, diversement appréciée, faisait oublier que naissait alors l'un des groupes les plus originaux de la nouvelle vague française. Et puis, se transmettait plus l'image d'un couple un peu mondain, très beau, ELLI et JACNO, que celle d'un groupe solide.
"Donnez-nous beaucoup de bière, laissez-nous jouer très fort, et nous serons heureux", ELLI MEDEIROS
Au niveau de l'esthétique, les STINKY TOYS sont immaculés. Ils viennent de traverser deux années sans jamais arborer aucun des emblèmes de la nouvelle vague. Les TOYS, c'est cette esthétique léchée, presque straight en apparence, comme traduction d'un Rock où la nationalité n'entre plus en jeu. Chaque accord a son importance, un Rock direct et dur où l'électricité passe sans trucage ni surcharge.
Groupe TEEN ; ELLI MEDEIROS représente parfaitement l'adolescence dévergondée, étrange et sensuelle, mais dont la fragilité n'échappe à personne. Queue de cheval et baskets, Mary Quant et chaussettes blanches, Valstar et Boule de Gomme. Toute la nuit devant elle. Pour régner ou pour pleurer.
Un concert de STINKY TOYS est rare, mais d'autant plus fascinant. Ce soir dans Rennes, les TOYS seront comètes nocturnes, que tu aimeras regarder le temps d'un Flash.
Les salles gosses de la ville sont : ELLI MEDEIROS (chant), BRUNO CARONE (guitare), JACNO (guitare), HERVE ZENOUDA (batterie), ALBIN DERIAT (basse).
Participation:20fr.et Location:
Rennes Musique et Opus Disques

15

16

17

18

19

20

21

22

23

24

25

26

27

28

29

31

32

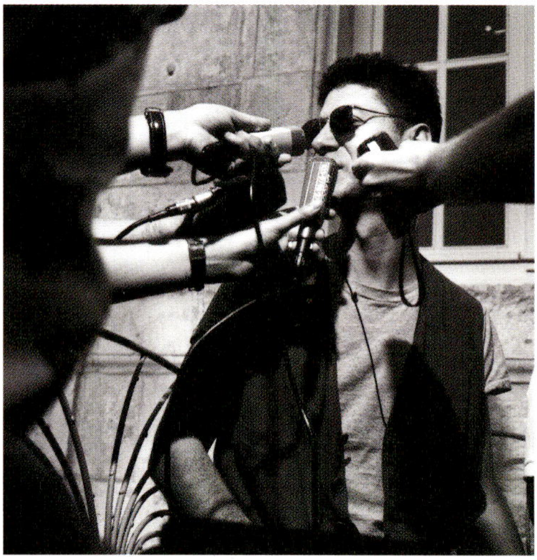
33

34

35

36

37

38

39

40

41

43

42

44

45

46

47

48

49

50

51

La reprise de *Chez les yé-yé*, sur la face B du maxi de *Tombé pour la France*, n'est pas tombée dans l'oreille d'un sourd. *L'Homme à tête de chou* aime décidément bien ce « p'tit gars » qui, contrairement à tant d'autres, n'est jamais venu gratter à sa porte pour lui demander un texte ou une musique, fût-elle de fond de tiroir, histoire d'accoler pour la postérité leurs deux noms. Gainsbourg est à l'approche de son zénith médiatique, où affublé de son Gainsbarre qu'il trimballe telle une marionnette en éponge lourdement imbibée, il ira de plateaux en plateaux pour lui faire cracher ces horreurs tellement convenues et bas de gamme qu'elles plairont évidemment au plus grand nombre. L'homme qui a construit tant de passerelles entre chanson française et pop music, qui a abattu tant de murs et dynamité tant de ponts, n'enfonce plus désormais que des portes ouvertes, en tout cas en public. Musicalement, sa conversion depuis trois ans au funk FM laisse présager une fin de carrière moins subtile et innovante qu'elle le fut pendant si longtemps. L'album *You're under Arrest*, en cette année 1987, cogne fort dans le vide, et son mélange de testostérone et de guimauve ne possède ni la grandeur musicale ni même l'ironie distinguée qui firent de Gainsbourg pendant longtemps le seul Français capable de rivaliser à la fois avec Bob Dylan, Burt Bacharach et Randy Newman. Quoi qu'il en soit, Serge aime bien Étienne, qui le lui rend bien sans n'avoir jamais osé ne serait-ce que le lui faire savoir. C'est à Françoise Hardy, qui appartient désormais à son cercle d'amis proches, que reviendra la tâche de jouer les messagères. « Françoise m'a dit un jour que Serge voulait que je l'appelle. Il avait vu *Les Enfants du rock*, il me suivait depuis deux ou trois ans et désirait me rencontrer. Je suis resté quinze jours avec ce bout de papier sur lequel il y avait inscrit son numéro de téléphone, avant de me décider a l'appeler. C'était pareil au début avec Françoise ou Jacques Dutronc. Ce sont des gens dont l'attitude, la beauté, le talent, m'ont construit. Une véritable famille d'esprit. Ils ont toujours été là pour moi et m'ont accepté très rapidement comme l'un des leurs. Je me souviens notamment d'un Noël particulièrement morose qu'ils m'ont invité à passer avec eux et Thomas. Ce sont des attentions inoubliables. » Étienne finit quand même par appeler Serge, qui lui demande de passer le voir rue de Verneuil. « J'ai commencé à aller chez lui et, de fil en aiguille, j'y suis retourné très souvent. Jusqu'à sa mort, j'ai entretenu avec lui une relation régulière. Il y avait des moments très intenses et d'autres infiniment drôles où il testait sur moi ses vannes et ses bons mots, qui lui servaient de carapace lors de ses promos multiples. Lorsqu'il était déprimé, il m'appelait et nous faisions le tour des boîtes pour picoler. » Lors d'autres visites plus joyeuses, Gainsbourg donne des conseils de Sioux à Daho. « Lorsque tes fans seront trop vieux, il faudra en changer », lui dit notamment celui que des gamins viennent aujourd'hui applaudir au

Zénith et qui est ainsi parvenu à échapper à la fossilisation. Il le rassure également quant à la pérennité de son statut tout neuf de vedette : « Tu es un véritable OVNI, dit-il à Daho, et c'est ce qui te sauvera, c'est pour ça que tu resteras. » Mais cette relation entretenue au fil des mois par des visites souvent pas mal arrosées ne se borne pas à un monologue gainsbourgien : « Je l'ai beaucoup écouté, c'est vrai. J'avais beaucoup d'affection pour lui. Mais il était triste et exaspéré si je n'adhérais pas à son travail. Je me souviens de lui avoir dit que j'étais hermétique à son livre, *Evguenie Sokolov*, qu'il m'avait offert et que j'avais lu non sans mal. Je me souviens aussi qu'il a passé des heures a m'expliquer le livre, a essayer de me convaincre de l'aimer. Ça l'avait beaucoup affecté. » Il apparaît de plus en plus évident que Gainsbourg s'est choisi en Daho un héritier musical, un jeune homme de 30 ans qui incarne la modernité, notion fondamentale à ses yeux et dans le contexte toujours un peu à la traîne de la variété française. Avant Étienne, Gainsbourg avait appuyé d'autres « modernes » : le groupe Bijou, pour lequel il avait écrit *Betty Jane Rose*, Chamfort ou encore Bashung. Mais c'est cette notion plus profonde de transmission d'héritage qui traduit le mieux leur relation, car il ne sera jamais entre eux question d'une collaboration directe qui aurait pu parasiter leurs échanges. Gainsbourg est assez lucide pour deviner qu'Étienne n'a nullement besoin de son parrainage – il est alors au sommet de la popularité dont peut rêver un artiste – tandis que Daho tient trop à la « gratuité » de leur relation pour risquer de l'altérer en monnayant quelque chose. C'est au contraire Serge qui sollicitera plus souvent Étienne que l'inverse, l'invitant partout où on l'invite, affichant clairement cette préférence alors que bien d'autres « fils spirituels » supposés auraient vendu leurs parents pour moins que ça. Aussi, en novembre 1987, lorsque Gainsbourg sera l'invité exceptionnel des *Enfants du rock*, c'est à nul autre que Daho qu'il confiera le soin de l'interviewer. Beaucoup plus convenue et superficielle que leurs échanges privés, cette interview n'a pas laissé un grand souvenir à Étienne, qui s'est trouvé mauvais en apprenti journaliste, même si elle reste l'un des rares moments de cette période où Gainsbourg ne jouera pas trop avec son fatigant personnage de blagueur érotomane.

Daho et Gainsbourg ne collaboreront ainsi jamais en studio. « J'aurais bien sûr adoré que l'on travaille ensemble, précise Étienne. Je pensais que ça arriverait un jour ou l'autre, malheureusement on croit toujours qu'on a le temps, qu'on est éternel... Il est parti trop tôt. » En revanche, au cours de cette année 1987 où il papillonne sur tous les fronts, il va rencontrer Dani, dont la collaboration avec le beau Serge a dépassé l'état de projet, sans pour autant avoir pu voir le jour. En 1975, après avoir dû renonçer l'année précédente au concours en raison du décès du président Pompidou, Dani veut prendre sa revanche à l'Eurovision. Mais la chanson que lui écrit Gainsbourg pour l'occasion, *Comme un boomerang*, est jugée trop tordue et suggestive par le jury qui présélectionne les candidats. Resté à l'état de démo, le morceau est donc abandonné et Dani voit s'éloigner ses derniers espoirs de propulser une carrière de chanteuse qui n'a jamais tourné qu'au ralenti, contrairement à sa carrière mondaine. Cette Perpignanaise, qui a pris d'assaut les nuits parisiennes à l'âge de 18 ans, est surtout connue comme égérie androgyne des photographes qui ont figé sur pellicule les amazones des années 60-70, les Helmut Newton, Jean-Louis Sieff et autre Richard Avedon. Avec ses camarades Zouzou et Valérie Lagrange, elle fait partie de ces effrontées qui ont opposé au « sois belle, tais-toi et chante » des yé-yé le bras d'honneur de leur jeunesse insolente. Un bras malheureusement offert aussi à des aiguilles qui n'étaient pas toujours celles des électrophones. Chanteuse pas toujours très bien servie, meneuse de revue à l'Alcazar et actrice – chez Vadim et Truffaut notamment –, Dani s'est lancée au cours des années 70 dans L'Aventure, une discothèque où la jet-set internationale, d'Alain Delon à Bowie, est venue lui baiser la main et dépenser certaines nuits en substances liquides ou poudreuses le produit national brut d'un pays africain. À l'instar d'une Nico ou Marianne Faithfull, autres belles fleurs vénéneuses aimées ayant percé le bitume du rock'n'roll, Étienne voit en Dani – qui est entre-temps devenue fleuriste – l'incarnation made in France de ce romantisme noir et sulfureux qui nimbait chaque image du Velvet ou des Stones. Entrés en connexion grâce à Tony Krantz deux ans plus tôt, au début de la vague qui a porté Daho aux sommets, Étienne et Dani ont juré de travailler un jour ensemble, ce qui ne manque pas d'arriver avec le 45 tours *Cette histoire commence*, chanson dont la musique est signée Jérôme Soligny et la production Daho, qui vient de monter son propre label, Cupecoy, du nom d'une plage de Saint-Martin où il a passé en bande ses premières vraies vacances de riche. En face B, Dani livre sa propre interprétation d'un titre pourtant parfaitement intime d'Étienne, *Mythomane*. Mais au milieu des années 80, le personnage de Dani n'intéresse plus vraiment la presse – à part *Libération* qui y consacre un long article – et pas encore les branchés, le 45 tours est donc assez logiquement un échec. « Je ne connaissais pas son répertoire, mais je la connaissais de réputation. C'est une très grande séductrice et quand je l'ai rencontrée en Suisse, lors d'une émission télé, j'ai tout de suite eu envie de travailler avec elle, car j'ai immédiatement aimé sa voix et sa personnalité. L'important, dit le Pygmalion d'un jour, c'était que l'on fasse quelque chose ensemble. L'étroitesse d'esprit des gens par rapport à elle a l'époque était telle que ça en rajoutait à mon envie. Ça a plutôt bien fonctionné, on en a un peu parlé même si ça n'a rien vendu. » Mais ces deux-là n'ont pas dit leur dernier mot, certains succès tardifs étant comme des boomerangs des échecs précoces.

Sur le single qu'il produit pour Dani, Étienne a invité de jeunes musiciens dont il a fait la connaissance lors de la tournée *Pop Satori* et dont il a également réalisé le premier 45 tours, *Les Maux dits*, sur Cupecoy Records. C'est en novembre 1986, alors que la tournée faisait escale à Aix-en-Provence, qu'il a croisé ce trio local baptisé Les Max Valentin. Lorsqu'ils apprennent que Daho passe en concert dans leur ville, ces trois gamins, deux garçons et une fille, n'ont qu'une seule idée en tête : entrer en contact avec lui et lui demander de l'aide pour produire leurs chansons. Ils sont comme des dizaines d'autres qui chaque soir pistent le chanteur à la sortie des artistes et lui remettent une cassette qui généralement restera à l'hôtel ou finira sous la banquette du bus de tournée. Le plus drôle, c'est qu'Édith Fambuena, Jean-Louis Piérot et Gérald Gardrinier n'ont pas réussi à avoir de place pour le concert, qui se déroule à guichets fermés. Ils se résignent donc à aller guetter leur proie dans une boîte de la ville, Le Mistral, où les gens de passage terminent généralement leur soirée. Étienne, accompagné d'Anne Claverie, Arnold et des autres musiciens, finit en effet par débarquer et quelques minutes plus tard il voit le plus courageux des trois Max Valentin, Gérald, venir lui brailler à l'oreille cette demande qui, à cette heure-là et dans ce contexte, a encore moins de chance d'aboutir. Jean-Louis Piérot s'y met également, si bien qu'Étienne, pour se débarrasser provisoirement des importuns, les invite à son concert du lendemain à Nice. Au prix d'une filature – en suivant notamment Turboust après le concert –, le groupe parvient à localiser l'hôtel où Étienne réside à Nice et à s'introduire finalement dans sa chambre malgré la présence souvent intimidante d'Anne Claverie : « Quand je les ai vus arriver, je me suis demandé comment Étienne avait pu se laisser embobiner par ces gamins. J'ai d'abord refusé l'entrée à Édith, qui faisait encore plus jeune qu'elle ne l'était alors. Je pensais qu'elle avait 12 ans ! » Finalement, le trio parvient à discuter avec Daho d'une éventuelle collaboration sans avoir pourtant le moindre morceau à faire écouter. Jean-Louis Piérot : « Étienne a sans doute eu un flash, je crois qu'il a surtout eu un coup de cœur pour Édith et c'est ça qui a tout provoqué. On n'avait pas la moindre maquette et pourtant il parlait déjà de nous signer sur son label. Il nous disait qu'il venait de fonder sa boîte d'édition, Satori Song, et qu'il comptait produire de jeunes artistes. Il nous a donc donné rendez-vous à Paris à la fin de la tournée pour discuter un peu plus en détail de tout ça. » Le groupe met à profit les semaines suivantes pour coucher quelques chansons et se pointe en décembre à Paris où Étienne les retrouve au Général Lafayette, un bar du 9e arrondissement, et écoute le résultat sur un walkman avant de donner aussitôt son accord pour un disque. En jouant apparemment au mécène, Daho vient au contraire de se faire l'un des plus beaux cadeaux de sa vie de chanteur et il ne le sait pas encore. Si Gérald partira bientôt vers une carrière solo prospère sous le nom de De Palmas, les deux Max Valentin qui restent et se rebaptisent Les Valentins vont constituer l'une des clés de voûte du son Daho au cours des deux décennies à venir. D'ailleurs, aussitôt admis dans sa bande, les minots d'Aix sont mis à contribution, pour Dani mais aussi carrément pour les prochaines chansons qu'Étienne destine au successeur de *Pop Satori*, dont les premières secousses se font donc entendre dans une cave du sud de la France.

Malgré le conte de fées rose bonbon qui a présidé à la signature des Max Valentin, malgré aussi la sortie d'une compilation au mois d'avril, « Collection », qui regroupe certains morceaux rares et faces B sous une pochette Studio Harcourt, Étienne traverse intérieurement en 1987 sa première vraie tempête d'homme connu. Le phénomène Daho a fini par déborder sur l'aspect purement musical au point d'engloutir en quelques mois des années d'une savante recherche d'équilibre. « Sur la fin de la promo de *Pop Satori*, j'étais complètement lessivé, trop de boulot et de nuits blanches, avec cette impression d'être devenu quelqu'un d'autre, un poster boy à l'opposé de moi. Je ne m'attendais vraiment pas à ça, d'une part parce que je n'avais jamais considéré mon physique comme un atout, d'autre part parce que je ne pensais pas que ma musique déclencherait ce genre de phénomène populaire. C'était vraiment déroutant. Je me suis retrouvé face à un dilemme ingérable : continuer la promo pour faire plaisir à tous les gens qui s'étaient défoncés pour en arriver là, notamment chez Virgin, ou bien arrêter les frais et me préserver. Plusieurs fois j'ai dit oui à des demandes pour faire plaisir, alors que je n'en avais plus envie. J'ai dit stop avant d'être complètement carbonisé. » Un jour, à la veille de s'envoler pour le Maroc pour une émission de télévision, Étienne craque enfin et ferme brutalement le rideau pour prendre la direction inverse et partir pour Londres, s'installer dans un hôtel que lui a conseillé William Orbit. « Il fallait impérativement que je me reconstitue. J'étais à nouveau anonyme, j'allais aux concerts, je retrouvais une vie, dans un climat propice à l'écriture, je savais que j'allais pouvoir m'y remettre, me nourrir d'autre chose et refaire enfin des chansons. » Quelques mois avant de partir pour Londres, Étienne est devenu propriétaire d'une grande maison du quartier des Abbesses, là où il venait en vacances lorsqu'il avait 12 ans. C'est Fabrice Nataf qui lui a conseillé d'investir dans la pierre l'argent qu'il venait d'amasser, et de fait il fait une affaire en or en faisant l'acquisition de cette vaste maison dont la légende dit qu'elle fut occupée au début du siècle par un certain William Frederick Cody, alias Buffalo Bill, quand celui-ci résidait à Paris pour y montrer son spectacle sur la conquête de l'Ouest. « Les premiers temps où j'ai occupé la maison, raconte Daho, il y avait souvent, à ma grande surprise, des hordes de touristes américains amassés sous mes fenêtres. J'ai été déçu d'apprendre qu'ils n'étaient pas là pour moi », s'amuse-t-il. Il n'empêche, du *Cow-Boy* de *Mythomane* jusqu'à Buffalo Bill, il y a un fil évident et légèrement troublant qui s'est déroulé entre Rennes et Paris. Pourtant, dans son immense bivouac au pied de Montmartre, le cow-boy Daho se sent comme étranger chez lui. Cet appartement, qui accueillera bientôt des fêtes mémorables où plus de cent personnes s'entasseront, est au départ pour lui une belle et grande prison vide où il gamberge sur l'avenir en écoutant en boucle un disque rare de Marianne Faithfull au titre incidemment de circonstance : *Rich Kids Blues*. C'est bien de ce « blues des enfants riches » que souffre Étienne au moment où son visage et sa silhouette sont punaisés sur presque tous les murs des chambres d'ados, où il reçoit plus d'invitations qu'un Premier ministre, où toute la journée ses chansons fleurissent à intervalles réguliers sur les ondes. Il a tout pour être heureux et pourtant quelque chose coince qui l'empêche de jouir de ces instants pourtant si longuement appréhendés. Les excès de la tournée précédente ont laissé des stigmates profonds et, outre les trois paquets de cigarettes qu'il fume par jour, Étienne est capable d'absorber des doses d'alcool déraisonnables allant jusqu'à plusieurs bouteilles de tequila quotidiennes. « Je sentais que l'album suivant serait celui de la gueule de bois, je pensais d'ailleurs pendant longtemps l'intituler *Daho in blue*. C'était un état finalement assez normal après ce qui venait de se produire, en tout cas ce sera toujours le cas chez moi. Un succès est forcément suivi d'une grosse déprime. » *Daho in blue*, le titre de travail du quatrième album, évoque la mythologie d'un certain jazz années 50, celui de Blue Note et du *Kind of Blue* de Miles Davis. Sur *Pop Satori*, le trompettiste Chet Baker devait faire une apparition qui capota à la dernière minute, tout comme celle de Nico, prévue elle aussi, ce qui aurait constitué quand même le plus beau couple de fantômes à n'avoir jamais flotté sur un disque français. Depuis quelques années, il se trouve que l'Angleterre s'est convertie à un genre de smooth jazz qui cartonne à l'échelle internationale et fait la fortune d'un producteur, un certain Robin Millar. Millar est l'inventeur d'un cocktail redoutable où se mélangent du jazz de piano-bar, de la soul au goût d'amande douce et des petits morceaux de fruits exotiques tirés des fabuleux vergers de la bossa nova. La grande vedette de ce courant qui fait fondre l'Angleterre et bientôt le reste du monde se nomme Sade Adu, chanteuse d'origine nigériane bercée par Marvin Gaye et Al Green dont Millar a produit les deux premiers albums, les multiplatinés *Diamond Life* et *Promises*. La signature Millar devient l'une des plus courues du moment et ses productions pour Everything But The Girl, Working Week ou encore le Style Council de Paul Weller infiltrent quasi continuellement les hit-parades britanniques. Dans l'ombre de Robin Millar, on trouve l'ingénieur du son Ben Rogan, lui aussi dépositaire de cette formule musicale contacté sur les conseils de Nataf pour travailler sur son futur album. Malgré l'expérience délicate des sessions de *Pop Satori* avec William Orbit, Daho reste persuadé que l'Angleterre demeure l'endroit où ses idées sur la musique et la production resteront le mieux comprises. Il est donc prêt à retenter une aventure londonienne avec un coproducteur quasi inconnu, qui n'est que l'adjoint d'un autre. Le choix de Ben est d'autant plus étonnant qu'à l'époque Étienne est obsédé par un groupe écossais dont la musique se situe à l'opposé des productions sages de Rogan : The Jesus & Mary Chain. Un duo constitué par deux frangins, William et Jim Reid, dont le premier album, *Psychocandy*, paru en 1985, a fait l'effet d'une petite bombe dans la pop alors aseptisée qui dominait l'Europe. Daho a immédiatement accroché sur ce groupe et on comprend aisément pourquoi : « Il me semblait qu'ils avaient été fabriqués pour moi. Leur façon de mélanger les guitares saturées du Velvet avec les mélodies des Beach Boys signifiait la rencontre de mes deux groupes préférés. » En plus de cela, en face B de leur premier single, The Jesus & Mary Chain reprenait *Vegetable Man*, une chanson de Syd Barrett, un autre de ses héros. La réputation scénique plutôt calamiteuse de J&MC – ils jouent dos au public et quittent généralement la scène au bout d'un quart d'heure de bruit blanc – n'empêche pas Daho de voir en eux un certain futur du rock'n'roll, ou en tout cas son présent le plus acceptable. Une intuition validée par la sortie toute récente de leur deuxième album, *Darklands*, qui ressemble moins que le premier à une symphonie pour sèche-cheveux et scie circulaire. Sur plusieurs titres de *Darklands*, la nature pop du duo ainsi que sa belle arrogance velvetienne apparaissent au grand jour. Deux des chansons phares de l'album, les singles *Happy When It Rains* et *April Skies*, serviront à l'évidence de modèles à certains morceaux du prochain Daho. Notamment ceux qu'Étienne écrira seul. Parmi les grands bouleversements en cours, il est décidé que l'album ne reposera plus sur les claviers comme les deux précédents mais donnera désormais toutes leurs places aux guitares. Un choix circonstancié par l'envie d'Arnold Turboust de se consacrer à sa propre carrière, afin de confirmer le succès d'*Adélaïde*, et d'aider également sa compagne, le mannequin Tess, à réaliser son premier disque. Étienne est donc entouré de guitaristes, notamment Xavier « Tox » Geronimi mais aussi la très douée Édith Fambuena, qui apporte également, en plus de son audace et de sa jeunesse, une première composition, le délicat *Caribbean Sea*. À ces deux exceptions près, ce sont uniquement des musiciens anglais qui joueront l'album enregistré en grand partie à Londres, au studio Master Rock, et terminé au studio Plus XXX à Paris durant l'hiver 1987-1988. Une section de cordes, une première sur un disque de Daho, complète les six musiciens tandis qu'un grand nombre d'invités passent en studio pour faire une voix, un chœur ou juste un clin d'œil. On y trouve notamment l'extravagante Armande Altaï, le jeune espoir Jérôme Pigeon, ou encore Nicholas West et Lynn T.Byrd, les deux anciens Comateens qui officient désormais sous le nom de West & Byrd après la mort tragique cette année-là d'Oliver North. Mais l'ombre du troisième Comateens plane également en studio car c'est lui qui signe les paroles et la musique du magnifique *Stay with Me*, l'une des deux chansons en anglais de l'album. Malgré la présence à bord de plusieurs titres qui élargissent la palette du style Daho, ce quatrième album souffre d'avoir été conçu sur les brisées du précédent.

Arnold Turboust signe encore deux compositions un peu moins réussies que celles de *Pop Satori*, *Des Ir* et *Musc et ambre*, tandis que Jérôme Soligny est presque embarrassé de voir Étienne retenir de lui un morceau qu'il a composé en cinq minutes pour tester un nouveau magnéto, l'anecdotique *Where's My Monkey ?* Les membres de Torch Song, Rico Conning et Laurie Mayer, figurent également au générique avec les très pop *Le Plaisir de perdre* et *Winter Blue*. Ce disque qu'Étienne considère comme « l'album de quelqu'un qui va se trancher les veines » n'est pourtant pas si noir, et le « blue » dont il est censé rendre le reflet donne l'occasion d'une des chansons les plus enjouées jamais écrites par Daho, *Bleu comme toi*. Une vieille composition de 1984 reconfigurée au son de Jesus & Mary Chain, à tel point que le Français sera accusé d'avoir plagié sans vergogne *April Skies*, qui lui ressemble il est vrai de manière troublante. Dans un coin du studio, le jeune assistant Alan Whyte, qui deviendra un des bras droits de Morrissey, apprécie aussi *Bleu comme toi* au point de citer la chanson quasiment à l'identique quelques années plus tard dans l'intro de *National Front Disco* de l'ex-chanteur des Smiths. L'enregistrement londonien se déroule dans une bonne ambiance de travail, loin des épineux obstacles qui s'étaient dressés sur la route du précédent album. Il possède néanmoins un goût d'inachevé lorsque David Munday, le musicien anglais qui joue des claviers, apporte une cassette à Étienne sur laquelle figure une musique de sa composition. Daho l'adopte aussitôt et rentre à l'hôtel pour écrire un texte qui va donner toute sa profondeur et sa grâce à l'album qui en manquait légèrement : *Des heures hindoues*. En outre, la strophe finale de la chanson apporte au disque un titre bien plus imagé que *Daho in blue* : « Heures hindoues, imprécises. Et tu voudrais que je t'emmène, alors viens, dans ma vie martienne. » *Pour nos vies martiennes*, ainsi que s'intitule finalement le quatrième album d'Étienne Daho, va connaître un ultime rebondissement à Paris, alors que Xavier Geronimi improvise sur sa guitare un air qui interpelle Étienne. Des paroles griffonnées le soir même sur un coin de table habilleront *Quatre Hivers*, un titre court et hérissé qui terminera en ouverture de l'album une fois celui-ci mixé. *Quatre Hivers* en intro et *Des heures hindoues* comme final grandiose, deux chansons de la vingt-cinquième heure qui tenaillent ce nouveau disque, lui procurent une épine dorsale et le sauve in extremis des eaux tièdes.

La préparation de la sortie, prévue en juin 1988, est l'occasion pour Daho de continuer à s'approprier ces mythes du rock qui l'ont patiemment constitué. Il est désormais célèbre, irrésistible, mais cette notoriété demeure une énigme car ce garçon de 32 ans n'a dû renoncer à aucun des idéaux pour lesquels il s'était engagé dans cette voie. Lors d'une émission présentée par Michel Denizot en 1987, *Mon Zénith à moi*, il s'est offert le luxe de diffuser des images du Velvet Underground et d'inviter en plateau Jesus & Mary Chain. Il a toujours ses entrées chez *Rock&Folk* ou dans les colonnes d'un nouveau magazine en noir et blanc, *Les Inrockuptibles*, pourtant peu sensible à ce qui se produit sur le sol français. Il continue en parallèle à alimenter le courrier des lecteurs, surtout des lectrices en l'occurrence, de *Salut !* et *Ok Podium*. Et l'un des regards mythiques du rock'n'roll, celui du dessinateur belge Guy Peellaert, va venir se poser sur lui sans qu'il n'ait rien à demander. Illustrateur néo-pop dans les années 60, notamment à travers les comics *Jodelle* ou *Pravda la survireuse* (qui possédait les traits et la silhouette de Françoise Hardy), Peellaert est surtout l'auteur avec l'écrivain américain

Nick Cohn de *Rock Dreams*, un ouvrage fantasmatique publié en 1973 qui met en scène toute la jet-set du rock au travers de fresques réalisées à l'aérographe. Ses dessins ont nourri l'imaginaire de milliers de gens à travers le monde et furent sans doute pour beaucoup dans la confection de certains mythes où les rock stars prennent la dimension de demi-dieux ou d'apôtres déviants que Peellaert a comme figés sur des vitraux d'un lieu de culte profane, une chapelle Sixtine des sixties. Souvent sollicité pour réaliser des pochettes de disques, Guy Peelleart n'a répondu que deux fois présent, pour *It's only Rock'n'Roll* des Rolling Stones et *Diamond Dogs* de David Bowie, au milieu des années 70. Depuis, il s'est toujours refusé à banaliser ses mises en scène, ou peut-être n'était-il pas inspiré par les solliciteurs. Dans le cas d'Étienne Daho, c'est lui-même qui fit la démarche, intrigué comme Gainsbourg par ce jeune homme qui paraissait flotter au-dessus de son époque. « C'est Dominique Leguern, qui était à l'époque directrice du marketing chez Virgin, qui m'a signalé un jour que Peellaert aurait émis le souhait de travailler avec moi. Comme tout ado, j'avais fantasmé sur *Rock Dreams* qui représente tout le mythe du rock des sixties, donc Peellaert faisait partie des artistes importants pour moi et en plus c'est un homme qui est humainement rare ! Je suis allé le voir alors que je n'avais que deux démos des chansons du futur album, *Bleu comme toi* et *Affaire classée*, et en tête une image de *Rock Dreams* qui m'a toujours particulièrement attiré, celle où l'on voit deux garçons marcher dans une fête foraine. » Cette image, intitulée *The Promised Land*, est l'une des rares de *Rock Dreams* à ne pas mettre en scène un chanteur ou un groupe connu mais à simplement suggérer une ambiance, une sorte d'instantané rock'n'roll, avec ces deux teddy boys entourés par les lumières clignotantes de la fête foraine et suivis par des filles dans une voiture. La scène panoramique imaginée par Peellaert pour la pochette de *Pour nos vies martiennes* en est comme la jumelle, avec un Daho plus baraqué que l'original qui marche aux côtés d'une espèce de James Dean, avec en arrière-plan des filles qui ressemblent peut-être à ses tantes dans les années 50. Dernier clin d'œil (involontaire ?), la présence d'une cabine de médium oriental qui renvoie obligatoirement aux dons de divinations que possédait sa grand-mère. Ce vinyle qui se déplie est comme une œuvre d'art qui va bientôt atterrir entre les mains de centaines de milliers de gens, l'album remportant un succès immédiat encore plus fulgurant que celui de *Pop Satori*. La presse jeune est aux anges et dans les journaux « sérieux », les critiques rivalisent de dithyrambe. Dans *Le Monde de la musique*, qui lui attribue un de ses « chocs » du mois, Arnaud Viviant n'y va pas par quatre chemins : « Un petit chef-d'œuvre. Son Berlin désillusionné, sa pièce d'atmosphères, son album "spleen de Paris" enfin réussi. » Le critique termine pourtant son article par cette judicieuse interrogation : « Que peut bien devenir, dans la société actuelle, un jeune homme qui a réalisé tous ses fantasmes ? » Car Viviant a bien noté que Daho, en quelques années seulement, a mis des croix devant un nombre considérable de rêves quand tant d'autres les mettent dessus. Pour le clip de *Bleu comme toi*, la chanson choisie comme premier single, c'est une autre signature bien connue des fans de rock, qui entre dans sa galaxie. Le Polonais Zbigniew Rybczynski est notamment connu pour avoir réalisé la vidéo révolutionnaire qui illustre la chanson *Imagine* de John Lennon, avec cette fameuse pièce rotative qui bluffa le monde à l'époque où les effets spéciaux de ce genre en étaient encore à la préhistoire. Détenteur d'un Oscar depuis 1983 pour son court-métrage d'animation *Tango*,

Zbig a créé son propre studio où il expérimente les dernières technologies offertes par le digital. « Sa bande démo était fabuleuse, et il avait également réalisé un clip pour les Pet Shop Boys que j'aimais beaucoup, se souvient Daho. Mais au final je n'aime pas tellement ce clip à cause de la fin, je pense qu'il m'a imaginé beaucoup plus jeune que je ne l'étais et du coup il a engagé une partenaire très jeune elle aussi qui donne un côté un peu trop teenage à cette chanson que je voyais au contraire comme un titre ombrageux. » Cela n'empêche pas le clip d'être diffusé à haute dose sur M6, la toute jeune chaîne musicale née des cendres de l'éphémère TV6. La multiplication en abyme des Daho que l'on voit dans la vidéo de *Bleu comme toi* préfigure sans le vouloir l'omniprésence du chanteur dans les mois qui viennent. Loin d'être retombée, la Dahomania a pris une autre ampleur qui interdit au chanteur d'envisager désormais de mettre un pied dans la rue sans risquer de provoquer un début d'émeute. Anne Claverie, qui occupe alors à plein temps la fonction de manageuse, va lui servir dans ces circonstances de paravent, de paratonnerre et, un peu abusivement, de filtre quasi infranchissable. Certains des vieux amis d'Étienne prennent ombrage de sa nouvelle condition de star inaccessible. Marie-Christine Éluard se souvient ainsi d'avoir dû passer en force le barrage Claverie à la fin d'un concert : « Pour quelqu'un comme moi qui connaissait Étienne depuis vingt ans, c'était juste pas envisageable de me plier à ces nouvelles règles. » La tension monte également entre Anne et Tony Krantz, cette dernière lui reprochant à son tour d'enfermer Étienne sous une cloche hermétique : « Au bout d'un moment, je ne passais plus par Anne car la moitié des messages ne lui étaient pas transmis. Il était complètement isolé, il ne fallait pas approcher l'idole, et il était réellement en train de passer à côté de quelque chose car des gens intéressants cherchaient à le joindre, des gens de cinéma, des personnes avec lesquelles il aurait pu faire des choses. »

Des gens, Étienne ne manque pas toutefois d'en rencontrer. Lors d'une émission de télé à la sortie de *Pour nos vies martiennes*, il chante en duo avec un illustre inconnu, Bill Pritchard, un jeune Anglais fan de Françoise Hardy dont ils reprennent ce jour-là *Je veux qu'il revienne*. Bill cultive depuis sa plus tendre enfance, dans le nord de l'Angleterre, une francophilie plutôt étonnante. Il connaît non seulement par cœur tout le répertoire d'Hardy mais également celui de Dutronc, de Gainsbourg, de France Gall et de bien d'autres. Son attrait pour la France l'a conduit à suivre des études à Bordeaux où il se produisait, vers 1985, dans certains cafés de la ville, armé d'un chapelet de chansons folk finement ouvragées et véritablement sublimées par une voix au soyeux unique. Toujours à l'affût des dernières nouveautés, Étienne a repéré les deux premiers albums que le jeune homme a publiés en rafale en 1986 et 1987 ainsi qu'un petit chef-d'œuvre écrit et chanté en duo avec Daniel Darc, l'ancien chanteur de Taxi Girl. Cet album sorti en cette année 1988 s'intitule *Parce que*, d'après une chanson de Charles Aznavour. Malgré son emploi du temps, Étienne va non seulement produire un 45 tours pour Daniel Darc, *La Ville*, mais aussi le prochain album de Bill, qui sort en 1989 sous le titre *Three Months, Three Weeks and Two Days*. Désormais c'est à lui de jouer les pères Noël, et de la même façon que Jacno lui avait présenté Hardy quelques années auparavant, c'est à son tour d'amener Françoise à chanter avec Pritchard sur le single *Tommy & Co*. Malgré la tournure forcément plus professionnelle et lourde à manier qu'a prise la machine Daho, Étienne ne veut pas abandonner l'esprit amateur qui l'anime depuis ses débuts, et maintenant que la lumière est braquée sur lui, il veut tout faire pour qu'elle rejaillisse sur ses amis restés dans l'ombre. Mercedes Audras, pour laquelle il écrit à l'époque *Placer del tiempo*, en sera l'une des bénéficiaires : « Il commençait à réaliser que ce qui lui arrivait dépassait toutes ses attentes et il flippait pas mal. Comme c'est quelqu'un de profondément généreux, de la même manière qu'il embarquait tout le monde avec lui en vacances il voulait nous amener sur ses tournées, produire les disques, écrire des chansons. » Au lieu d'aller se montrer aux côtés des nantis de la variété française, dont il faisait désormais partie contre son gré, Daho préférait alors cultiver l'esprit de bande et les petites entraides amicales. Avec Daniel Darc, malgré la réussite de *La Ville*, il regrette pourtant de ne pas pouvoir s'engager sur un album, car la prochaine tournée, baptisée *Tour martien*, s'annonce longue et usante. Elle débute le 12 janvier 1989, à quelques jours de son trente-troisième anniversaire, et s'étalera sur quatre mois avec un passage au prestigieux Marquee de Londres, histoire de rajouter un mythe à sa collection. Désormais la demande est si forte qu'Étienne doit accepter de renoncer aux salles moyennes pour investir les grandes halles de type palais des Sports, patinoires diverses et autres Zénith qui commencent à fleurir en province sur le modèle du bunker métallique de la porte de Pantin. Ce rapport intime au public, il le sacrifie au profit d'un autre genre d'expérience, pas moins enrichissant : la grande communion collective où les hurlements d'hystérie remplacent parfois les paroles et où le groupe doit désormais faire preuve d'une redoutable efficacité technique pour répondre aux exigences acoustiques de ces vastes lieux. C'est la raison pour laquelle Édith Fambuena, jugée trop jeune pour plonger dans un tel bain, sera recalée aux auditions des guitaristes alors que Jean-Louis Piérot réussit pour sa part l'examen et rejoint la troupe aux claviers. « J'étais parti avec lui à Bruxelles faire les claviers sur l'album de Bill Pritchard et Étienne m'a proposé de partir en tournée aussitôt après. J'avais 22 ans et un an plus tôt je me serais retrouvé sans doute dans le public, c'était complètement incroyable. À ce moment-là les Max Valentin n'existaient déjà plus et Les Valentins pas encore. On ne se voyait plus trop avec Édith, que j'ai retrouvée lorsqu'Étienne l'a finalement invitée à venir jouer sur la scène du Zénith les morceaux qu'elle avait composés sur l'album. » Un Zénith parisien où pendant sept soirées hystériques du mois de janvier, la Dahomania accède à une forme d'apothéose. L'album *Live Ed*, qui sortira à la fin de la même année, témoignera de cette ferveur. Un premier live pour Daho, ce chanteur qui moins de dix ans auparavant ne pouvait pas monter sur scène sans attraper le hoquet et désirer plus que toute autre chose disparaître sous les planches.

Envie d'ailleurs

(1990-1991)

C'est un autre mystère qui plane sans que personne ne cherche trop à en connaître les clés. Sur la plupart des productions récentes qu'il a réalisées pour son label Cupecoy, Étienne ne signe pas de son nom mais du pseudonyme Warren Dee. Cependant, au-delà de la coquetterie ou du désir de se mettre en retrait pour ne pas vampiriser ses poulains, cette identité de substitution dissimule un autre de ces brouillages de pistes dont Daho a jalonné sa biographie. Quoi qu'il en soit, après avoir réalisé deux albums en Angleterre, Étienne rêve d'Amérique, par désir d'espace, de nouveaux horizons, d'images pour nourrir les prochaines chansons. Au cours de l'année 1989 il embarque donc en compagnie du réalisateur Bertrand Fèvre pour une aventure américaine : un road movie en partie improvisé qui sortira en même temps que le *Live Ed* sous le joli titre *Tant pis pour l'Idaho*. Fèvre était déjà l'auteur en 1988 d'un film sur Chet Baker, *Chet's Romance*, qu'Étienne aimait beaucoup. Une équipe de tournage réduite et une belle bande de copains sont du voyage : Édith, Anne Claverie, Tox et aussi la photographe Frédérique Veysset qui immortalisera cette glorieuse épopée dans un livre publié en parallèle. Un live, un film, un livre, chez Virgin on ne lésine pas sur les moyens pour affiner encore l'image de Daho à l'abord d'une nouvelle décennie de tous les dangers. Parce qu'il incarne dans son absolue justesse « un chanteur des années 80 », il y a urgence à faire de Daho un chanteur intemporel, hors mode, et surtout quelqu'un capable d'utiliser tous les moyens d'expression contemporains pour affiner son propos et affirmer ses influences. À moins que le film de Fèvre, tourné en partie à El Paso et au Nouveau-Mexique, ait servi de manière inconsciente à conjurer l'expression « traversée du désert » ? *Tant pis pour l'Idaho* est une belle variation de cinquante minutes en noir et blanc qui rappelle vaguement *Stranger than Paradise* de Jim Jarmusch sorti quelques années plus tôt. Il renvoie évidemment à une Amérique qui n'existe le plus souvent que dans l'imaginaire de ceux qui ont écouté Dylan et vu les films de John Ford. Étienne y peaufine sa silhouette de cow-boy un peu myope, tandis que des images du *Tour martien* également filmées par Fèvre s'intercalent comme des flash-back sur une vie (déjà) antérieure. Bizarrement, le film préfigure aussi certains futurs chefs-d'œuvre aux atmosphères semblablement dilatées du réalisateur Gus Van Sant, qui tournera d'ailleurs peu de temps après son troisième film, intitulé *My Own Private Idaho*. Étienne profite également de l'occasion pour remettre en marche son juke-box personnel en truffant la bande-son de chansons de Chet Baker, d'Alan Vega ou des B-52's. À travers le *Chelsea Girl* de Nico, il rend également un dernier hommage à cette icône qui fut aussi une rencontre importante et qui a disparu dans un accident de vélo à Ibiza un an auparavant. Étienne s'en voudra longtemps de ne pas s'être réconcilié d'une brouille sans importance avec celle qui avait, à travers le premier album du Velvet Underground, changé sa destinée. *Tant pis pour l'Idaho* est aussi l'occasion d'un détour par Nashville où Daho retrouve Chris Isaac, un chanteur au physique presleyien et à voix de velours qui cartonne à l'époque et avec lequel il interprète en duo devant la caméra *Don't Leave Me this Way* de Ricky Nelson, histoire de boucler une nouvelle boucle obsessionnelle.

Après avoir coécrit avec Jacques Dutronc *Qui se soucie de nous* sur l'album *CQFD*, se profile une nouvelle collaboration. C'est son amie Céline Couturier, qui s'occupe du retour de Sylvie Vartan chez Universal, qui sollicite Étienne : « Dès la première rencontre, la sensation de familiarité avec Sylvie a été immédiate et j'ai accepté d'emblée de produire un single. » Étienne a le chic pour aller piocher dans les discographies les plus chancelantes la perle rare, le trésor caché, et c'est ainsi qu'il déterre l'excellent *Quand tu es là* (une version française de *The Game of Love* de Wayne Fontana & The Mindbenders) chanté à l'origine par Vartan en 1965. Il épaule également la chanteuse pour mettre en place son spectacle du palais des Sports l'année suivante mais leur collaboration en studio se cantonne à cet unique titre, qui reconnecta un moment Vartan avec la nouvelle génération. Plus longue et laborieuse sera l'aventure qui le conduit à produire le nouvel album de Lio, *Des fleurs pour un caméléon*, avec les mêmes musiciens qui avaient participé à *Pour nos vies martiennes*. L'ex-lolita qui lui donnait la réplique sur *Week-end à Rome* avait cassé la baraque entre-temps avec l'album *Pop Model*, en 1986, mais avait enchaîné sur un échec, *Cancan* (1988), qu'il s'agissait de rattraper. Une mission rendue impossible par la multiplication des intervenants et le manque d'implication de Lio, qui semble complètement à côté de chansons visiblement trop éthérées pour sa nature volcanique. Le premier single, une reprise du classique brésilien *The Girl from Ipanema*, immortalisé par Astrud

Gilberto, est un sommet d'anachronisme, avec sa rythmique trip-hop qui étouffe les voix, dont celle d'Étienne qui chante en outre toute la première moitié du morceau ! Le reste n'est pas beaucoup mieux et même les meilleures chansons (*Le Seul Cœur que je brise*) se retrouvent englouties sous des tonnes d'effets inutilement clinquants, mixage d'ailleurs désapprouvé par Daho, débarqué en fin d'album. « Nous avions tout pour faire un bon disque. L'envie, les musiciens, les chansons... Puis, d'un coup, tout est parti en vrille. Le studio dans lequel nous enregistrions a Londres a fait faillite et nous avons dû terminer ailleurs, dans un endroit aux écoutes peu fiables. De plus, la date de sortie de l'album fut avancée, ce qui nous a obligé à travailler sans répit et sans recul. Une fois à Paris, je me suis rendu compte que les mixes étaient ratés et j'ai voulu les refaire à mes frais, mais ils plaisaient à Lio. Elle vivait une romance avec l'ingénieur mixeur Roland Herrington, ce qui a eu pour conséquence de me mettre a l'écart du projet. Je n'ai donc pas pu terminer l'album selon ma vision et j'en éprouve un vrai regret. »

Seul le dernier morceau, un inédit de Daho intitulé *Les Voyages immobiles*, parvient à donner un peu de substance à cet album profondément désincarné qui se soldera, c'est le cas de le dire, par un échec retentissant à sa sortie en 1991. Mais Étienne a déjà la tête ailleurs. Les envies d'Amérique le taraudent à nouveau et c'est de l'autre côté de l'Atlantique qu'il entend enregistrer le prochain album. De cette « génération Daho » qui s'était élevée avec lui – une illusion d'optique plus qu'une réalité –, il ne reste plus grand-chose et le label Cupecoy a fait long feu. Robert Farrel n'a jamais confirmé les promesses des *Petits Boudins*, Mercedes Audras est partie suivre sa propre route et Les Valentins peinent à se détacher de l'ombre de leur mentor. Surtout, le paysage français du rock et de la pop s'est considérablement métamorphosé à l'orée de la nouvelle décennie. L'apparition de la Mano Negra et des Négresses Vertes, émanations joyeuses d'une scène alternative très vivace, l'arrivée en force des Bordelais Noir Désir et Gamine, le retour d'un chanteur maudit repositionné dans un univers assez voisin du sien, Jean-Louis Murat, toute cette agitation pousse Daho à renouveler en profondeur sa façon d'écrire et d'envisager sa musique. Continuer à vivre coincé dans la bulle *Pop Satori* ou en altitude « martienne » serait à l'évidence une erreur qui pourrait très vite le ramener sur terre. Pour se ressourcer, comme ce sera souvent le cas à partir de cette époque, il part pour l'étranger, en l'occurrence à Lisbonne afin d'y écrire de nouvelles chansons dans un contexte différent, sous ces climats ibériques auxquels il s'attache de plus en plus. Parti pour quelques jours, il y restera de longs mois, souvent seul face à cette nouvelle page blanche qui n'attend plus qu'à se remplir. La moisson va s'avérer conséquente, avec cette nouvelle contrainte que s'est imposée Étienne : écrire le disque dans l'ordre, comme un livre, afin d'y rajouter dans le déroulé même une certaine progression romanesque. Jusqu'ici, ses albums s'étaient construits par éléments rapportés, avec des chansons amenées souvent de l'extérieur qui s'enchâssaient aux siennes et constituaient une sorte de puzzle plus ou moins réussi. Ici, comme pour *Mythomane*, Étienne va choisir d'abolir la distance entre ses chansons et sa vie personnelle pour dessiner des correspondances encore plus étroites entre l'une et l'autre. Après les années d'intense activité qu'il vient de vivre, cette pause à l'écart du monde l'entraîne également à réécouter l'une des musiques qui l'a le plus marqué en tant qu'auditeur mais dont il n'a pas vraiment jusqu'ici tiré d'inspiration : la soul music. Et particulièrement les productions de la

Motown, celles des Supremes, de Smokey Robinson et surtout de Marvin Gaye. « J'ai toujours écouté Marvin Gaye mais à cette époque je n'écoutais quasiment plus que ça. C'est une musique qui a le pouvoir de me soigner dès que je traverse une période un peu turbulente. J'avais donc en tête cette idée d'un album aux colorations soul, avec des cuivres, un son très dense que je pensais pouvoir trouver à New York. » Lorsqu'il retourne à Paris au terme de sa retraite portugaise, Étienne a déjà écrit la plupart des chansons de l'album, qu'il commence à maquetter avec Les Valentins, Édith et Jean-Louis devenant au fil des jours ses partenaires privilégiés sur le nouveau projet. La fraîcheur de leur jeunesse associée à son expérience va créer un climat parfaitement tempéré où les chansons et la manière de les habiller coulent de source sans que le trio ne ressente le besoin de discuter des heures. Mais Jean-Louis Piérot le reconnaît volontiers, l'alchimie a d'abord et surtout fonctionné avec Édith Fambuena : « Le lien qui s'était créé entre eux était vraiment très fort, ils partageaient à l'évidence des choses que, sans jamais me sentir exclu, je ne pouvais pas partager. Ils n'ont jamais été ensemble mais ils fonctionnaient pas mal comme un couple. Comme Étienne avait très envie de guitare pour l'album, Édith était en plus la personne idéale. Je ne suis pas certain que Virgin voyait ça d'un très bon œil, ils auraient sans doute préféré qu'Étienne bosse à nouveau avec des pointures, alors que nous n'étions que des débutants qui n'avaient presque rien prouvé. » Entre fin 1990 et début 1991, quasiment tous les titres sont mis en boîte entre l'appartement d'Édith, rue de la Folie-Méricourt, et le studio Time. Mais Les Valentins, à cet instant, ne sont engagés que pour ce travail préparatoire, certes déjà assez élaboré, auquel doit succéder un enregistrement à New York dont le casting envisagé ne leur laissera a priori aucune chance. Étienne rêve notamment de travailler avec Nile Rodgers, le guitariste et producteur de Chic qui a acquis en plus de son groupe une réputation de Midas des studios avec ses productions pour Diana Ross, Duran Duran, Madonna et surtout David Bowie, devenu grâce à lui roi des dancefloors avec *Let's Dance*. Le son Rodgers, à mi-chemin de la soul et de la pop, pourrait en effet s'accorder aux nouvelles compositions. Pour Étienne, le déclic s'est produit lorsqu'il a entendu *Love Shack*, le single de 1989 d'un de ses groupes préférés, les B-52's. Malheureusement, Rodgers est engagé ailleurs et son emploi du temps ne bougera pas pour les beaux yeux d'un Français dont il n'a jamais entendu parler. Étienne, qui a embarqué Édith avec lui en ce début d'été 1991 pour cette chasse à l'homme providentiel, rencontre alors sur les conseils de Fabrice Nataf une autre fine lame prestigieuse, le guitariste (entre autres) de David Bowie, Carlos Alomar. Ironie de l'histoire, *Let's Dance* est le seul album de Bowie en quinze ans sur lequel Alomar n'a pas joué, car Nile Rodgers n'avait pas besoin de ses services puisqu'il assurait lui-même les guitares. Comme pour les deux albums précédents, les débuts de l'enregistrement vont tourner à la catastrophe. Les musiciens sont des requins de studio plus habitués à enchaîner les sessions en regardant la pendule qu'à s'investir dans un projet. Musicalement, l'horloge tourne certes à la perfection mais l'âme des chansons est restée à Paris. Jean-Louis Piérot les rejoint finalement, car si l'enregistrement va bien se poursuivre à New York, c'est sans la présence d'Alomar ni d'aucun autre producteur de prestige. « Nos maquettes étaient parfaites, se souvient Étienne. Tous les arrangements étaient pensés et précis. Il fallait reproduire ce que nous avions fait avec de bons musiciens. Carlos s'était mis en tête de tout réarranger et l'âme de mes chansons était en train de disparaître. Je me suis séparé de lui et cela m'a permis de comprendre qu'il fallait le produire nous-mêmes. » Étienne a donc décidé de produire l'album avec Édith, aidé de Tom Durack, ingénieur du son attitré de Nile Rodgers. Les musiciens recrutés sur place, dont une section de cuivres et de chœurs black pour la touche soul, parviennent à se fondre à merveille dans la matière des chansons. Seul Jean-Louis est frustré par l'expérience, car toutes ses parties de claviers sont rejouées à l'identique par un musicien plus réputé, Peter Scherer, si bien qu'il retourne à Paris sans avoir pu terminer l'aventure : « J'ai été assez agacé à ce moment-là. Je sais qu'Étienne aimait mes claviers car il voulait les conserver tels quels, mais je pense que Virgin a dû le pousser pour qu'il prenne quelqu'un de plus connu. J'ai moi-même participé au recrutement des musiciens, notamment de la paire rythmique, le batteur Thommy Price et le bassiste Kenny Aaronson, qui ont beaucoup contribué à l'assise de l'album. J'ai senti quand même une différence par rapport aux Français, je ne sais pas à quoi c'est dû, mais la touche qu'ils ont apportée a été essentielle, même si paradoxalement ça restait assez proche des maquettes. »

Au retour à Paris, l'album est mixé au studio Plus XXX avec Tom Durack, qui avait fait le voyage pour l'occasion, et un assistant nommé Étienne de Crécy, qui fera bientôt parler de lui en devenant l'un des défricheurs de la French Touch en compagnie d'un autre proche de Daho, Philippe Zdar, avec lequel il fonde Motorbass l'année suivante. La première séance d'écoute officielle de l'album terminé a lieu en Corse, là où tout avait commencé un an plus tôt lorsqu'Étienne avait composé *Un homme à la mer* alors qu'il était en vacances à Cargese chez Tony Krantz. Tout le staff de Virgin réuni sur l'île de Beauté est emballé dès la première écoute de *Paris ailleurs*, que chacun juge comme un cru exceptionnel d'un Daho presque remis à neuf. Tous sont notamment surpris par le morceau d'introduction, *Des attractions désastre* – dont le titre est un clin d'œil au Melody Nelson de Gainsbourg –, où le cœur scande le nom « Daho » avant que l'intéressé ne se lance dans une haletante course-poursuite avec lui-même, jalonnée d'indices autobiographiques à peine cryptés. Au détour d'une de ses phrases bousculées par la rythmique et les guitares funky, il fait même étal de son ouverture sexuelle – « Était-ce une quille ou un glaçon, va savoir... » –, ce qui n'est pas sans malice. Ce jeu de l'ego qui n'était pas vraiment son fort jusque-là, Étienne y a pris goût en écoutant les rappeurs, notamment MC Solaar et PM Dawn, qui pratiquent l'autocitation comme un tag, la signature de leur style. À ce générique tonitruant, qui est là une marque typiquement Daho – il l'a déjà utilisée sur *Pop Satori* –, succède un titre emblématique de l'album, *Saudade*, composé sous l'influence de Lisbonne à laquelle il déclare sa flamme, une flamme déjà tamisée par la mélancolie du départ. La saudade, ce sentiment typiquement portugais que la grande chanteuse Amalia Rodrigues définissait de la plus belle manière qui soit : « Une épine amère et douce. » Tout l'album, clairement dicté par l'amour fou et la crainte de sa perte, sera empreint de cette tristesse extatique, oxymore qui conditionne souvent les meilleures chansons de Daho, celles qui reposent sur un fil fragile où il aime à jouer aux funambules. Une impression confirmée au détour de *Comme un igloo*, le morceau le plus clairement soul de l'album – et l'un de ses plus gros tubes – qui évoque un « étrange influx, vertige ascensionnel qui pénètre mes sens et s'y diffuse jusqu'au ciel », suggérant un début d'expérience mystique. Laquelle est aussitôt tempérée par *Les Voyages immobiles*, le morceau de l'album de Lio que Daho se réapproprie et qui relie l'amour et la mort dans une même ronde. Une idée magnifiée lors de sa sortie en single par un clip de Michel Gondry qui cite abondamment le cinéma : David Lynch – la série *Twin Peaks* débarque au même moment sur les écrans français – et surtout le film maudit d'Henri-Georges Clouzot, *L'Enfer*, que le cinéaste favori de Daho n'avait pu achever en 1964 mais dont subsistent ces images ici reproduites de filles recouvertes de la Cellophane dont on emballe les fleurs. L'atmosphère volontiers enlevée de l'album, notamment grâce à la production très élaborée mais dépouillée d'effets inutiles, se révèle trompeuse lorsqu'on observe les textes à la loupe, car ils font partie des plus sombres jamais osés par Daho. Et pour reprendre un peu d'air, Étienne a ressorti un morceau méconnu et très malicieux de Françoise Hardy, *La Berlue*, datant de 1972. La berlue, Daho va l'avoir lorsque Virgin, pourtant convaincu par l'album, va vouloir intervenir pour bousculer des choix qu'il estime non négociables. La maison de disques déteste notamment la photo voulue par Daho pour la pochette, un portrait très cru et très charbonneux du photographe anglais Nick Knight, pourtant l'un des plus réputés au monde. Deux ans plus tôt, Knight a été élu meilleur jeune photographe de mode et il multiplie depuis les récompenses pour son travail autour des collections les plus prestigieuses, de Yamamoto à Saint Laurent. Contre l'avis général, qui estime que l'image représente un virage trop brutal par rapport au personnage d'Étienne dans lequel se reconnaît le public, Daho ne cède pas et impose cette vision de lui-même à la fois très charnelle, animale, qui rappelle le travail du peintre hyperréaliste Chuck Close, et subtilement idéalisée. Le fait aussi qu'il ait la peau noire sur la photo renvoie à la tonalité soul de l'album, à ce côté « Nègre blanc » qu'il n'est pas mécontent d'avoir pu mettre en valeur. L'autre discussion porte sur le choix du premier single. La maison de disques penche pour *Toi + moi*, une chanson du milieu de l'album qui a certes un certain charme immédiat mais qui représente un choix moins affirmé que celui d'Étienne, qui préfère *Saudade* pour porter l'album. Là encore, il obtient gain de cause et son intuition s'avère aussitôt payante puisqu'à la sortie de l'album, le 9 décembre 1991, le single tourne déjà sur toutes les radios. Étienne est fier d'avoir réussi à imposer à Virgin une chanson possédant une structure si inhabituelle, quasiment hypnotique, sans refrain apparent, mais qui met particulièrement en valeur la production torride et élégante qu'Édith et lui ont voulu pour l'album. Quatre autres singles seront extraits de *Paris ailleurs* – mais pas *Toi + moi*, premier choix finalement abandonné –, accompagnant plusieurs saisons durant cet album qui battra les records de *Pop Satori* et *Pour nos vies martiennes*, finissant certifié double platine avec six cent mille exemplaires vendus. Dans ce contexte pourtant parfois cruel de la musique en France, où certaines vedettes sont déboulonnées d'un album à l'autre, Daho vient d'accomplir un exploit historique : se renouveler artistiquement tout en conservant les faveurs de son public d'hier et en engrangeant de nouveaux adeptes. Dans les colonnes de *Télérama*, Anne-Marie Paquotte parle d'un album « énigmatique et ambitieux » même si la journaliste tempère l'enthousiasme général qui accompagne sa sortie. « Envolé le jeune homme léger, écrit-elle, en allé le dandy champagne. Le nouvel album de Daho tient plus des *Heures hindoues* que de *Week-end à Rome*. Il sonne moins délibérément séduisant, plus songeusement pop. *Paris ailleurs* est un peu, pour reprendre le titre de la nouvelle de Tabucchi et du film de Corneau, le *Nocture indien* du Rennais. On ne sait trop qui et ce qu'il recherche de ville en ville, de nuits au loin en voyages immobiles. Et ces mots, aveux obscurs, gardent jalousement son secret. Mais on sent le feu couver sous la soie… » Dans une interview accordée au magazine *Les Inrockuptibles* – qui défend sous ma plume fermement le disque –, Étienne livre à Emmanuel Tellier quelques confidences sur son état d'esprit bousculé au moment du dernier album : « J'essaie de me laisser porter par la chanson, de laisser sortir mes sentiments. Mon désespoir peut apparaître dans certaines chansons de l'album, comme *Zéro à l'infini*, car il faut parfois que ça sorte. Le danger, c'est de provoquer ce genre de pensées sombres et romantiques, de se complaire dans la grisaille, de jouer la carte de l'autoapitoiement. Je refuse cette complaisance, je préfère me mettre en situation de danger. C'est le seul moyen d'avancer. Je ne cultive pas l'autoapitoiement, je cultive la remise en question. » S'il avait pris parti jusqu'ici de déplomber ses chansons et ses interventions publiques de considérations trop « adultes », Daho estime avec raison qu'à 35 ans il est temps d'apparaître sous un autre visage que celui d'un éternel ado fêtard, au cœur léger et à l'âme un peu transparente. Les craintes émises par Virgin à propos de la pochette de *Paris ailleurs* se transforment au contraire en argument stratégique de choc. Daho a grandi, mûri, et il est prêt à affronter sur son propre terrain une nouvelle génération de chanteurs français qui n'hésiteront pas pour leur part à déballer leurs états d'âme. *La Fossette* de Dominique A, premier album minimaliste du point de vue des orchestrations mais maximaliste quant aux sentiments qu'il dévoile, va ainsi ouvrir une nouvelle brèche dans laquelle vont s'engouffrer nombre d'auteurs compositeurs issus d'un sérail plus underground. Plus tard, quelqu'un comme Miossec va également poser de nouveaux jalons en matière d'exhibitionnisme sentimental, mais Daho n'est pas étranger à leur vocation. *Paris ailleurs* reste à ce titre le disque de Daho qui possède la plus nette descendance. Jean-Louis Piérot pourra le constater lorsque Miossec lui demandera de réaliser son cinquième album, *1964* : « Je sais que pour lui, *Paris ailleurs* reste un disque important. C'est d'ailleurs grâce à ça qu'il a souhaité travailler avec moi. » Et de la même manière que *La Notte la notte* a fait office de déclencheur à toute une vague pop synthétique, *Paris ailleurs* servira de repère pour plusieurs générations d'artistes apparus après lui, de Autour de Lucie à Benjamin Biolay en passant par Julien Baer, Barbara Carlotti ou Pierre Bondu, pour n'en citer que quelques-uns.

Même si l'album est parfaitement adapté à la scène, reposant sur un socle classique basse-batterie-guitares-claviers, Étienne n'est pas résolu à repartir immédiatement sur les routes. Le *Tour martien* a laissé des traces encore douloureuses et un nouveau marathon risquerait d'avoir les mêmes effets, voire de les aggraver. D'autant qu'en raison du succès colossal de l'album, dont une sortie internationale est envisagée dans une quinzaine de pays, la tournée prévue risque de s'avérer particulièrement longue et épuisante. Étienne s'offre quelques vacances et réfléchit surtout à un projet qui lui tourne dans la tête depuis un an. Les ravages du sida apportent chaque jour un lot de désolations et d'impuissances, de la part du corps médical comme du côté des pouvoirs publics. Le nombre de personnes séropositives augmente de plusieurs milliers chaque année en France depuis la découverte du virus en 1983 et les morts se comptent désormais en dizaines de millions à travers le monde. Longtemps présenté comme le « cancer gay », le sida a fait l'objet de toutes les interprétations fantaisistes et son mode de transmission a occasionné des débats parfois honteux chez les politiques, certains persistant à ne traiter ce fléau qu'au travers de statistiques communautaires. Étienne Daho s'est toujours pour sa part tenu à l'écart des grandes œuvres humanitaires médiatiques, préférant donner de l'argent ou de son temps à des causes plus discrètes que celles qui passent nécessairement par le sacro-saint tube cathodique. Son vieux réflexe de solitaire l'a toujours retenu d'apparaître dans le troupeau des bêlants de la variété, quitte à passer pour un égoïste auprès de ceux qui se croient plus généreux parce qu'ils ont une caméra braquée sur eux. Face au drame du sida, qui le touche particulièrement à travers le décès de plusieurs proches, Daho décide toutefois de monter au créneau et d'engager derrière lui d'autres artistes sur un disque collectif : « Je suis issu d'une génération qui a vraiment fait n'importe quoi en matière de sexualité débridée et de drogues. Pour être passé à travers les mailles du filet, je me considérais comme un miraculé, et j'éprouvais surtout un grand besoin de solidarité et d'action. » Il espère toutefois donner au projet une véritable valeur artistique, préoccupation souvent très secondaire dans ce type de disques. Au départ il songe à un album de reprises de Gainsbourg, disparu le 2 mars 1991 et dont il se console mal du départ. Il a même l'idée d'un titre, assez osé vu le sujet : *Mon amour baiser*. Une chanson écrite par Gainsbourg pour Jane Birkin qui figure sur l'album *Di doo dah* en 1973 et reprise en duo par Étienne et Jane en 2001. Pourtant, malgré la qualité et la pertinence de l'exercice proposé, et aussi de la cause à défendre, les artistes contactés font pour la plupart la sourde oreille. Est-ce à cause du sida, sujet encore trop clivant, qui pousse certains artistes à ce repli frileux ? Est-ce la figure imposée de Gainsbourg qui intimide, ou peut-être rebute, certains d'entre eux ? Est-ce le nom du commanditaire, ce

Daho qui a toujours répondu absent à ce type de demandes, qui incite les autres à prendre sournoisement leur revanche ? Est-ce encore que certains des légataires du catalogue Gainsbourg rechignent à voir son nom associé au sida ? En tout cas, le projet en l'état ne verra pas le jour. Daho n'étant pas vraiment du genre à renoncer, il allège considérablement le cahier des charges en proposant aux artistes contactés de reprendre le morceau de leur choix mais en version acoustique. Si l'accueil demeure assez tiède au départ, c'est grâce à Patrick Bruel, croisé sur un plateau télé, que les choses vont enfin se décanter. À l'époque, la Bruelmania bat son plein dans le cœur d'artichaut des midinettes, et l'interprète de *Casser la voix* peut à lui seul retourner comme au poker toute une partie du collège des officiels de la variété. Pour que l'action se déroule dans la plus grande transparence possible et que l'intégralité des fonds puisse être reversée à la recherche et aux malades, il mandate Virgin pour s'occuper du bon déroulé des opérations. Et malgré les difficultés de sa mise en place, le projet baptisé *Urgence* reçoit des contributions au-delà du nombre espéré. Ce sera finalement un double album riche de vingt-sept chansons, un grand brassage œcuménique où se croisent des gens aussi divers qu'Alain Bashung (pour sa reprise historique des *Mots bleus* de Christophe) et Mylène Farmer, La Mano Negra et Julien Clerc, Les Garçons Bouchers et Jane Birkin. Sur l'album qui doit sortir au mois d'avril 1992, Liane Foly reprend à sa sauce jazzy *Des heures hindoues*. Quant à Étienne, il profite de l'occasion pour reprendre une chanson d'une artiste injustement underground dont il admire le talent et qu'il parviendra à faire signer chez Virgin tout en relançant sa carrière.

L'indescriptible, l'insaisissable, la libertaire Brigitte Fontaine.

Dommage que tu sois mort

(1992-1995)

À la différence des chanteuses avec lesquelles Daho a déjà travaillé, Brigitte Fontaine n'appartient ni de près ni de loin à cette sphère glamour des sixties dont il s'est fait au fil des années l'ambassadeur. À choisir, on la situerait plus près de Nico et Marianne Faithfull, ces autres créatures féminines épinglées comme des papillons de nuit sur sa mémoire. Mais Brigitte est indiscutablement ailleurs, à part, hors des champs balisés, et si à cette époque elle est à peu près oubliée de tous, l'histoire de la musique en France lui doit certains de ses plus beaux dérapages, de ses grandes transgressions, de ses moments haut perchés. Elle et Jacques Higelin, dans ce concubinage fameux dont l'audacieuse liberté préfaça les secousses de 68, avaient déjà séparé leurs chemins lorsque Brigitte publia, en 1968 justement, cet album qui compte parmi les chefs-d'œuvre de la chanson pop hexagonale – et qui dépasse largement ce cadre étroit. Ce disque, intitulé *Brigitte Fontaine est folle*, bénéficia alors des arrangements graves et somptueux de Jean-Claude Vannier, futur maître d'œuvre de *L'Histoire de Melody Nelson* de Gainsbourg. Dans le projet *Urgence*, le choix des chansons reprises n'est pas anodin puisque la plupart d'entre elles évoquent plus ou moins frontalement les liens d'Éros et de Thanatos, de l'amour et de la mort, que l'apparition du sida avait cruellement renforcés. Étienne choisit donc de reprendre cette chanson de Brigitte Fontaine intitulée *Dommage que tu sois mort*. Une mélodie à l'inouïe élégance, sur laquelle certaines strophes paraissent venir se poser comme des baisers empoisonnés :

Je t'aurais bien invité
À prendre un canon dehors
Je t'aurais bien invité
Dommage que tu sois mort

Je t'aurais montré le soir
Quand le ciel est vert encore
Quand le sol est déjà noir
Dommage que tu sois mort

J'aurais bien su te parler
De la beauté du décor
De la chaleur des rochers
Comment peut-on être mort ?

Étienne Daho, en s'appropriant ces mots, ne sait pas encore qu'ils auront bientôt une résonance macabre sur sa propre histoire. Il retient surtout de la chanson son aspect humoristique, qui désamorce toute forme de solennité et opte pour cette « politesse du désespoir » dont Brigitte Fontaine incarne la muse absolue. À la sortie de l'album *Urgence* en avril, ce mois des farces désolantes, on entend pourtant çà et là des perfidies qui émanent de ce cercle souvent vicieux du show-business. Si Daho a diligenté cette œuvre de bienfaisance en faveur de la lutte contre le sida, c'est sans doute parce qu'il est concerné au premier chef par le problème. Il n'y a pas de fumée sans feu, ma bonne dame. Il n'y a surtout rien d'envisageable, comme acte gratuit, sans que d'odieuses concierges n'empruntent l'escalier lugubre de la rumeur malfaisante. Heureusement, comme il est occupé à préparer sa prochaine tournée, ces bruits de latrines ne parviennent pas jusqu'aux oreilles de Daho. Les Valentins, Édith et Jean-Louis, ont l'intention de se consacrer à l'écriture et à l'enregistrement de leur second album et déclinent au départ l'invitation d'Étienne de l'accompagner sur scène. Les musiciens américains étant retournés à leurs occupations de studio, il ne reste plus de l'aventure *Paris ailleurs* que Tox, le guitariste, et Marcel Aubé, alias Mars, bassiste déjà présent sur la précédente tournée et sur certains titres du dernier album. Édith accepte toutefois de participer aux auditions des autres musiciens, comme elle l'avait déjà fait à New York, et cette fois les « talent scouts » se rendent en Écosse pour recruter ces nouveaux venus, qui ne doivent pas seulement s'adapter aux chansons du Français mais également montrer suffisamment de qualités humaines pour qu'Étienne et les autres acceptent de passer plusieurs mois à leurs côtés, dans une proximité qui peut s'avérer explosive si le courant ne passe pas. Malgré les bonnes touches écossaises, aucun d'entre eux ne sera disponible pour la tournée qui démarre aux premiers jours d'octobre 1992. Finalement, les deux Valentins acceptent de rempiler pour un tour et de mettre leur propre carrière entre de nouvelles parenthèses « daholiennes », embarquant au passage leur batteur anglais, Stephen Irvine. Ils ne le regretteront pas car ce *Tour de Paris et d'ailleurs* est à l'image du succès de l'album : phénoménal. Les salles sont combles de Laval à Lausanne, d'octobre à décembre, avec en point d'orgue ces quatre Zénith parisiens auxquels répondent deux soirées à l'Olympia, les 13 et 14 décembre, car Étienne n'a pas voulu frustrer ses fans parisiens d'une atmosphère (relativement) plus intimiste. Particulièrement profilé pour la scène, *Paris ailleurs* constitue l'épine dorsale de la setlist, avec toutefois de larges extraits de *Pop Satori*, réadaptés en version plus rock, ou de *Pour nos vies martiennes*. Au milieu du concert, Étienne a réservé une petite surprise au public. Au lieu de reprendre le Velvet ou Syd Barrett comme lors des tournées précédentes, il se lance dans une version d'un classique du patrimoine français, *Mon manège à moi*, chanson de Jean Constantin et Norbert Glanzberg popularisée par Édith Piaf en 1958. La version studio du titre figure sur une compilation sortie pendant l'année, *Ma grand-mère est une rockeuse*, constituée de reprises de Piaf et de Fréhel, les deux sœurs maudites de la chanson réaliste. C'est François Hadji-Lazaro, l'imposant leader des Garçons Bouchers et de Pigalle, qui a sollicité Étienne pour cet exercice pas si à contre-emploi que le public de Daho ne l'imagine. Il ignore sans doute qu'Étienne a passé une partie de son enfance dans ce Pigalle haut en couleur des putes et des macs. Daho n'est pas pour autant un familier du répertoire de Piaf, et c'est son vieux complice Patrick Péan, qui seconde désormais Anne Claverie en tant que manager, qui lui en a fait découvrir les beautés. Quant à la connexion encore plus improbable avec l'ogre des Garçons Bouchers, dont la musique se situe à l'opposé de celle d'Étienne sur l'échiquier du rock français, elle a eu lieu sur une idée de *Rock&Folk*, le magazine ayant proposé aux deux chanteurs de partager une couverture et une interview en mars 1989. Sur la photo, Étienne et François posent avec des gants de boxe pour signifier un combat de poids lourds/légers, rock alternatif contre variété pop, bière contre champagne, accordéon punk contre synthés, mais tous les clichés voleront en éclats lors de la rencontre. « Je pense que François

Hadji-Lazaro était venu avec l'intention de m'asticoter un peu, le vieux débat éculé sur les vendus de la pop et les puristes indés, ce qui était une bonne idée de couve, mais qui dans la réalité est bien évidemment moins manichéen. Il avait amené une bouteille de vin, en signe de convivialité, et ça s'est très bien passé. C'était une bonne rencontre et une séance photo marrante. Il était dans son rôle, moi dans le mien. J'étais supposé me défendre, mais c'était comme un jeu. J'étais très content de faire ce que j'aimais et je n'avais pas de problème avec le fait que ça vende. Pour moi, on ne pouvait pas reprocher à Dutronc, Polnareff, Hardy ou Gainsbourg d'avoir vendu beaucoup de disques, au contraire, on devait même leur être redevable d'avoir su rester de telles personnalités et d'avoir gardé une telle attitude tout en étant populaires. Ce qui est drôle, c'est que c'est François qui m'a permis d'avoir encore un gros tube avec *Mon manège à moi*. Heureusement, François Hadji-Lazaro n'est pas un garçon bouché. »

La partie française du *Tour de Paris et d'ailleurs* étant bouclée, une autre aventure un peu plus épineuse attend Daho et ses musiciens à partir de mars 1993 : The *Paris ailleurs* tours. En anglais dans le texte car pour la première fois Étienne se lance à l'assaut du public international, dans les nombreux pays étrangers où l'accueil de l'album a été plutôt enthousiaste, même si rien n'est gagné à l'avance. Ce nouveau marathon de vingt-cinq dates va occuper une grande partie de son emploi du temps jusqu'à l'été, où il doit revenir en France pour une unique date aux Francofolies de La Rochelle le 17 juillet. L'ambiance est toujours au beau fixe au sein du groupe, qui tourne désormais comme une horloge, mais dès la première étape de ce tour du monde qui les amène au

Canada, quelque chose apparaît chez Étienne qui ressemble à un coup de déprime. Alors qu'une grande fête est organisée en son honneur à Québec, il quitte à peine sa chambre d'hôtel pour venir saluer les invités mais remonte aussitôt, n'ayant visiblement pas la tête aux relations publiques. *Idem* à Tokyo où il s'échappe et demande à Édith de le remplacer et de prononcer son discours à sa place. Le malaise, qui ne sera jamais perceptible sur scène, s'approfondit à mesure qu'avance cette tournée sans doute trop ambitieuse et surtout trop dense et dévorante physiquement. Le post-partum bluesy qu'Étienne a connu après le *Satori Tour* n'était qu'un avant-goût extrêmement léger de ce qu'il va traverser cette fois-ci. « Mon problème récurrent après chaque album et chaque tournée, c'est que je me donne toujours à fond, sans me ménager, et lorsque les signaux d'alarme du surmenage sont là, il est déjà trop tard. Entre les prods, l'écriture, la préparation, l'enregistrement de l'album et les deux tournées, j'ai passé presque quatre ans sans break. J'étais complètement vidé, épuisé nerveusement comme chaque fois qu'un disque connaît un succès aussi important. Je n'aurais pas dû accepter cette tournée à l'étranger aussi vite, j'aurais dû imposer deux mois de break supplémentaires. Mon entourage n'a pas voulu voir l'état de délabrement dans lequel je me trouvais. J'étais en plein surmenage et il fallait pourtant enchaîner la promo dans la journée, le concert le soir et l'avion le lendemain. Je me suis vite retrouvé dans un état de prostration, à me demander si j'allais réussir à monter sur scène. Je ne mangeais plus, carburant à l'alcool et aux cachetons que j'avalais comme des bonbons, je dormais mal et j'ai commencé à développer une phobie de l'avion qui a alourdi encore un peu plus les choses. » Étienne est phobique de nature. Pendant longtemps il a raconté à ses proches qu'il avait pour angoisse de s'étouffer : « Un jour, au début de notre collaboration, se souvient en rigolant Fabrice Nataf, on a acheté à l'aéroport un journal qui recensait les plus grandes phobies des Français, et on s'est rendu compte en le lisant qu'on les avait presque toutes ! On déconnait avec ça mais Étienne, au fond de lui, était assez sérieux. » La phobie de l'avion, même s'il s'agissait sans doute d'un transfert d'angoisses bien plus profondes, va devenir une source de complications supplémentaires au cours de la tournée. Étienne recommence à boire pour supporter les trajets, et la fatigue accumulée à l'alcool élargit encore le gouffre vers lequel il avance sans encore en mesurer la profondeur. Au cours d'une étape à Los Angeles, alors qu'il réside au Château-Marmont, célèbre hôtel de Sunset Boulevard où s'est construite une partie de la mythologie rock la plus noire, Étienne se retrouve un moment en proie aux étranges vibrations locales : « Pour la première fois j'ai eu l'impression physique que j'allais mourir. Je me suis vu pendant quelques secondes passer par la fenêtre. Heureusement, Patrick Péan était à mes côtés pendant ce séjour. Lui a vraiment compris ce qui se passait et il m'a quasiment obligé à aller voir un thérapeute dès le retour sur Paris. » Les tranquillisants et l'alcool l'aident à terminer la tournée dans une espèce de brouillard qui l'isole peu à peu du reste de la troupe. Les musiciens notamment se rendent compte peu à peu que quelque chose ne tourne pas rond et Daho n'est pas le dernier à se morfondre de cette situation de déliquescence qui commence à altérer l'ambiance au sein du groupe. Le final des Francofolies de La Rochelle où il partage l'affiche avec Jacques Dutronc devant vingt mille personnes est vécu comme un calvaire : « J'ai passé la journée allongé par terre dans ma chambre d'hôtel en me répétant : "Je n'y arriverai pas." J'étais paralysé par la peur de ne pas être à la hauteur de ce que l'on attendait de moi. Je sortais d'un album qui avait été un triomphe, il y avait une attente incroyable autour de ce concert et moi j'étais rongé par mes angoisses sans vraiment pouvoir l'exprimer. Heureusement, comme toujours, une fois sur scène je me suis senti porté par la bonne énergie qu'envoyait le public et ça a été un carton. » Un autre événement survenu dans l'intervalle aura pesé de tout son poids dans le dérèglement soudain de cette balance psycho-physiologique. Étienne Daho, le père, est mort en 1991. « Cette disparition, forcément, a eu l'effet d'une bombe à retardement. J'avais mis cela de côté, je me disais qu'un jour viendrait où l'on pourrait enfin régler cette histoire tous les deux, qu'il fallait laisser faire le temps. J'ignorais qu'il était malade, je ne l'ai appris que lorsqu'il est mort. Je ne savais que faire, mais ma mère m'a une fois de plus étonné en me conseillant d'aller à ses obsèques, sous peine de le regretter, et que c'était un acte de pardon. J'y suis donc allé en taxi avec deux amis proches et une fois sur place, j'ai rebroussé chemin et chose qui n'arrive jamais, sur la route du retour, le taxi est tombé en panne sur l'autoroute dans un virage et nous avons mis des heures à rentrer à Paris. Je me disais que la justice divine commençait déjà à me frapper. » Paradoxe de cette situation d'urgence, pendant qu'Étienne se débat en eaux troubles, en surface les affaires tournent comme jamais. Un album live des concerts de l'Olympia est dans les bacs tandis que la reprise de *Mon manège à moi*, sortie en single après avoir été plébiscitée tout au long de la tournée, remporte un succès sans précédent. Plutôt habitué à vendre des albums, Étienne s'offre ici un véritable tube comme du temps de *Tombé pour la France*. Pourtant, ce nouvel hymne à l'amour et à la vie est bien loin de la réalité. Sur les conseils de Péan, Étienne, qui cumule une rupture et la perte de son père, entame donc une analyse tout en suivant en parallèle les préceptes d'un naturopathe pour son équilibre général et des séances d'hypnoses pour décrocher (avec succès) des tranquillisants, de l'alcool et des trois paquets de cigarettes qu'il fume par jour. Une lente reconstruction qui passe également par un nouveau départ pour Londres, refuge obligatoire pour celui qui supporte de moins en moins le regard intrusif des autres et vit avec une difficulté nouvelle son statut de vedette. « Mon inconscient avait fermé pas mal de portes qui commençaient à s'entrouvrir grâce à la psychanalyse. Certaines personnes autour de moi craignaient même que je ne puisse plus écrire de chansons après ça. Tout s'est passé tellement vite pour moi que je n'avais jamais pris le temps de me retourner : j'étais passé directement d'un état de quasi-autiste à celui de quelqu'un de connu sans avoir les armes de défense pour encaisser les coups. Je travaillais entouré de gens que je connaissais depuis longtemps, tous mes managers étaient mes potes, on a tous appris le métier ensemble. Mais au bout d'un moment, j'avais la sensation d'être devenu une machine. Quand tu as du succès, tu perds complètement le sens des réalités, tu n'as plus accès à rien, on s'occupe de toi comme si tu étais un enfant malade. Tu n'as plus à commander un taxi, à décrocher un téléphone, tu ne sais plus réserver un billet d'avion, il y a quelqu'un qui est payé pour le faire à ta place. Même si c'est fait avec de bonnes intentions, en voulant te protéger, on envahit ta vie en créant un monde rassurant et c'est le cas de beaucoup d'artistes, car la situation l'impose. Anne et Patrick, qui habitaient chez moi, étaient peu à peu devenus, avec mes encouragements à cela je suppose, des parents de substitution. J'ai décidé de reprendre une saine autonomie que je redoutais au départ, mais qui a été salutaire pour tout le monde. » Étienne part ainsi seul pour Londres dans le but de se désaccoutumer de Daho et de retrouver les sensations du jeune adolescent qui passait ses étés dans la capitale anglaise à la recherche du dernier son en vogue, du dernier club où sortir. Il n'a pas de projet d'album, rien qui ne l'oblige à se replonger immédiatement dans un travail d'écriture, même si les sollicitations ne manquent pas en France. Il a ainsi prévu, à leur demande, de produire deux nouveaux disques : celui de Brigitte Fontaine et celui de Jacno. Sa griffe de producteur, encore un peu plus affirmée avec *Paris ailleurs*, est désormais précieuse et peut apparaître comme une bouée de sauvetage pour certaines carrières à la dérive. C'est en partie pour ça que Jacno, qui n'a pas rencontré de succès depuis la fin du duo qu'il formait avec Elli, en appelle à Étienne, comme un renvoi d'ascenseur de l'époque *Mythomane* que Daho accepte avec plaisir. Il sait cependant que le travail avec Denis sera long et que sa santé encore précaire risque d'en subir les conséquences, mais il accepte néanmoins de coréaliser *Faux Témoin*, qui sortira en 1995 et sera salué par beaucoup comme l'album de la résurrection de Jacno : « J'aurais pu produire cet album moi-même comme je l'avais fait jusque-là, affirme Jacno. Mais je savais qu'Étienne m'apporterait ce que j'aurais eu du mal à me convaincre de faire tout seul, par exemple chanter vraiment. C'est le premier disque où je chante au lieu de parler comme Gainsbourg. Un médecin qui est malade va souvent consulter un autre médecin, c'est ce que j'ai fait en appelant Étienne. » Depuis la disparition tragique de sa compagne, Pauline Lafont, au cours de l'été 1988, Jacno demeure dans un état d'éternelle convalescence dont la douleur persistante résonne encore sur ce disque moins frivole qu'il n'y paraît. Avec Brigitte Fontaine, Daho se lance dans une autre de ces entreprises de remise en lumière des artistes qui ont compté pour lui. « Il était fan de moi, déclame avec son célèbre phrasé de tragédienne l'intéressée. Moi, je savais vaguement qui il était mais j'ai appris à le connaître plus tard, et à apprécier sa musique en conséquence. Je me suis rendu compte aussi que nos univers n'étaient pas si éloignés, même si je suis indéniablement plus rock que lui. Ce qui m'a plu chez lui, c'est avant tout son intuition, je crois qu'il est un peu devin aussi, je suis sensible à ça. » Daho enchérit : « Pour moi c'est tout simplement l'une des artistes les plus importantes en France. Tous les gens qui aiment la musique possèdent ses albums *Brigitte Fontaine est folle* et *Comme à la radio*. Je l'avais vue sur scène à Rennes et j'avais été séduit, pour moi elle incarnait la liberté absolue et la drôlerie. J'ai provoqué notre rencontre en l'invitant dans une émission de radio que me consacrait Alain Maneval. Les choses se sont passées très vite entre nous. Mais je crois que je suis beaucoup plus dingue que les gens ne le pensent et qu'elle est beaucoup plus raisonnable qu'on ne l'imagine. Il y a un truc inexplicable entre nous. Je comprends ce qu'elle me dit et elle comprend ce que je lui dis. On a une espèce de langage commun. Lorsqu'elle m'a demandé de réaliser son album, j'ai accepté tout de suite. » Pour s'apprivoiser l'un l'autre, ils commencent par enregistrer une nouvelle version de *Comme à la radio*, un titre particulièrement incendiaire que Brigitte avait coulé dans le vinyle en 1970 avec l'Art Ensemble of Chicago, l'une des grandes factions du free-jazz de l'époque. Sous la patte de Daho, la chanson prend une forme plus docile mais le résultat plaît suffisamment à Brigitte et à son compagnon Areski Belkacem pour envisager la poursuite de cette association le temps de trois autres morceaux. Avec *Genre humain*, qui sortira comme l'album de Jacno en 1995, Fontaine revient sous les projecteurs et son personnage de belle extravagante séduit à nouveau les médias, qui l'accueillent comme si elle avait toujours fait partie du cirque, alors qu'elle en fut longtemps tenue à l'écart. Arnold Turboust et Les Valentins, soit les plus proches collaborateurs d'Étienne depuis une dizaine d'années, ont également pris part à ce disque qui rencontrera un beau succès d'estime, s'écoulant à quarante mille exemplaires.

Ramené régulièrement en France par ses divers projets – au cours de la même période il a écrit, à la demande de Peter Greenaway pour son film *The Pillow Book*, un texte pour Guesh Patti, la célèbre interprète d'*Étienne Étienne*, morceau qui ne lui est toutefois pas destiné –, Daho n'en reste pas moins un Londonien d'adoption. Il a laissé sa maison de Montmartre en travaux pour prendre un petit appartement donnant sur Covent Garden. Il a apporté avec lui le strict nécessaire, quelques livres et des disques. Il s'adonne désormais au sport régulièrement et profite intensément de cet anonymat et de sa liberté de mouvement retrouvée. Jusqu'à un certain jour du mois d'avril 1994 où le ciel lui dégringole sur la tête. Depuis la sortie d'*Urgence* et ces perfidies qui le prétendaient atteint du sida, la rumeur a grandi en sourdine pour finalement remonter des égouts avec la puissance d'une gerbe de pétrole. Depuis Londres, Étienne apprend qu'en France plusieurs personnes font courir le bruit de son décès alors que d'autres, à peine plus prudentes et aussi bien informées, prétendent qu'il ne lui reste que quelques semaines à vivre. Sida, phase terminale. Après s'en être amusé au départ, Daho commence à trouver la plaisanterie d'un goût de plus en plus douteux. Surtout lorsque ses amis lui téléphonent pour prendre de ses nouvelles et donnent parfois l'impression de ne pas le croire lorsqu'il leur dit que tout va bien. Apparemment, la rumeur est partie de Rennes, où un garçon lui ressemblant vaguement et qui se trouvait habiter dans le même immeuble que sa mère a été admis en soins intensifs à l'hôpital de la ville. Une infirmière va même jusqu'à alerter le « téléphone rouge » d'Europe 1 pour annoncer le « scoop ». Heureusement que Jean-Pierre Elkabbach n'était pas encore le patron à cette époque. Les scénaristes diaboliques de cette sinistre farce ne manquent pas d'aplomb, allant jusqu'à avancer que Daho s'est fait admettre sous une fausse identité dans ce département où l'on soigne les malades du sida. Le hasard se mêle aussi à la confusion ambiante puisque Philippe Ferchat, son ami des années de sixième, dont il a perdu le contact à l'époque, consulte au même moment dans le service d'où est partie la rumeur. Il est séropositif, son compagnon est mort du sida quelques années plus tôt, et Ferchat prétend qu'on l'a confondu plusieurs fois avec Étienne sans savoir les liens qui les unissaient. Pour lui, il ne fait aucun doute que son histoire a interféré involontairement avec celle de son ex-camarade de jeux du jeudi. D'autres personnes qui connaissent bien la scène rennaise n'hésitent pas quant à elles à accuser une « figure locale », visiblement jalouse du succès de l'ancien disquaire devenu star, et qui aurait tout manigancé pour le seul plaisir de nuire. Et c'est réussi ! Daho est sidéré, surtout lorsqu'il se rend compte que des photographes ont traversé la Manche et se postent désormais non loin de son appartement pour tenter de récolter un précieux cliché du chanteur moribond. Et lorsqu'il retourne en France, l'effet ressenti est pire encore : « Dès l'aéroport je sentais comme un malaise. Si j'entrais dans un restaurant, les gens se taisaient, c'était dément. Lorsque j'étais chez moi, il y avait des gens qui sonnaient toute la nuit à ma porte, et si j'avais le malheur de regarder par la fenêtre, il y en avait qui me photographiaient et partaient en trombe en voiture. Il y avait également des photographes postés en bas de chez ma mère à Rennes, c'était surréaliste. Personne n'a toutefois pris le risque de publier des photos, sans doute parce qu'elles étaient trop banales. » Harcelé au point d'être contraint de quitter son domicile, Étienne descend lorsqu'il est à Paris à l'Hôtel Castille, situé à deux pas du musée du Louvre, dans le 1er arrondissement. C'est là que ses amis viennent lui rendre des visites discrètes et repartent inquiets des conséquences ravageuses que cette rumeur commence à avoir sur le moral d'Étienne. Certains lui conseillent d'accepter une invitation à la télé comme l'avait fait avant lui Isabelle Adjani, lorsqu'elle fut confrontée à la même situation en 1987. « J'étais complètement opposé à l'idée d'être contraint de montrer mon bulletin de santé à la télé. C'était inacceptable vis-à-vis des malades qui avaient inspiré le projet *Urgence*. Je trouvais indécent de dire : “Salut, tout va bien” et j'ai préféré laisser traîner cette rumeur. Je ne sais pas d'ailleurs si ça a été une bonne idée, car cette connerie m'a poursuivi pendant des années. » Heureusement, il reste l'échappatoire de Londres, où les filatures devant son appartement ont cessé et où Étienne peut retrouver une vie à peu près normale, le moral toutefois largement entaillé par cette sale histoire. C'est pourtant au cours d'un séjour parisien qu'il va rencontrer les Anglais qui vont l'aider à sortir de cette nasse glauque par le haut. Saint Étienne, un groupe pop formé par Bob Stanley et Pete Wiggs, s'est fait connaître au début de la décennie 90 avec une reprise espiègle d'un classique de Neil Young, *Only Love Can Break Your Heart*, sur lequel figurait une chanteuse qui laissa ensuite sa place à Sarah Cracknell. Grand amateur de Françoise Hardy, de Gainsbourg et des sixties françaises en général, le trio a tout pour s'entendre avec Étienne, jusqu'à cet improbable nom de groupe qu'ils se sont choisi en référence lointaine aux exploits seventies de l'ASSE. Étienne va donc un soir voir Saint Étienne en concert à Paris, et les présentations sont faites aussitôt le show des Anglais terminé. Comme Daho vit à Londres, ils prévoient de se revoir là-bas pour aller ensemble chez les disquaires où se dénichent ces pépites rares dont ils sont tous à la recherche. Ils sortiront sans doute également en club, où Bob Stanley notamment officie comme DJ pour des sets particulièrement enlevés, truffés de « rare grooves » et courus du Tout-Londres. Il sera aussi question d'une collaboration musicale dont le nom de code s'impose de lui-même : Saint Étienne Daho. Depuis l'Entente cordiale sous Louis-Philippe, dans les années 1840, aucun geste n'avait été plus profitable à l'amitié franco-britannique. Lorsqu'ils se revoient à Londres, c'est Bob Stanley qui dégaine le premier en apportant la musique d'une chanson qui, sur un texte et une mélodie d'Étienne, deviendra *Le Baiser français*. « À partir de là, nous avons envisagé un disque en commun. Moi je reprenais leurs morceaux et eux les miens. » Saint Étienne jette son dévolu sur *Week-end à Rome*, d'abord rebaptisé *Accident* puis *He's on the Phone* lors de sa sortie en single, dans une version technoïde qui casse la baraque dans l'Europe entière mais passe complètement inaperçue en France. Le projet Saint Étienne Daho aura finalement la forme d'un EP 5 titres dont le premier morceau dure moins d'une minute mais donne son nom à l'ensemble : *Reserection*. Étienne est assez fier de sa trouvaille, qui exorcise de façon humoristique cette histoire de « fausse mort » et y rajoute une petite pointe de défiance à travers le mot-valise accolant « résurrection » et « érection » sur le mode « Daho n'est pas mort, il bande encore ». Derrière le très beau texte de *Reserection* s'élèvent les cordes orgueilleuses de David Whitaker, dont la rencontre sur ce projet aura plus de conséquences à long terme que cette union de circonstance avec Saint Étienne. Whitaker figure sur un nombre considérable d'albums dans sa discothèque intime. Des deux côtés de la Manche, « sir » David a fait vrombir son orchestre pour des gens aussi divers que les Rolling Stones, Gainsbourg, France Gall, Marianne Faithfull ou encore Nico, avant même qu'elle ne rejoigne le Velvet Underground, sur le sublime *I'm not Saying* de 1965. Grâce à Saint Étienne, avec lesquels il a déjà travaillé, Whitaker accepte d'apposer sa patte sur les chansons qui prennent immédiatement une dimension plus ambitieuse que de simples récréations. Le morceau phare, *Jungle Pulse*, qui sortira en single côté français, est placé sous la haute influence de Gainsbourg période fauve, avec en prime un texte gorgé de phéromones coécrit avec Brigitte Fontaine. Daho y adopte le style parlé/chanté du beau Serge et se laisse surtout aller à des chaloupes inédites qui anticipent sur ses albums futurs. Très différent est *X Amours*, une ballade à l'origine écrite par Saint Étienne (*Paper*) qui reconnecte pourtant Étienne avec sa jeunesse, car le morceau semble échappé des sessions du *Grand Sommeil* ou des faces B de *Tombé pour la France*, avec une forte connotation Velvet/Barrett qui fait désormais comme partie des gènes. Et le clin d'œil à ses débuts ne s'arrête pas là puisque Étienne demande à Pierre & Gilles, ceux-là mêmes qui avaient réalisé la pochette de *La Notte la notte* dix ans plus tôt, d'imaginer une mise en scène sur mesure pour ce disque, dont l'image comptera au moins autant que le contenu. Les deux artistes, jamais à court d'un symbole transgressif, l'imagineront carrément en Saint Étienne martyr lapidé, ensanglanté et à demi allongé aux pieds d'une Marie-Madeleine torride incarnée par Sarah Cracknell. Comme Saint Étienne est un groupe presque inconnu en France, le projet Saint

Étienne Daho est invendable. Personne ne comprend pourquoi Daho se fait appeler Saint Étienne, comme si après la mort supposée il était désormais en proie à une crise mystique dont certains ne paraissent pas disposés à apprécier le second degré. Non seulement le mini-album sort dans une quasi-indifférence, mais en plus un médecin belge lui donne le coup de grâce en prétendant être propriétaire de la formule « Res-érection », qu'il a utilisée dans un article de revue. Étienne, qui a en fait vu pour la première fois ce mot sur un flyer annonçant une soirée à Londres, est incapable de prouver sa bonne foi. Condamné pour plagiat, Virgin est obligé de retirer le disque des bacs. La résurrection officielle d'Étienne Daho devra attendre encore un peu.

Au (re)commencement

(1996-1998)

Cinq années ont filé depuis la sortie de *Paris ailleurs*, le temps pour la musique de changer radicalement de visage et d'habits mais aussi d'organes et d'intelligence. Depuis son poste d'observation de Londres, Étienne est aux premières loges pour apprécier les transformations et métamorphoses qui s'opèrent à la vitesse de ce nouvel outil qui commence à entrer timidement dans la vie quotidienne : Internet. On devine désormais qu'à l'avenir les courants musicaux n'obéiront plus seulement à une logique et à une géographie terrestres mais se croiseront dans un nouvel espace virtuel où les carambolages, fusions et greffes les plus élaborés pourront avoir lieu dans la plus grande simplicité, à travers l'étourdissante aubaine qu'offre la révolution numérique. On n'en est alors qu'à la préhistoire de ce qui se produira au cours de la décennie suivante, avec pour effet dévastateur la mise en péril de toute l'ancienne industrie musicale, et les perspectives offertes par ce nouvel arsenal sont une source d'excitation comme les musiciens et les amateurs de musique n'en avaient pas connu depuis l'apparition du Gramophone. Car, cette fois, c'est toute la chaîne de production de la musique qui s'en trouve modifiée, de la conception à la diffusion. Et comme chaque nouvelle révolution technologique entraîne de façon quasi mécanique une révolution artistique, la musique électronique a pris désormais le pouvoir. L'Angleterre, qui demeure l'incontestable caisse de résonance planétaire en matière de nouvelles tendances, a su recycler et développer selon son habitude deux courants underground nés dans les années 80 aux États-Unis : la house de Chicago et la techno de Detroit. Et comme s'il s'agissait d'un rituel parfaitement rodé, ce sont encore des musiciens noirs de génie qui inventent ce que des petits Blancs très roublards parviendront à claironner avec arrogance et enthousiasme. D'abord confinée dans la marge, toute la rave culture est sortie brusquement de terre au cours de l'été 1988, baptisé *Summer of Love* en référence à son aîné hippie, en embrasant l'Angleterre et l'Europe tout entière dans un même ouragan stroboscopique. Au cours de la décennie 90, tandis que la dance music pure continuait à dominer les clubs et s'installait durablement à la lisière des festivals de rock, la musique électronique est devenue un terme générique pour désigner toutes les musiques traversant le prisme d'un logiciel d'ordinateur, qu'elles soient destinées aux clubs ou aux salons, à la débauche sudatoire ou à la méditation zen, à la libération des esprits ou à la prise de tête. En moins d'années encore qu'il n'en fallut à la pop dans les sixties pour se subdiviser en différents genres, l'électro des nineties se réinventa en permanence des nouvelles fonctions et des perspectives différentes, creusant à la fois des galeries vers les musiques expérimentales, le dub, le hip-hop, le funk, l'ambient ou, parfois, vers les cages d'ascenseur et le local à poubelles. Si certains opportunistes se convertissaient alors à l'électro avec autant de conviction et de sincérité qu'un ancien agent du KGB au libéralisme sauvage, d'autres qui n'avaient aucune hostilité de principe s'y tournèrent au contraire avec la certitude de pouvoir intégrer sans peine ces ingrédients à leur recette. Daho, qui s'était déjà approprié le langage de l'électro-pop du début des années 80 sur *La Notte la notte* et *Pop Satori*, paraissait dans cette démarche plus légitime que beaucoup d'autres. Il est en tout cas inenvisageable pour lui de refaire en 1996 un disque comme *Paris ailleurs*, clairement orienté soul et rock, sans prendre en compte le son dominant. D'autant qu'en Angleterre il a repris ses habitudes de noctambule et sort dans les clubs presque chaque nuit, prenant le pouls – sous forme de BPM – des nouveaux flux qui irriguent les dernières veines musicales. Il écoute notamment de la jungle, de la drum'n'bass, dont les rythmiques sauvages proches de la tachycardie plongent les nuits londoniennes dans un chaos urbain qui n'est pas sans rappeler le punk. Et pour une fois, la France n'est pas à la traîne, bien au contraire. Grâce notamment à Laurent Garnier, ancien DJ de l'Hacienda, fameux club de Manchester où s'est décidé pendant longtemps l'avenir de la musique anglaise, l'esprit hédoniste des nuits britanniques a traversé la Manche, prenant ses quartiers au Rex Club, une ancienne salle de rock reconfigurée pour l'ère électro. Même les fêtards et les journalistes anglais, dont le transit est il est vrai facilité par l'Eurostar, font fi de leur insularité endémique pour s'intéresser au son hybride qui émerge dans les chambres et dans les sous-sols français, notamment du côté de Versailles, ville bourgeoise de la banlieue ouest qui connaît enfin sa première révolution. Les gosses de riches et les enfants de prolos, exactement comme dans le Rennes de la fin des années 70, vont se trouver réunis par la musique. Parmi les acteurs de premier plan de cette scène émergente – notamment Philippe Zdar et Étienne de Crécy du groupe Motorbass –, certains sont des amis de Daho, qu'ils considèrent d'ailleurs comme l'un des rares chanteurs français fréquentables. Tous se souviennent de *Pop Satori* comme d'un déclic dans leur apprentissage de la musique, et considèrent l'album comme l'un des signes avant-coureurs de la French Touch, cette étiquette inventée par les journalistes internationaux pour qualifier le son français de ce milieu des années 90. Une nouvelle fois, sans le vouloir, Daho se retrouve cité en parrain d'une scène qui va bientôt donner lieu à une déferlante planétaire, grâce aux succès de Daft Punk et de Air. Autant de signes qui l'encouragent à réfléchir au prochain album avec un état d'esprit remis à neuf. Et puisqu'on l'a donné pour mort il y a peu, autant jouer à fond avec les ustensiles poétiques et les outils technologiques propres, et créer la sensation d'une nouvelle naissance. Philippe Gandilhon, désormais en charge de l'artistique chez Virgin, se trouve complètement en phase avec le plus ancien pensionnaire de la maison, laquelle est désormais dirigée par Emmanuel de Buretel, dont le flair est aussi redoutablement connu dans le milieu. Étienne est rassuré par cet équipage et sent que le moment est propice pour prendre tous les risques. Gandilhon, à l'écoute des désirs d'Étienne de revenir à l'electro, lui fait d'ailleurs passer un jour les maquettes de Daft Punk, et le futur duo star de la French Touch est un moment pressenti pour collaborer avec Daho. Étienne choisit plutôt de s'en remettre à celui qu'il considère toujours comme un partenaire d'exception, à savoir Arnold Turboust. Arnold n'a pas connu le succès en tant que chanteur mais il demeure un musicien parfaitement en phase avec les dernières technologies et comme ils n'ont pas travaillé ensemble depuis une dizaine d'années – hormis sur la reprise de *Mon manège à moi* –, une certaine fraîcheur peut à l'évidence émerger de leurs retrouvailles. Les deux Français un peu naïfs qui débarquaient à Londres en

1985 pour l'enregistrement de *Pop Satori* ont laissé place à deux jeunes quadras beaucoup mieux aguerris quant aux rapports qu'ils vont devoir entretenir avec les ingénieurs du son et musiciens anglais. C'est d'abord dans l'appartement londonien d'Étienne qu'Arnold pose ses valises pour des séances d'écriture où ils testent à la fois leurs automatismes et leur capacité à se surprendre l'un l'autre. La technologie a fait plusieurs pas de géant depuis *Pop Satori* et désormais Arnold a la possibilité de faire avec un simple ordinateur ce qui demandait auparavant des heures de bidouillages en studio. Allégé de ces contraintes matérielles, le duo se laisse aller à l'improvisation sur des boucles ou des nappes électroniques échantillonnées, imagine déjà une variété de rythmiques et d'atmosphères tout en préservant ce lien obligé avec la chanson, en veillant à garder une place confortable pour les voix. L'idée n'est pas non plus de faire un disque pour les clubs, fonction que rempliront éventuellement les remix prévus à la sortie. « Nous avions chacun des titres que nous avons mis en commun, se souvient Turboust. Une dizaine en tout, même si certains d'entre eux ont été écartés au final. Puis les textes ont commencé à prendre forme, mais c'est l'arrivée d'un programmateur, Fabien Waltmann, qui a véritablement fait décoller les choses. » Étienne considère lui aussi avec le recul que le travail de Waltmann n'a pas été crédité à sa juste valeur, tant son apport fut déterminant sur un titre complexe tel que *Un serpent sans importance* – qui baigne dans la même atmosphère torride et tropicale que *Jungle Pulse* – ou sur le faussement simple *Les Pluies chaudes de l'été*. Il est également décidé dès le départ que cet album sera le plus ouvert jamais réalisé par Étienne, accueillant des compositions de provenance diverse et aussi des invités surprenants qui, d'Astrud Gilberto aux Swingle Singers, appartiennent à des sphères périphériques de la pop. *Rendez-vous au jardin des plaisirs* – le morceau le plus ouvertement techno du lot – pourrait servir de sous-titre explicatif à *Eden*. Car Étienne, après la zone de turbulence qu'il vient de traverser, est bien décidé à s'offrir un album champagne, un disque bulle d'air, feu d'artifice, dépaysant et revitalisant. L'album du retour à la vie, pied de nez – voire bras d'honneur – à tous ceux qui l'avaient un peu hâtivement enterré. Les allusions directes ou furtives à l'épisode malheureux de la rumeur sont ainsi présentes en filigrane sur tous les morceaux, voulues par Daho comme autant de petits exorcismes perso. Et comme chez lui la sensualité est l'une des principales sources vitales, l'album sera chargé érotiquement comme aucun autre auparavant, avec pour référence le péché originel, l'aube de l'humanité et l'abandon aux plaisirs. On comprend facilement pourquoi Étienne considère toujours *Eden*, plus de dix ans après, comme un disque à part, sans doute son préféré de tous. Car l'album est celui qui retranscrit au plus juste ce qu'il est réellement : un sensoriel qui cherche dans les plaisirs une espèce d'absolu, un idéal dont il voudrait que sa musique constitue l'hymne perpétuel. Et si musicalement *Eden* dévoile de nombreuses pistes passionnantes, c'est d'abord au niveau des textes qu'il se distingue non seulement des précédents Daho, mais également du reste de la chanson française. Car écrire sur le bonheur d'être en vie sans plonger ne serait-ce qu'un ongle dans la mièvrerie, ce qui est le cas ici, est une prouesse dont peu d'auteurs se sont montrés capables jusque-là. Contrairement à Gainsbourg ou Dutronc, Daho n'utilise jamais le ressort du cynisme dans ses textes – ni d'ailleurs en privé. Il avance sans ce bouclier, et il n'utilise pas non plus cette fois le paravent bien commode de la mélancolie, autre artifice d'écriture à l'efficacité certaine et dont il ne s'est pas privé autrefois. *Eden* constitue presque à lui seul une espèce à part, un oiseau rare : sans doute le seul disque aux vibrations 100 % positives de la décennie 90.

Cette orientation résolument solaire déteint sur les séances d'enregistrement qui se déroulent au beau fixe dans le confortable studio Olympic de Londres. Et si quelques nuages sans importance traversent parfois l'atmosphère, celle-ci demeure la plus sereine jamais connue par Étienne, abonné depuis ses débuts aux enregistrements chaotiques et aux obstacles de dernière minute. C'est également le disque où le nombre des intervenants est le plus important. Plusieurs musiciens sont notamment prévus par instrument en fonction des textures et des ambiances recherchées. Sur certains titres clés, à commencer par l'impressionnant *Au commencement*, l'orchestre de David Whitaker vient une nouvelle fois déployer son voile céleste et intercaler sa chaleur naturelle dans l'efficace mécanique des programmations. Visiblement inspiré par l'album *Protection* de Massive Attack, sorti deux ans plus tôt, Étienne a en tête cette idée d'une friction entre l'électronique et l'analogique, toujours avec l'intention de provoquer ces micro-accidents qui sont souvent générateurs de grandes collusions. Mais à la différence de Massive Attack, Étienne préfère les vertiges des cimes à ceux des gouffres, et sa voix se grise des paysages qui l'entourent, parvient à trouver l'accent juste pour traduire ces sentiments d'allégresse et de félicité retrouvés. Pour une fois également, Étienne et Arnold ont du temps, puisque l'enregistrement se déroule sur quasiment une année complète, avec plusieurs pauses qui permettent de chercher de nouvelles pistes pour des collaborations en fonction des besoins de l'album. Un luxe qui sème parfois le trouble dans l'esprit d'Arnold : « Le temps n'est pas nécessairement un allié. On avait tout à disposition, on rencontrait sans arrêt des gens avec lesquels on avait envie de travailler comme Howie B., même Brian Eno, et j'ai eu à un moment l'impression qu'on perdait un peu le fil. C'était si riche que je me demandais comment tout ça allait sonner à l'arrivée. J'ai vraiment flippé, en me demandant parfois si j'avais bien fait d'accepter. » Le blues passager de Turboust s'épaissit encore un peu lorsqu'une déesse à l'aura mythique fait son entrée en studio. Étienne a eu l'idée d'inviter Astrud Gilberto pour un duo sur une chanson écrite des années en arrière par Arnold et Jacques Bally, un vieil ami musicien chez lequel ils avaient réalisé certaines des maquettes des faces B de *Tombé pour la France* en 1985. Bien que composée un peu après – pour un projet instrumental des Belges de Crammed dDsc qui ne verra jamais le jour –, *Les Bords de Seine* possède effectivement ce petit charme des cartes postales pop aux vagues teintes brésiliennes des années 80, dont les Anglais de Everything But The Girl auront à leurs débuts initié le genre. D'ailleurs, la chanteuse de Everything But The Girl, Tracey Thorn, vient de prêter sa voix aux accents graves et mélancoliques de *Protection* de Massive Attack. En s'adressant directement à la chanteuse brésilienne dont tout le monde cherche à imiter le timbre, Daho frappe un grand coup. Elle est celle qui incarne depuis le début des années 60 la « carioca » absolue, l'épouse du plus grand chanteur de la bossa nova, Joao Gilberto, et l'interprète canonique de *The Girl from Ipanema* d'Antonio Carlos Jobim et Vinicius de Moraes dont elle a propagé à travers le monde les ondulations en 1963, sur l'album en trio avec son mari et le saxophoniste américain Stan Getz. On se souvient qu'Étienne, avant *Mythomane*, avait pour projet d'enregistrer un disque de bossa, musique dont il conserve toujours en tête le parfum doux-amer, l'étrange langueur et la nonchalance fiévreuse. Il a aussi sur la conscience le ratage de la reprise de *The Girl from Ipanema* par Lio dont il ne s'estime pas vraiment responsable. Néanmoins, *Les Bords de Seine* n'est pas le moins du monde un morceau bossa. Sa rythmique est presque hip-hop et l'orgue Hammond mêlé à l'électo jazzy et aux cordes ressemble plus volontiers à du Saint Étienne. Flanquée de son fils qui fait également office de manager, l'invitée « *cherry on the cake* » de l'album débarque en studio avec pour préalable des conditions qui refroidissent considérablement l'atmosphère. Elle demande notamment à signer le contrat que Virgin a laissé un peu traîner, sans quoi elle rebroussera chemin sans passer par la cabine de chant. Une fois ces formalités accomplies, la séance démarre sous une température glaciale peu en accord avec la météo supposée de cette chanson estivale. C'est d'abord Étienne qui dirige la diva, et lorsqu'il s'aperçoit que l'interprète n'est pas de celles qui se laissent donner des indications, il convainc Arnold de prendre le relais. La suite, Turboust s'en souvient encore avec une pointe d'amertume : « Ça s'est bien passé au début, elle parvient à chanter sans trop de problème, puis arrive ce moment où je me sens plus en confiance et j'ose lui demander de rechanter une dernière fois en faisant plus attention au timing, à la mise en place de la voix. Là j'ai senti la foudre qui s'abattait sur moi, elle est entrée dans une colère monstre, elle m'a dit qu'elle et son mari avaient inventé la bossa nova et que cette musique reposait sur un art très particulier du placement de la voix. En gros, elle me signifiait qu'elle n'avait aucune leçon à recevoir de moi. Je lui ai sans doute manqué de respect, mais sa réaction a été totalement disproportionnée puisqu'elle m'a carrément mis dehors du studio. » C'est Étienne qui terminera cette séance pour le moins mouvementée, avec un résultat qui méritait sans doute d'en passer par là car la voix d'Astrud Gilberto provoque une montée des eaux et des émotions que *Les Bords de Seine* n'aurait sans doute pas connues sans elle.

Plus reposante est la séquence où entrent en scène les Swingle Singers. Formé en France par l'Américain Ward Swingle au début des années 60, cet ensemble vocal qui compta notamment dans ses rangs la soprano Christiane Legrand, sœur de Michel, sera avec les Double Six l'un de fleurons du jazz pétillant made in Paris. Sa combinaison de voix mixtes et aériennes, créant une sorte d'apesanteur auditive, s'accordera particulièrement bien avec le répertoire classique, et leurs adaptations swing(l)antes de Bach, Haendel ou Mozart feront le tour du monde. Contemporain des films de Jacques Demy mis en musique par Michel Legrand, leur art gracile à la technique impressionnante procure le même enchantement immédiat que l'on éprouve en regardant *Les Demoiselles de Rochefort* ou *Peau d'âne*. Installé en Angleterre dans les années 80, Ward Swingle a transformé ses Swingle Singers en signature universelle, les membres étant interchangeables mais la qualité des voix demeurant constante. C'est cette touche unique, ce grain à la pureté des eaux de roche, dont Daho avait besoin pour un titre intitulé *Timide Intimité*, composé par Alan Whyte, assistant sur *Pour nos vies martiennes* et futur collaborateur de Morrissey. *Timide Intimité* est une petite fantaisie légère autour de sa nature prétendument réservée, qui apporte une respiration dans l'album, juste après le morceau le plus sombre, *L'Enfer enfin*, et ses guitares velvetiennes accordées aux beats infectieux de la techno. Mais les Swingle Singers ne sont pas venus uniquement pour cette adorable figuration. Ils chantent également sur l'autre titre de l'album dépourvu de toute machinerie électro. *Soudain* fait partie, avec *Me manquer*, des deux chansons apportées pour l'occasion par Nicholas Dembling, l'ex-Comateens dont l'inspiration n'a à l'évidence jamais chuté. Même si Étienne et Dembling se fâcheront provisoirement durant l'enregistrement, Daho préférant prendre un autre bassiste alors que Dembling pensait depuis le début jouer sur sa chanson, *Soudain* reste l'un des sommets de la carrière d'Étienne. Peut-être la chanson avec laquelle il se rapproche au plus près de certains standards universels comme *Moon River* d'Henri Mancini, dont elle possède à la fois les fastes et l'innocence, l'impeccable précision d'orfèvre et la candeur bouleversante. Au-delà même de sa mélodie à faire pleurer comme un seul homme toute la Légion étrangère, c'est l'idéale symbiose de son sujet avec les opulences enchanteresses des orchestrations de David Whitaker qui fait de cet îlot un authentique paradis sonore. Ce paradis qu'Étienne évoque dans la chanson, le temps d'un texte virtuose où en quelques déliés d'une élégance folle il résume toute l'humeur de l'album. L'épiphanie selon Saint Étienne.

Avec *Quand tu m'appelles Eden*, dans un registre beaucoup plus charnel et coquin que l'angélique *Soudain*, ou sur ce final particulièrement positif et ouvert vers l'avenir que constitue *Des adieux très heureux*, Daho donne l'impression d'exposer sans filtre son bonheur amoureux du moment. Pourtant, il affirme être resté célibataire durant l'enregistrement : « Dès que quelqu'un m'approchait je faisais tout pour l'en dissuader. J'aimais ma nouvelle liberté et surtout je voulais me consacrer intégralement à ce disque. » Reste que l'album est comme une longue ode amoureuse sans nuage et cela se traduit par le choix d'une image de pochette à l'extrême opposé de celle de *Paris ailleurs*. Un portrait serré signé Donald Christie où

Étienne apparaît bronzé et détendu avec en arrière-plan l'azur d'Ibiza, son « paradis » où il se rend plusieurs fois par an depuis le début des années 80, bien avant la ruée techno. C'est bien sûr à l'écart des concentrations de clubbers qu'il loue une maison, sur une côte sauvage qui lui rappelle le Cap Falcon de son enfance en Algérie. À l'intérieur du livret d'*Eden*, Étienne a d'ailleurs tenu à mettre une photo d'enfance prise au Cap Falcon, où l'on voit ses sœurs Fanfan et Mimi poser fièrement pour l'objectif alors que lui se situe à l'écart, en train de gratter la terre comme un petit animal affamé. Et lorsqu'on tourne la page, on découvre une autre photo d'Étienne prise récemment, où il est sensiblement dans la même posture. Autrement, sur les autres photos, il apparaît uniformément souriant, heureux comme sur aucune autre des pochettes précédentes. Dernier petit détail lié à ses attaches familiales qu'il tient visiblement à mettre en exergue sur ce disque, il dédie celui-ci à Lucie, sa mère. Après tout, il entrevoit *Eden* comme un nouvel acte de naissance, et l'hommage à sa génitrice s'inscrit peut-être dans cette démarche. Étienne est particulièrement fier du disque, qu'il a hâte de défendre dans les médias et sur scène, même si aucune tournée n'est prévue avant de longs mois. Chez Virgin, des discussions ont à nouveau eu lieu autour du choix de la photo, jugée cette fois trop « solaire » par certains, tandis qu'une vieille habitude reprend ses droits à propos du premier single, sur lequel personne ne parvient à se mettre d'accord. Finalement, Étienne tranchera pour *Au commencement*, morceau certes un peu ardu pour les radios, notamment en raison de sa rythmique jungle, mais qui a le mérite d'offrir un bon raccourci du son général d'*Eden*. Le morceau se prête aussi particulièrement bien à des remixes, dont l'un est signé Mark « Spike » Stent, qui a par ailleurs mixé *Eden*. Stent est l'un des mixeurs les plus demandés du moment. Il a travaillé avec Björk, Madonna, Depeche Mode ou encore Massive Attack, dont il a mixé l'album *Protection*, ce disque noir et engourdi dont *Eden* serait comme le jumeau solaire et déployé. Face aux premières réactions, aussi bien de la presse que des radios, qui refusent dans leur majorité de diffuser *Au commencement*, Étienne comprend vite que cet album sera plus difficile à vendre que *Paris ailleurs*. Heureusement, il peut compter en interne chez Virgin sur une équipe de choc qui va sans relâche accompagner l'album pendant de longs mois, ne baissant jamais la garde face aux réactions parfois un peu désespérantes de médias. Gonflé à bloc à son retour de Londres, Daho a vite été rattrapé par les petites mesquineries françaises et par ce cynisme fielleux qui se répand désormais à la télé tel un venin, sous couvert d'humour et de déconne permanente. Le postmodernisme triomphant fait que tout se vaut, une starlette et un philosophe, un sportif et un chercheur, Jordy et Étienne Daho. Quotidiennement, le talk-show *Nulle Part ailleurs* sur Canal+ est l'arène de tous les dangers, surtout depuis que deux snipers redoutables se tiennent en embuscade. Il y a Laurent Baffie dans le rôle du bouffon, censé interrompre le présentateur Philippe Gildas pour balancer des vannes qui relanceront la machine au cas où la discussion deviendrait trop sérieuse. Et il y a surtout Bruno Gaccio, qui a quitté l'arrière-cour des Guignols, dont il est l'un des auteurs les plus redoutés, pour venir chaque soir tirer le portrait de l'invité – à la kalachnikov. *Nulle Part ailleurs* est l'émission la plus courue de l'époque et Étienne s'y rend plus volontiers par obligation promotionnelle que par goût pour ce genre de programme. Il le regrettera amèrement. Le portrait que dresse Gaccio est non seulement d'une méchanceté rarement drôle, mais en plus il est comme un enfilage de tous les clichés dont le chanteur se pensait débarrassé depuis longtemps. Par-dessus cette charge lourde, le courageux Baffie repasse une couche au napalm et Daho ressort de cette étrillage en règle avec le sentiment d'avoir été lynché verbalement, atterré que l'on n'ait à aucun moment parlé de musique. Et il est d'autant plus remonté que personne parmi les proches qui l'accompagnent ce soir-là ne semble avoir perçu la violence des coups, comme si le fait même de passer à la télé suffisait à tout excuser. Comme si une telle humiliation publique devait s'effacer au profit du gain immédiat qu'est censé rapporter un tel passage dans la lucarne. Chez Virgin, il n'y a pas feu au lac d'*Eden* mais la maison de disques étudie la stratégie la mieux adaptée pour faire vivre cet album jusqu'à la tournée, qui débutera... un an après la sortie !

Ancien attaché culturel à Bombay, où il fit la connaissance d'Emmanuel de Buretel, Frédéric Junqua a rejoint Virgin au début des années 90 pour s'occuper tout d'abord du développement à l'étranger des artistes français. Buretel étant patron de Virgin Europe, il a saisi avant tout le monde l'ouverture désormais possible pour les Français hors du monde francophone, notamment avec l'apparition de groupes essentiellement instrumentaux ou utilisant leur voix comme des instruments. Daft Punk et Air, tous deux signés par Virgin – via ses divisions Labels et Source –, partent ainsi à la conquête du monde avec les résultats que l'on sait. Junqua participe à cette aventure et, fort des succès remportés, se voit confier en 1996 la direction du répertoire local de Virgin France. Lorsqu'il était responsable de l'export, Junqua a connu Étienne au moment de l'album avec Saint Étienne : « On a beaucoup parlé très en amont de la façon dont on allait devoir gérer la situation post-*Paris ailleurs*, qui avait été un succès énorme mais l'avait installé dans une image qui n'était plus forcément la sienne cinq ans plus tard. Je trouvais qu'*Eden* était un album magnifique, très abouti et parfaitement en phase avec la musique la plus intéressante de l'époque. Au tout début l'album a marché naturellement, car Étienne a un public qui est au rendez-vous à la première heure à la sortie d'un disque. Mais très vite on a senti que les choses s'essoufflaient et que le très grand public qui avait fait de *Paris ailleurs* un triomphe n'allait pas automatiquement acheter cet album-là. S'est alors mis en place un véritable travail de fond où on a soigné pendant des mois l'image d'Étienne, aussi bien dans les milieux branchés, avec des remix assez pointus, qu'en développant des visuels et des opérations qui présentaient Daho comme un artiste haut de gamme, puisque l'album l'était. » Les singles *Me manquer* et *Les Bords de Seine* qui sortent au cours de l'année 1997 ne trouvent pas vraiment grâce aux oreilles des radios, et c'est la quatrième tentative qui va s'avérer payante. Comme si le titre de la chanson avait servi de détonateur, le merveilleux *Soudain* fait soudainement réapparaître Daho sur les ondes et dans les cœurs jusqu'ici déboussolés par *Eden* du public plus traditionnel. Accompagné d'un très beau clip signé Éric Coignoux, qui fait référence aux films de propagande de Leni Riefenstahl, *Soudain* relance les ventes de l'album qui, sans atteindre les sommets de *Pour nos vies martiennes* ou *Paris ailleurs*, remporte un très honorable double disque d'or avec plus de deux cent cinquante mille ventes. Le succès de *Soudain* arrive également à point nommé pour promouvoir la longue tournée, baptisée *Kaléidoscope Tour*, qui va se dérouler en deux vagues entre novembre 1997 et avril 1998. Dans l'intervalle, *Eden* est sorti en Angleterre avec une version en anglais de *Au commencement*. Pour l'anecdote, les tempes grisonnantes du chanteur ont été noircies sur la pochette à la palette graphique par les Anglais, qui pensent sans doute qu'il est plus facile de « vendre » un artiste de moins de 40 ans. La mise en place de la tournée se fait autour d'une formation réduite de quatre musiciens, deux Anglais et deux Français. Arnold ne fera pas partie de l'aventure car Étienne et lui se sont fâchés peu après la sortie d'*Eden*. Turboust : « On avait passé quand même beaucoup de temps ensemble depuis le début des années 80. Comme les couples, il nous arrivait de ne plus nous supporter et c'est ce qui s'est passé après *Eden*. On ne s'est plus parlé pendant des années. Presque dix ans. » À la mi-octobre 1997, Étienne et ses musiciens entament les répétitions du *Kaléidoscope Tour* dans un studio à Bièvres qui porte un nom parfaitement raccord avec l'ambiance : Bon esprit. Daho a digéré les déconvenues du lancement de l'album un an plus tôt, et les locations de la tournée se passent idéalement bien, notamment les quatre Olympia où il fera escale fin novembre après un tour de chauffe dans le Nord. Surtout, les demandes d'interviews affluent de toute part, l'ensemble des journalistes à Paris comme en province ayant révisé à la hausse leur jugement un peu hâtif concernant *Eden*. Aussi, lorsque les concerts commencent, c'est une véritable avalanche de Daho dans les kiosques, à commencer par la couverture de *Rock&Folk* et toute la presse nationale quotidienne qui salue le retour d'un Daho apaisé et serein, comme si son nouvel album était sorti la veille. Dans une scénographie sobre, sur une scène balisée de projecteurs rotatifs qui dispersent une lumière rasante, Daho apparaît effectivement sous un jour différent des tournées précédentes. Il n'a plus besoin de se dissimuler dernière un groupe mais assume totalement d'être au-devant, sur les bords de scène, tandis que les musiciens ne sont quasiment plus que des ombres chinoises. La soudure est parfaite entre les anciens tubes réarrangés et les morceaux d'*Eden*, notamment les plus techno, qui livrent tous leurs pouvoirs hypnotiques. Mais surtout, dès les vingt premières minutes du show, il a ménagé une surprise qui fait prendre au concert un virage à 180 degrés. L'hiver précédent, il a chanté *Sur mon cou*, un extrait fulgurant du *Condamné à mort* de Jean Genet, au Théâtre Molière à Paris, à la demande d'Hélène Martin, une chanteuse qui a consacré sa vie à l'adaptation en chanson des grands poètes et écrivains français. « J'ai rencontré pour la première fois Hélène Martin lorsque j'avais 14 ans à la maison de la culture de Rennes où elle était venue chanter. On m'avait offert peu de temps avant l'enregistrement du *Condamné à mort*, qui m'avait beaucoup marqué même si je n'en avais pas sur l'instant saisi toute la beauté sulfureuse. Hélène est venue me voir pour me proposer de le chanter avec elle et ensuite j'ai intégré *Sur mon cou* à mes propres concerts. » Un moment magnifique et terrifiant, qui laisse généralement l'assistance pétrifiée, comme lors des Victoires de la Musique en 1998, où Étienne exige d'interpréter *Le Condamné à mort* plutôt qu'un de ses tubes – avec toute l'ironie de ce titre face aux professionnels de la profession dont certains avaient relayé la rumeur de sa mort. « Ce fut un moment génial, une petite bombe. C'était absolument jouissif de voir la tronche des gens de la profession. Je me sentais fort et fier de me retrouver face à eux sans aucun effet, avec juste une guitare et ma voix, et de balancer ce sublime poème d'amour qui voulait dire également : "Fuck off !" Le fait d'avoir été affaibli ou déstabilisé au début me rendait désormais encore plus fort. » Entre *Mon manège à moi* de Piaf et ce poème d'amour fou de Jean Genet, Daho est le seul à pouvoir tracer des lignes invisibles entre des époques et des gens aussi différents qui ont pour trait commun d'incarner une forme d'excellence française inébranlable. Le soir de la première à l'Olympia, il dédie *Des adieux très heureux* à Barbara, disparue trois jours plus tôt. Un hommage d'autant plus juste et sincère que Jean-Louis Hennequin, son clavier sur scène, était aussi celui de Barbara depuis les années 80. Daho peut tout se permettre puisqu'il est en vie.

Le meilleur de moi-même

(1998-2001)

Le *Kaléidoscope Tour* s'est achevé sur les jantes à Brest, le 25 avril 1998. La veille, Étienne était sur scène à Rennes, où un spectateur lui lança un réconfortant « bienvenue à la maison ». Tard dans la nuit, le chanteur ira fêter ces rituelles retrouvailles avec la ville de son enfance et de son adolescence en compagnie d'un autre Étienne, de Crécy, l'ancien Motorbass et maître d'œuvre d'un projet house qui a fait sa gloire dans nombre de pays étrangers, Superdiscount. Durant la seconde partie de la tournée, les spectateurs ont vu fleurir au programme une nouvelle chanson qui, au fil des soirs et du crescendo des acclamations, a presque obtenu son statut de tube avant même de sortir en single. Son titre, *Le Premier Jour (du reste de ta vie)*, prolonge l'esprit onirique et l'optimisme d'*Eden* alors que la chanson possède une tonalité plus pop, avec notamment ce piano qui rappelle certains titres des Kinks ou de McCartney. *Le Premier Jour* est en fait une reprise d'un morceau que Sarah Cracknell, la chanteuse du groupe Saint Étienne, a chanté l'année précédente sur son album solo sous le titre *Ready or not*. Depuis *He's on the Phone*, les échanges n'ont pas cessé entre les correspondants anglais favoris d'Étienne et surtout avec Sarah, qui avait déjà cosigné *Les Passagers* sur *Eden*. Sans trop se préoccuper des exigences du calendrier, n'obéissant qu'au coup de cœur qu'il a eu pour la chanson, Daho est reparti en Angleterre où il a retrouvé David Whitaker et Fabien Waltman pour enregistrer ce nouveau single qu'il souhaite publier hors du contexte d'un album, à l'image de *Tombé pour la France* ou de *Mon manège à moi*. La formule lui a déjà porté chance et elle fait mouche à nouveau puisque *Le Premier Jour*, dès le printemps 1998, est présent sur toutes les ondes. Si Virgin insiste pour rajouter le morceau à *Eden* afin de faire bénéficier tout l'album de ce nouvel éclairage, Étienne s'y refuse catégoriquement car à ses yeux *Eden* reste une entité inviolable qu'il n'est pas prêt à sacrifier pour quelques exemplaires vendus de plus. Germe alors l'idée de réaliser en prévision des fêtes de Noël une compilation, le premier best of de Daho, sur lequel *Le Premier Jour* pourrait figurer en inédit. Jusqu'ici réticent à l'idée de publier un best of, Étienne se laisse convaincre par deux arguments, l'un sentimental et l'autre artistique. En décembre 1998, il fêtera les 20 ans de son premier concert et donc ses 20 ans de carrière, et cet anniversaire mérite d'être symbolisé par un genre de disque bilan. Et puis il a reçu l'assurance de Virgin que l'album se déclinerait en plusieurs objets présentant un réel intérêt pour les fans : présence d'inédits, version double CD avec des titres live de la dernière tournée, DVD des clips et surtout un magnifique coffret collector reproduisant tous les singles dans leurs pochettes originales. Une séance photo spectaculaire signée Lee Strickland sert de lien à l'ensemble, montrant Daho en train de courir sur une piste de décollage, poursuivi par un avion de ligne. Un double clin d'œil à Hitchcock (la fameuse scène de *La Mort aux trousses*) et à sa peur panique de l'avion, qui, ainsi exorcisée, symbolise la fin de la période de dépression qui a suivi *Paris ailleurs*. La compilation baptisée *Singles* va battre sous le sapin des records inattendus, atteignant le chiffre stratosphérique de six cent mille ventes en quelques semaines, rassemblant à la fois les nostalgiques des années 80 et le public plus pointu conquis avec *Eden* ainsi que les fans qui veulent tout posséder, à commencer par les morceaux inédits. Outre *Le Premier Jour*, on trouve pour la première fois un enregistrement (live) de *Sur mon cou* et une autre nouvelle chanson, *Idéal*, dernier témoignage de la collaboration entre Étienne et Arnold Turboust. Pour ce premier best of, Étienne a exigé que l'album se déroule selon une chronologie inversée, des derniers titres en date en remontant jusqu'à *Il ne dira pas*, histoire de mettre en avant les chansons les plus récentes qui lui tiennent à cœur, à l'image de *Au commencement*, et dont il estime qu'elles n'ont pas été suffisamment écoutées. En janvier 1999, il accepte de faire une entorse à ses principes de ne jamais apparaître dans la presse « people » et donnant une interview à l'hebdomadaire *Gala*. Sous un titre un peu racoleur (« La solitude ne me fait pas peur », sorti de son contexte), l'interview est plutôt digne, et le papier est accompagné d'étranges photos signées Jean-Marie Périer où l'on voit notamment Daho entouré de filles déguisées en colombes. Sans doute pour symboliser que le chanteur est désormais en paix avec lui-même, ce qu'il confirme au journaliste de *Gala*, Bertrand Tessier, qui l'interroge une nouvelle fois sur la rumeur de sa mort : « Elle a tapé de plein fouet dans une de mes angoisses et l'a effacée. Je n'ai plus peur de la mort. D'autant que je suis à un âge où on commence à perdre des êtres proches. L'accepter fait partie de ma maturité. » Toujours aux avant-postes sur la question du sida, il participe à l'album *Ensemble* initié par Line Renaud et Pascal Obispo pour récolter des fonds pour l'association Ensemble contre le sida, sur la chanson collective (l'atroce *Sa raison d'être*) et le temps d'un duo avec Zazie sur une musique d'Obispo à laquelle il a ajouté un texte, *Eucalyptus*. Avec une prudence de Sioux mais pour une bonne cause qu'il ne peut décemment pas refuser, Étienne accepte ainsi de mettre un orteil chez l'ennemi, cette nouvelle variété française encore plus détestable que l'ancienne car elle affiche des prétentions artistiques derrière son paravent de guimauve et sa profonde nature réactionnaire. Les Obispo, Pagny, Zazie et consorts squattent tous les postes, tous les projets – notamment les comédies musicales qui pullulent à cette époque – tandis que l'auteur Lionel Florence fait du néo-Pierre Delanoë, mêlant dans le même écœurant sirop couardise démagogique et sensiblerie à deux francs. Vivement le passage à l'euro.

Pour son premier album de chansons originales depuis la mort de Gainsbourg, Jane Birkin a réuni un casting un peu plus réjouissant avec des contributions signées Chamfort, Hardy, Souchon, Manset ou Miossec. Étienne est de la partie avec *L'Autre Moi*, chanson dont il a écrit texte et musique. Une pige qu'il ne prend pas « à la légère » (titre de l'album de Jane) mais qu'il peaufine au contraire dans les moindres détails. Disposant désormais d'un peu de temps devant lui, il commence en parallèle à réfléchir au prochain album. Depuis sa sortie en janvier 1998, la France est tombée en pâmoison pour un disque à l'intitulé prometteur, *Fantaisie militaire*. Le dernier-né d'Alain Bashung est un véritable chef-d'œuvre, ce qui n'est pas franchement une surprise de la part de l'un des rares chanteurs de la génération d'avant celle de Daho à avoir su demeurer un perpétuel chercheur futuriste en même temps qu'un chanteur fabuleux. Étienne n'est évidemment pas indifférent à ce triomphe, non seulement parce qu'il aime beaucoup Bashung mais aussi parce que Édith Fambuena et Jean-Louis Piérot sont les principaux artisans de l'ombre de *Fantaisie militaire*, dont ils ont écrit certaines des musiques les plus remarquables – dont l'insurpassable *La nuit je mens* – et assuré la réalisation artistique. Pour leur premier véritable projet d'importance hors du cercle Daho, Les Valentins ont réalisé un coup de maître. Comme Étienne, Bashung a pour habitude d'un album à l'autre de changer radicalement de décor sans rien renier de ses exigences, toujours placées plus haut. Il se trouve qu'à ce moment précis de sa carrière Étienne a lui aussi envie d'un disque plus lyrique, plus orchestré et dans une veine tout juste ébauchée avec *Soudain* et *Le Premier Jour*. Depuis toujours, il adore les romances distinguées écrites dans les années 60 par le tandem Burt Bacharach et Hal David, que la terre entière connaît sans savoir qu'ils en sont les auteurs mais à travers les interprétations de Dionne Warwick, Nancy Sinatra ou, parmi des centaines d'autres, Dusty Springfield. Certains malentendants persistent à ranger ces joyaux – *The Look of Love*, *Walk on by* ou *Raindrops Keep Fallin' on My Head* – dans le rayon *easy listening* alors qu'ils sont les miniatures les plus complexes et raffinées qui soit. La quintessence de la pop music recouverte d'un glacis hollywoodien intensément glamour. C'est par le plus grand des hasards le toujours opportun Jérôme Soligny qui va apporter sur un plateau d'argent à Daho la chanson capable d'assouvir un tel fantasme de luxe et de volupté : « Contrairement aux autres chansons de moi qu'Étienne avait prises jusqu'ici, se souvient Soligny, celle qui allait devenir *La Baie* fut composée spécialement pour lui. À l'époque, je cherchais à le convaincre à propos d'un groupe que j'ai toujours adoré, les Pet Shop Boys, et qu'il n'a jamais aimé. Je me suis donc mis en tête d'écrire pour lui une chanson à la manière des Pet Shop Boys. » Un soir, Soligny dépose la maquette de la chanson dans la boîte aux lettres de Daho, qui le rappelle quelques jours plus tard pour lui dire qu'il la trouve tellement belle qu'il va en faire le point central pour l'inspiration du prochain album. En parallèle, il a déjà contacté Les Valentins pour les embarquer dans cette nouvelle aventure, convaincu que leur savoir-faire totalement libéré par l'album avec Bashung saura provoquer les étincelles attendues sur le sien. Si Édith, qui traverse une période plutôt agitée après la mort de son père, ne s'engage pas complètement dans le projet, tout en étant présente d'un bout à l'autre, Jean-Louis en est en revanche le maître d'œuvre incontournable. Il a conservé une petite frustration de son passage éclair sur *Paris ailleurs* et compte bien s'y consacrer cette fois corps et... armes.

Mais Étienne, tout à son idée d'un disque le plus épanoui et luxuriant possible, contacte d'autres collaborateurs et notamment Vanessa Daou. Son attirance pour cette jeune chanteuse new-yorkaise remonte à quelques années en arrière lorsqu'il a découvert *Zipless*, un album de 1995 qui fit partie de la bande-son de ses années londoniennes. « Je continuais à suivre sa carrière, je savais qu'elle travaillait en couple avec son mari et je me suis débrouillé pour trouver leur adresse mail afin de leur dire à quel point j'adorais leur musique. La voix de Vanessa, ce qu'elle disait, tout ça me touchait beaucoup. Au départ j'avais pour projet de faire un mini-album avec eux, comme avec Saint Étienne. » Le projet – qu'on ne résiste pas à baptiser Étienne Daou – ne verra pas le jour mais Étienne invitera Vanessa le temps d'un duo sur la chanson *Make Believe*, empruntée au répertoire de la chanteuse. Si l'apparition des Daou est furtive, leur présence dans l'album se fait ressentir, au point d'agacer parfois Les Valentins. Selon Daho, il y avait comme « un état Daou dans l'état Daho » mais qui grâce à ses talents de diplomates ne s'achèvera pas en guerre civile. D'autres plumes sont sollicitées, des collaborateurs plus ou moins lointains du Daho des dernières années comme Helen Turner, David Munday et Sandy Stewart ou encore de Gavin Skinner, batteur des Primal Scream et son batteur de la tournée précédente, qui dévoile pour l'occasion ses talents de compositeur. Pendant plusieurs mois au cours du printemps 1999, Étienne et Les Valentins s'enferment dans une minuscule dépendance du studio Davout, à Paris, pour maquetter les morceaux du futur album, exactement comme ils l'avaient fait une dizaine d'années plus tôt pour *Paris ailleurs*. Puis ils s'installent carrément chez Étienne pour achever cette phase préparatoire, avant que Daho ne parte s'isoler à Ibiza, selon un rituel désormais immuable, afin d'écrire les textes. À cette différence près que, cette fois, le chanteur vit une passion amoureuse dévorante qui aura forcément un impact direct sur l'album. Après le retour à la vie qui irriguait *Eden*, album écrit sous célibat, place désormais au retour à la passion, ce qui avec Daho n'est jamais chose simple. « À l'image du premier morceau, *Ouverture*, il se passe comme une sorte d'éblouissement. C'est un album qui exprime la régénérescence et la guérison par l'amour. Il n'y a pas de concept, je me suis vraiment laissé porter par ces sentiments très puissants et violents, comme si je les découvrais pour la première fois. J'ai toujours recherché l'intensité et j'étais donc soudainement en contact avec ce que je sentais être l'amour absolu. Ça m'a vraiment retourné le cerveau. » La chanson *Corps et armes*, qui donnera son nom à l'album, explicite ces sentiments sur un ton inhabituellement direct chez Daho, plus coutumier des détours et des ellipses que de telles plongées droit au but. Mais bien qu'il fasse l'inventaire des recoins les plus secrets et des sensations les plus intimes du chanteur, *Corps et armes* est probablement de tous les albums de Daho celui dont les textes ont la plus grande portée universelle car, comme il le dit avec lucidité dans *Le Mauvais Choix* : « Toutes les histoires d'amour se ressemblent. Mêmes profils étranges, seuls les visages changent. »

Pour un reportage de couverture prévu pour paraître au moment de la sortie de l'album, le journaliste des *Inrockuptibles* Jean-Daniel Beauvallet, qui vit en Angleterre, va suivre à intervalles réguliers pendant six mois la fabrication de *Corps et armes*. Lorsqu'il débarque à l'automne 1999 dans les luxueux studios Whitfield de Londres, il remarque qu'on y parle français à tous les étages. Les Parisiens de Louise Attaque mettent en effet la touche finale à leur deuxième album, après avoir remporté un triomphe inattendu et colossal deux ans plus tôt, avec un premier disque vendu à deux millions et demi d'exemplaires, record absolu jamais réalisé par un groupe de rock dans l'Hexagone. Quelques mois plus tôt, un dialogue entre Daho et Miossec a été monté, toujours à l'initiative des *Inrocks*. Louise Attaque et Miossec incarnent les deux antennes d'une relève rock française volontiers plus provinciale, plus rustre musicalement, dont les textes résonnent très fort auprès des lycéens. Ils ont construit leur réputation et drainé un public à partir du maillage très dense des scènes locales, loin des médias parisiens et du pouvoir central des majors compagnies. Louise Attaque a signé sur le label indépendant Atmosphériques et Miossec avec la division française des Belges de Pias. Ils incarnent également l'anti-French Touch, la revanche du local sur la jet-set globalisante des technoboys, chantent un français rêche et cru, joué direct au plexus, et tentent de remettre la langue à l'honneur. Il y a des échos de Gainsbourg chez Miossec, qui trahissent sans mal l'érudition et la finesse littéraire du bonhomme, derrière son apparence cultivée de Breton en pleine décrue d'alcool. Mais cette tendance, qui va aller crescendo dans les années à venir, Daho en est plus que jamais éloigné, lui qui s'apprête à enregistrer le disque le plus sophistiqué de sa carrière. Un casting minutieux a été réalisé pour que l'album permette à Étienne d'accomplir jusqu'au bout ses rêves symphoniques nés à l'écoute de Burt Bacharach, de John Barry, de Scott Walker ou de certaines productions de Phil Spector dans les années 70, tel le splendide *Born to Be with You* de l'ex-teen idol Dion. Les cordes seront cette fois dirigées par Wil Malone, connu notamment pour sa collaboration avec Massive Attack, et elles prendront corps (et âme) dans le studio le plus réputé de Londres, tant pour sa mythologie que pour son opulence acoustique : Abbey Road. Pourtant, dès le début du reportage pour *Les Inrocks*, Étienne confie vouloir faire un album « plus simple » qu'*Eden*, ce qui sera sans aucun doute le cas concernant les compositions mais certainement pas au niveau des arrangements, chacune des onze chansons étant investie comme ces « symphonies de poche » chères à Brian Wilson. Les programmations, les cuivres, les flûtes et autres harpes s'agrègent ainsi peu à peu au piano de Jean-Louis et aux rythmiques particulièrement félines qui accentuent l'aspect ultra-luxueux de l'ensemble. Quant aux cordes, volontiers plus mélodramatiques que celles de Whitaker, elles sont comme des rampes d'ascension qui permettent aux chansons d'abandonner leur gravitation terrestre et d'entrer en apesanteur. Pendant ce temps, à Rennes, les Transmusicales fêtent leur vintg et un hivers, ce qui arrache cette réflexion à Daho dans *Les Inrocks* : « Moi, je suis né aux Transmusicales, à la première édition. Si on m'avait dit que vingt ans plus tard j'enregistrerais à Abbey Road, je n'y aurais jamais cru. » Comme en témoigne le journaliste sur place, Daho fond littéralement en larmes lorsqu'il entend l'orchestre donner chair à *La Baie*, qui sonne exactement comme il en rêvait, avec notamment ces trompettes fluettes qui échappent de la voûte céleste des cordes comme autant d'étoiles indomptées. À l'image de *Walk on by* et de quantité d'autres merveilles de Burt Bacharach dont il approche ici les secrets comme peu de gens avant lui. De la chanson *Pet Shop Boys* de Soligny, Daho est parvenu à faire un splendide court-métrage sonore de près de six minutes, un long panoramique qui possède la magie chromatique et l'amplitude spectrale de ces hauteurs qui embrassent l'immensité de l'océan, à Los Angeles ou ailleurs. Forcément le genre de morceau après lequel un chanteur pop peut courir toute une vie sans parvenir à l'attraper, et que Daho épingle ici à ses trophées avec le flegme à peine ébranlé d'un habitué des cimes. *La Baie* reste toutefois un col hors catégorie, un sommet tellement élevé qu'il aura pour défaut de faire un peu d'ombre aux autres morceaux de l'album. Hormis les majestueux *Ouverture* et *San Antonio de la luna*, situés aux deux pôles de *Corps et armes*, on peut en effet reprocher à l'album son confort de berline, son impeccable moteur qui tourne à la perfection mais dont on aurait parfois souhaité qu'il s'emballe un peu, voire qu'il crache quelques flammes ici maintenues sous éteignoir. La violence passionnelle de *Corps et armes* est tout entière contenue dans les textes, tandis qu'en apparence il s'agit du disque le plus climatisé de Daho, le plus agréable pour l'oreille, ce qui en fait l'opposé exact d'*Eden*.

En avril 2000, *Corps et armes* est dans les bacs, orné d'une pochette parfaitement raccord avec le son luxueux et chic de l'album. Elle est signée M/M, duo superstar du graphisme français qui compte parmi sa clientèle des gens comme Björk ou Madonna ainsi que les plus grandes marques de luxe internationales. Étienne a fait connaissance avec Michael Amzalag et Mathias Augustyniak, les deux créateurs de M/M, lors d'une fête d'anniversaire de Nathalie Noënnec, chargée chez Virgin de l'image des projets artistiques. Nathalie accompagne Daho depuis les années 80 et aura suivi ou initié presque tous les chantiers pour les pochettes de disques ou les affiches, rencontrant en lui l'un des partenaires les plus stimulants et inspirants. « Étienne a une culture graphique et photographique énorme, il n'a pas besoin d'être guidé, c'est le plus souvent lui qui trouve les gens avec lesquels il veut travailler. Et il a cette chance inouïe : jamais personne ne refuse de travailler avec lui. Je m'en suis rendu compte cette fois-là avec les M/M, qui étaient superexcités à l'idée de le rencontrer et pour qui Daho représentait une influence énorme. Je pense qu'Étienne a conscience de cela, il a une grande confiance en lui et en ses goûts, il s'est toujours autant battu pour une pochette que pour le choix d'un producteur, c'est aussi important pour lui. » Nathalie Noënnec, qui se considère avant tout comme « une courroie de transmission », va donc mettre en relation Étienne avec un couple de photographes dont elle admire le travail, Inez Van Lamsweerde et Vinoodh Matadin, et avec M/M pour la réalisation graphique. La photo du profil d'Étienne en contre-jour, où il ressemble presque à une statue d'ébène africaine ou à une médaille, inspire à M/M l'idée d'un enchevêtrement de fils à coudre colorés qui représentent le bouillonnement des neurones du cerveau, avec ce contraste fort entre un visage figé et son activité intérieure. Les M/M ont en tête une célèbre affiche de Bob Dylan signée Milton Glaser en 1967 qui représente l'auteur de *Like a Rolling Stone* de profil, le visage noir et les cheveux aux couleurs psychédéliques, une image elle-même inspirée par un autoportrait de Marcel Duchamp. Le plus grand chanteur américain et le plus grand artiste français du vingtième siècle, l'échelle généalogique est plutôt flatteuse. Les M/M savent également contourner la banalité industrielle du boîtier de CD en jouant sur les transparences et en utilisant des typographies d'un raffinement extrême, faisant de la pochette de *Corps et armes* le parfait miroir de son contenu. *Le Brasier*, le premier single choisi, comme les suivants, *La Nage indienne* et *Rendez-vous à Vedra*, ne figurent pas parmi ceux d'Étienne qui ont pris d'assaut les ondes des radios. *Corps et armes*, qui se classera numéro 1 des ventes à sa sortie, confirme en revanche Daho en chanteur dont les albums intéressent plus que les singles, ce qui est d'ailleurs le cas depuis les débuts malgré quelques énormes tubes en trompe l'œil. « *Le Brasier* en premier single était un bon choix ; par contre, j'aurais préféré *La Baie* et *Ouverture* pour lui succéder. J'avais accepté les choix de *La Nage indienne* et de *Rendez-vous à Vedra* à la seule condition que l'on sorte aussi *Ouverture* pour conclure l'album. Le single a été fabriqué en quantité réduite, mais pas envoyé aux médias, pas travaillé et donc a fini aux oubliettes. J'ai appris plus tard par une attachée de presse de l'époque que le single avait été volontairement sacrifié pour permettre la sortie de *Les Cerfs volants*, single qui figurait sur le premier album de Benjamin Biolay et qui ressemble étrangement à *Ouverture*. Ça m'a rendu dingue. »

Mieux accueilli qu'*Eden*, *Corps et armes* permet d'aborder avec sérénité les préparatifs de la tournée suivante, qui contrairement aux habitudes d'Étienne est plus proche de la sortie du disque puisqu'elle débute seulement sept mois plus tard, en novembre. *Libération*, pour saluer la sortie du nouveau Daho, titre en une d'un amusant « Daho perd son chant froid » tandis qu'à l'intérieur une brillante chronique de l'album par Jean-Marc Lalanne donne toutes les clés de l'album en une formule : « L'auteur découpe avec toujours autant de précision les sensations retorses et délicates qui font l'ordinaire de nos vies sentimentales, en leur donnant ici un tour élégiaque particulièrement serein et radieux. » Mais Lalanne de préciser en fin d'article : « *Eden*, album dépressif mal aimé, reste notre préféré. C'est injuste, un peu dégoûtant, mais qu'attend-on d'une pop-star sinon qu'elle souffre à notre place ? » Le calendrier a également voulu que le nouvel album de Françoise Hardy, *Clair-Obscur*, sorte en même temps que *Corps et armes*, et on y retrouve un duo Hardy/Daho sur une magnifique chanson des Everly Brothers, *So Sad*. So chic... Dans le quotidien *Le Monde* daté du 6 mai, Véronique Mortaigne n'hésite pas à consacrer une page entière aux deux disques alors que Stéphane Davet dresse un portrait des Valentins. Dans l'article qui lui est consacré, Étienne donne quelques précisions concernant l'un des titres de l'album *L'Année du dragon*, adaptation en français de *Touched by the Sun* de Carly Simon, une chanson que la star américaine des années 70 chanta sur le lit de mort de Jackie Onassis, dont elle était l'amie intime. Cette adaptation de Carly Simon traduit clairement la volonté d'Étienne sur *Corps et armes* d'avoir cherché – et réussi – à s'approcher de ce son soft-rock californien teinté de country inventé à Los Angeles dans les seventies, à la grande époque du *Laurel Canyon* de Joni Mitchell, James Taylor, Carole King, Crosby Stills, Nash & Young ou Jackson Browne. Daho fait également figurer dans son panthéon personnel les premiers albums des Beach Boys, notamment parce que son père en possédait et qu'il entendit ainsi tout petit cette chorale d'anges blonds chanter l'été sans fin, les *California Girls* et tout ce décor rayonnant que viendra bientôt troubler la mélancolie de *In My Room* et surtout de *Pet Sounds*, le chef-d'œuvre de Brian Wilson. Sur *San Antonio de la luna*, et donc dans les derniers mots de l'album, l'allusion à l'« endless summer » des Beach Boys est limpide : « Pour l'éternité, avec toi, l'été sans fin. »

Comme pour en prolonger tout l'hiver les caresses, la tournée qui démarre le 8 novembre 2000 à Colombes est également baptisée *Le Tour de l'été sans fin*. En plus des habituels Saint Marcello B et Gavin Skinner, Étienne fait entrer dans son manège deux protagonistes importants des futurs épisodes. L'un se nomme Bertrand Blais mais tout le monde le connaît sous le pseudonyme de Mako. Il va s'occuper des programmations ultrasophistiquées qui permettent d'embarquer sur scène dans un format léger toute la luxuriance orchestrale de *Corps et armes*. À la guitare arrive Vincent Mounier, un musicien très doué que les amateurs de pop connaissent mieux sous le nom de Karl Niagara, lorsqu'il faisait partie d'un des meilleurs groupes français des années 80-90, non pas Niagara mais L'Affaire Louis Trio. Avec son frère Hubert (alias Cleet Boris) et François Lebleu (Bronco Junior), cette fameuse Affaire de Lyon a d'abord conquis les hit-parades avec ses chansons exotiques et sautillantes dans la lignée de Kid Creole & The Coconuts (*Chic Planète*) avant de bifurquer vers une pop plus ouvragée inspirée par les Beatles et les géniaux excentriques de XTC. Leur odyssée inspirée par Jules Vernes, *Mobilis in mobile* (1993), reste en outre l'un des plus grands disques jamais sorti en France, conjugué à un succès commercial exceptionnel. Vincent et Étienne se sont croisés sur des plateaux télé ou dans des festivals à l'époque de leurs carrières parallèles, désormais l'ex-ALT apporte avec lui chez Daho son sens parfaitement aiguisé des parties de guitares mélodiques en même temps que son expérience des chœurs complexes. Vincent Mounier songeait sérieusement se recycler dans le jardinage lorsqu'il repiqua à la scène grâce à Daho, la fertilité de leur association ayant largement débordé du cadre de cette longue et éblouissante tournée. *Le Tour de l'été* sans fin voit également l'arrivée dans la boucle du graphiste Antoine Carlier qui travaille les images très raffinées de la scène et poursuivra également leur collaboration sur les projets suivants. Enfin, Étienne est désormais pris en charge par un nouveau tourneur, Thierry Suc, habitué aux poids lourds de la variété française comme Jean-Jacques Goldman, Zazie ou Mylène Farmer. C'est lui qui convainc Daho de modifier son itinéraire habituel des villes universitaires et des Zénith de province pour s'aventurer dans les théâtres et les centres culturels de villes moyennes. Une manière de faire connaître l'étendue de l'univers d'Étienne à un public qui n'en a qu'une image partielle à travers l'unique relais des tubes radio et des émissions en prime time. Cette tournée qui s'étale en plusieurs vagues jusqu'à l'été 2001 – avec même une date décalée au Rex Club à Paris en décembre – possède toutefois ses rituels, en commençant par ses six Olympia en tout début de circuit, avec Vanessa Daou en première partie. Mais la formule 1 Daho qui sillonne la France va connaître une frayeur imprévue quand Étienne contracte la coqueluche lorsqu'un ami viendra le saluer dans les loges après un concert, accompagné de son fils contagieux. Résultat : une fièvre carabinée et une date à Lyon annulée, la seule fois dans toute sa carrière où Daho a dû se contraindre la mort dans l'âme à jeter l'éponge.

Un événement plus heureux a lieu lors du dernier soir sur la scène de Colmar lorsque Dani monte sur scène pour interpréter en duo *Comme un boomerang*, une chanson de Gainsbourg que le public découvre ici pour la première fois car elle est demeurée jusqu'ici complètement inédite. Gainsbourg l'avait écrite pour Dani en vue du concours de l'Eurovision en 1975. Suite à l'annulation de l'année précédente, la chaîne Antenne 2 sollicite donc Dani une nouvelle fois, qui accepte à condition que Gainsbourg, dont elle est proche, signe le morceau. Mais *Comme un boomerang*, titre pourtant éminemment gainsbourgien, n'est finalement pas retenu en présélection, le jury d'esthètes de l'époque le jugeant trop agressif et préférant la plus consensuelle Nicole Rieu. La chanson, du coup, passe aux oubliettes, et Dani à autre chose. Jusqu'au jour où elle parle à Daho de ce fameux titre inédit dont il n'existe qu'une version démo chantée par Gainsbourg et Dani, quelque part dans les archives de Vogue. Avec l'aide d'un ami aussi acharné que lui, Olivier Julien, Étienne réussit finalement à mettre la main sur cet inestimable trésor et propose à Dani de produire une nouvelle version de la chanson pour tenter un nouveau come-back après l'échec de *Cette histoire commence*, treize ans plus tôt. Dani, qui éprouve une grande réticence à revenir à la chanson, qu'elle pense avoir alors abandonnée pour se consacrer entièrement à son nouveau métier de fleuriste de luxe, accepte à condition qu'Étienne chante avec elle en duo. Mais Daho s'y oppose : « Cette chanson ne me semblait pas être un duo, elle n'a pas été écrite dans ce sens par Gainsbourg. J'ai voulu néanmoins montrer à Dani que ça ne fonctionnerait pas et j'ai fait une prise de voix qui est d'ailleurs la voix définitive sur le disque. En revenant dans la cabine pour réécouter, je me suis rendu compte que, bien au contraire, ça collait parfaitement. » Ajouté à la fois à une compilation de Dani et à l'album *Daho live* issu de la tournée, *Comme un boomerang* sort également en single et devient un autre de ces tubes solitaires de Daho – il atteindra le Top 10 des ventes de singles – même s'il est accompagné sur celui-là et si le partage des rôles est parfaitement égalitaire entre lui et Dani. Rendant grâce à son titre jusqu'au bout, *Comme un boomerang* revient splendidement en pleine lumière, sur tous les écrans et sur toutes les stations, vingt-six ans après avoir été balancé dans le néant par feu Antenne 2. Pour Dani, cette histoire qui recommence éternellement possède enfin de goût sucré des douces revanches.

Un monde réévolué

(2002-2004)

La carrière d'Étienne Daho acteur a failli redémarrer en trombe. Pas pour l'une de ces furtives apparitions clin d'œil comme au cours des années 80 chez Assayas ou Virginie Thévenet. Non, cette fois Étienne s'est vu proposer un vrai premier rôle dans *17 Fois Cécile Cassard*, long-métrage qui inaugure la carrière d'un grand cinéaste français en devenir, Christophe Honoré. Également écrivain et auteur de livres pour enfants, Honoré est breton, originaire des Côtes-d'Armor, et il a effectué ses études supérieures à Rennes. Il est surtout un fan de Daho de la première heure et notamment d'*Eden*, qu'il considère comme son disque de chevet. Lorsqu'il adresse le scénario de ce premier long-métrage à Daho, c'est avec cette conviction que le chanteur n'a pas été suffisamment regardé par les cinéastes, qui l'ont employé tel quel, sans chercher à le déshabiller vraiment de son costume de pop star. Christophe Honoré ose au contraire, sur le papier en tout cas, proposer à Daho un rôle qui tranchera radicalement avec son image habituelle : « Lorsque j'ai lu le scénario, regrette Étienne, je ne me suis pas senti capable de faire le film en raison de plusieurs scènes où je devais apparaître dans des situations qui me mettaient mal à l'aise. J'ai donc refusé le rôle et lorsque j'ai finalement vu le film, avec Romain Duris dans le rôle qui aurait dû être le mien, je me suis rendu compte que toutes les scènes embarrassantes avaient disparu. J'ai vraiment eu un regret cette fois-là, notamment parce que j'aurais adoré tourner avec Béatrice Dalle. » Le film sort en salle en 2002, alors que chez les disquaires arrive au même moment un nouvel album de Marianne Faithfull intitulé *Kissin' Time* et composé par la crème de la pop internationale, de Jarvis Cocker (Pulp) à Beck en passant par Billy Corgan des Smashing Pumpkins et Damon Albarn de Blur. Parmi ce club très privé, Étienne est le seul Français à avoir obtenu un ticket d'entrée, le temps d'une chanson inédite composée avec Les Valentins, *The Pleasure Song*. Écrire pour l'interprète de *Sister Morphine*, c'est toucher du doigt cette mythologie du rock'n'roll flamboyant et sulfureux des années 60-70 dont Faithfull aura été l'inspiratrice et l'impératrice, traverser le miroir et se retrouver dans le plus vaste lupanar de l'après-guerre. Un fantasme qu'il est inutile de se représenter car Guy Peellaert l'a fait à notre place, dans *Rock Dreams* : cette scène baptisée The Adlib, du nom de la célèbre discothèque londonienne, où l'on voit réunis Beatles, Stones, Walker Brothers, Yardbirds et quelques autres petits marquis de l'ère pop, accompagnés des principales intrigantes de l'époque dans une atmosphère cérémonieuse et guindée. Marianne, tout de pourpre vêtue, se tient sagement aux côtés de Jagger dans ce qui ressemble à un trompe-l'œil, une façade peinte derrière laquelle les mêmes personnages se livreraient, en chair et en os, à la plus phénoménale orgie du siècle. Étienne adore la compagnie de Faithfull, qui n'a pas comme tant d'autres cherché à nettoyer les recoins les plus sombres de son histoire et parle sans fausse pudeur des paradis artificiels et des enfers bien réels où elle s'est si souvent abîmée. C'est surtout une femme cultivée et distinguée que l'on a trop souvent réduite à quelques anecdotes salées, à une liste d'amants ressemblant au Hall of Fame et à quelques photos boudeuses. Leur collaboration, trop courte sur *Kissin' Time*, en appelle forcément d'autres, et celle-ci aura lieu pas plus tard que sur l'album dont Étienne entame le chantier aussitôt la tournée de *Corps et armes* achevée. C'est précisément au cours de cette tournée, en observant la bonne communication entre ses musiciens, et notamment entre Mako et Vincent Mounier, qu'Étienne songe à entretenir cette harmonie en studio. Il a dans l'idée de réaliser un disque plus simple, plus rock, un album pour la scène, sans les apprêts complexes et l'arborescence de collaborateurs des deux précédents. « Avec *Corps et armes*, j'avais le sentiment d'être parvenu à une sorte de paroxysme en termes de sophistication. Or j'ai en moi quelque chose de plus direct et brut, qui avait été gommé sur ce disque. En studio, on parvient toujours à capter des choses très en finesse mais rarement à retrouver l'énergie et l'intensité de la scène. J'ai donc eu envie d'un album sans sophistication ni volonté de séduire, créé, joué, répété, enregistré avec le groupe de scène et mixé par l'ingénieur qui mixait nos concerts. » Au début de l'été 2002, Étienne s'est retiré comme souvent à Ibiza où il commence à composer seul, puis, de retour à Paris, il organise chez lui des petites séances de travail avec quelques-uns de ses compositeurs attitrés. C'est au « Chalet », surnom donné désormais à la maison d'Étienne, que Nicholas Dembling débarque un jour avec trois de ces musiques que d'ordinaire il envoyait par la poste depuis New York. L'ex-Comateens, on s'en rend compte à chacune de ses apparitions sur les albums de Daho, est probablement l'un des compositeurs américains les plus mésestimés des trois dernières décennies. Cette fois encore, lorsqu'il aligne les accords de la chanson qui deviendra *Retour à toi*, Daho – qui en écrit la mélodie – est sûr de tenir l'un des bijoux dont Dembling a régulièrement paré ses disques depuis *Pour nos vies martiennes*. Daho fait également plusieurs allers-retours à Londres jusqu'à l'automne où il retrouve Helen Turner mais aussi les Pet Shop Boys, dont il envisage de reprendre le titre *You Choose*. Mais les séances les plus nombreuses ont lieu en tête à tête avec Vincent Mounier, au Chalet, où Étienne commence à sélectionner les chansons qui cohabiteront le mieux les unes avec les autres, passant d'une liste de vingt-trois potentielles à une petite quinzaine, éliminant les reprises et se concentrant sur celles qui tournent le mieux en formation rock. Par contre, au niveau des textes, c'est encore la grande sécheresse. Seul un second titre de Nicholas Dembling a trouvé ses mots et il s'appellera *Les Jalousies*. Étienne l'a écrit très vite en s'inspirant du vocabulaire de la psychanalyse, qu'il pratique depuis déjà plusieurs années.

À l'approche de Noël, Virgin a sollicité Daho pour confectionner un Long Box, ces coffrets alors très populaires qui rassemblent en trois CD et dans un format livre le meilleur d'un artiste. Mais comme Étienne ne voit pas bien l'intérêt d'un nouveau best of rallongé, il propose et réalise un véritable objet collector pour les fans : un recueil de soixante chansons intitulé *Dans la peau de Daho* qui comporte un grand nombre de morceaux rares ou carrément inédits ainsi que des remix et des duos autrefois éparpillés sur les disques des autres. Le graphisme est signé Antoine Carlier à partir de la fameuse session photo de Nick Knight pour *Paris ailleurs*, encore magnifiée par un travail typographique et calligraphique méticuleux et distingué. À la demande du mensuel *Magic !*, Daho tient pendant toute la durée de gestation de l'album un « Ed mémoire », journal « extime » où l'on peut suivre par épisodes successifs toutes les étapes d'un cheminement où les soustractions sont aussi nombreuses que les additions. Ainsi, en cours de route Étienne élimine des morceaux, des idées de production, des envies de reprises, pour finalement aboutir à une sélection de onze titres dont il est satisfait. À propos de la délicate opération de l'écriture des textes, il note dans son Ed mémoire : « Ne plus faire semblant de ne pas voir sa table de travail en faisant de grands détours, mais au contraire s'y cramponner, s'y faire attacher, sangler et faire corps avec la pauvre feuille et son stylo minable, garantie absolue de résultats satisfaisants et exponentiels. Et puis, gratter, chercher en soi, souffrir à fond, de préférence, etc. » Après avoir étudié avec Philippe Gandilhon, son partenaire privilégié chez Virgin, toutes les meilleures destinations envisageables pour l'enregistrement de l'album, Étienne s'arrête finalement sur l'option la plus simple : Paris. Pas d'« ailleurs » cette fois-ci, et si incroyable que cela puisse paraître, c'est la première fois qu'un album de Daho est enregistré entièrement sur le sol français depuis *La Notte la notte*, soit depuis quasiment vingt ans. C'est en revanche, comme de tradition, un album de Daho qui sera passé par des centaines de phases contradictoires, aura été traversé de fantasmes éphémères et aura finalement trouvé son équilibre dans la plus simple expression, dans son absence presque totale d'ostentation. Les deux membres de Air, Nicolas Godin et Jean-Benoît Dunkel, devaient au départ produire *Les Jalousies*, mais finalement il n'en fut rien. Bob Stanley de Saint Étienne et Neil Tennant des Pet Shop Boys avaient proposé des chansons mais qui ne furent pas retenues, Étienne s'accrochant jusqu'au bout à son idée d'un album compact et cohérent d'un bout à l'autre. Le rendez-vous pris un an plus tôt avec

Marianne Faithfull est en revanche honoré. Une belle mise en scène sadomaso titrée *Les Liens d'Éros* au début de laquelle Marianne récite un extrait de *La Vénus à la fourrure* de son grand-oncle Leopold von Sacher-Masoch, livre qui a déjà inspiré une chanson au Velvet Underground (*Venus in Furs*). L'autre invitée de l'album sera Charlotte Gainsbourg, qu'Étienne connaît sans la connaître depuis les années 80, lorsqu'il venait rendre visite à son père rue de Verneuil. Et, s'il a aussi chanté plus tard avec sa mère, Jane Birkin, la timidité légendaire de Charlotte l'a toujours tenue à distance de ce bel ami de la famille. Le nom de Charlotte Gainsbourg jaillit comme une évidence dans l'esprit de Daho lorsqu'il décide de faire sa propre version de *If*, un morceau qu'il a coécrit avec le duo français Ginger Ale et chanté un an plus tôt sur l'album de ces derniers, *Laid Back Galerie*. « Lorsque j'ai écrit le texte de *If* pour la version avec Ginger Ale, qui au départ s'appelait *Les Caimants*, je pensais à Bobby Lapointe et à la sensation hypnotique que produit la répétition d'un mot. C'est le son du mot qui indique le sens. Puis, lorsque Charlotte est venue chanter en studio, l'évidence gainsbourienne m'a saisi. J'étais halluciné de ne pas y avoir pensé avant, mais heureux de pouvoir rendre un hommage à Serge et, de surcroît, avec Charlotte. » Emmanuel de Buretel a confié à Daho le désir de Charlotte de revenir à la chanson, activité abandonnée depuis 1986 et le fameux album *Charlotte Forever* écrit par son père. Actrice épanouie et internationalement reconnue, Charlotte Gainsbourg peut désormais envisager la chanson comme une chose simple et heureuse et non comme un nœud œdipien dont l'évocation, immanquablement, la ferait souffrir. Et puis *If*, la chanson d'Étienne, est un hommage si évident à Serge, avec ces allitérations en « if » qui rappellent les « ex » de *Comment te dire adieu*, qu'elle en serait à l'évidence la co-interprète idéale. Mais elle accepte surtout parce que c'est Daho et aussi parce qu'elle a adoré la version Daho/Dani de *Comme un boomerang*.

Jusqu'au mois de juin 2003, Daho tient son cap d'enregistrer finalement l'album avec la garde rapprochée qui l'accompagnait sur scène. Mako est aux programmations, Christian Fradin aux claviers, Vincent Mounier aux guitares, le fidèle Mars à la basse et Matthieu Rabaté à la batterie. Xavier « Tox » Géronimi viendra également enregistrer une guitare acoustique sur *Retour à toi*, mais pour le reste l'album prend forme à l'intérieur de cette cellule réduite. L'aspect plus rugueux de l'album inspire à Étienne des textes moins sophistiqués que sur *Corps et armes*, et lorsque le stylo commence à fonctionner, ce sont des mots inhabituellement rudes qui en échappent. « Si je considère ma discographie comme un livre, ce chapitre est très important car c'est celui où je fais le ménage de plein de choses. C'est un nettoyage par le feu, qui est l'élément qui me vient naturellement à l'esprit lorsque je pense à ce disque. Je le trouve très incandescent et il contient certaines de mes chansons que je préfère, notamment *Retour à toi*, qui est l'une de celles qui parlent le mieux de moi. » En effet, *Retour à toi* est un chef-d'œuvre qui n'aura pas la carrière escomptée en radio, où elle aurait dû frapper aussi fort que *Saudade*. En dehors de sa mélodie aux dégradés chromatiques splendides, son texte est aussi l'un des plus émouvants car Étienne y évoque assez frontalement sa jeunesse, celle de l'époque où il ne se donnait que deux alternatives : la gloire ou le caniveau. Ce *Retour à toi*, c'est d'abord un retour sur lui-même, sur sa condition de « survivant » au « fracas de l'enfance » qu'il évoque sans pathos mais avec une espèce de rage contenue et stylée. Le choix du titre de l'album apparaît en cours de route, lorsqu'il trouve le mot « Réévolution », un néologisme dans la lignée de « Resérection » qui contient en lui deux idées-forces qu'il n'est pas nécessaire d'expliquer. La chanson *Réévolution* dévoile un Daho méconnaissable, comme le soulignera avec drôlerie et brio un article d'Arnaud Viviant dans *Les Inrocks* à sa sortie : « Ne dirait-on pas un mot d'ordre de Marie-George Buffet pour le parti le plus con de la terre, le parti communiste français ? Par Devo, on connaissait la "devolution", par Daho on s'habituera donc à la "réévolution". Étienne, chanteur engagé ? Étienne, le poing levé ? Ben ouais. *Réévolution*, la chanson éponyme, est la deuxième plage de l'album, et il y a des pavés dessous[1]. » Le chaos post-11 Septembre et le déclenchement de la seconde guerre du Golfe auront à l'évidence influé sur une prose plus rêche et ouvertement plus sensible aux vibrations extérieures, aux fanatismes religieux, et à des formes d'amour plus véloces. Ainsi en dehors des *Liens d'Éros*, un autre titre, *Les Remparts*, parle ouvertement de sadomasochisme, écornant sérieusement ce romantisme platonique à la Daho qui fut souvent pointé comme une faiblesse. Dans un autre registre, nettement plus frivole, *Vis-à-vis* est un éloge à la beauté masculine vue à travers l'œil d'un photographe explicitement nommé dans la chanson : Hedi Slimane. Le jeune prodige de la mode, qui a entièrement rénové la ligne Dior Homme après un passage tout aussi remarqué chez Saint Laurent, a noué des liens quasi fraternels avec Daho. Les deux hommes ont la même silhouette et un lourd bagage de références communes en matière d'art, de cinéma et bien sûr de musique. En outre, Slimane est d'origine tunisienne, ce qui les rapproche encore un peu plus. Parmi les artistes français

1. *Les Inrockuptibles*, 5 novembre 2003.

qui l'ont influencé, Slimane cite spontanément Daho, qui considère pour sa part la ligne Dior Homme dessinée par Hedi comme une véritable seconde peau. Au cours de l'enregistrement de *Réévolution*, Slimane a entraîné Daho à Berlin pour lui faire découvrir cette ville de cœur à laquelle il vient de consacrer un livre de photos [1]. Sur place, le styliste photographe en profite pour shooter son ami dans l'objectif de réaliser la pochette de l'album. Hedi Slimane est en train de redéfinir le photoreportage musical et choisira bientôt pour théâtre de prédilection la nouvelle scène rock britannique incarnée notamment par Pete Doherty et ses Libertines ou encore Franz Ferdinand, Bloc Party ou Arctic Monkeys. Son nom accolé à celui de Daho pour un projet intitulé *Réévolution* est une idée qui tombe parfaitement sous le sens. Parallèlement, le graphiste Antoine Carlier qui a travaillé sur la Long Box *Dans la peau de Daho* passe au studio pour écouter l'album en chantier et, inspiré par ce qu'il entend, demande à Étienne et à Nathalie Noënnec de le laisser travailler sur un projet qu'il a en tête. « Plusieurs sessions photos avaient été commandées, se souvient la responsable de l'image chez Virgin, mais lorsque Antoine est arrivé avec sa proposition, Étienne et moi avons tout de suite considéré que c'était la bonne. » Pourtant, le travail de Carlier peut apparaître complètement anachronique puisqu'il reprend une fois encore une photo restée inédite de Nick Night datant des sessions de *Paris ailleurs*. Illustrer un nouvel album avec une image vieille de douze ans, qui de plus fait immédiatement référence à l'album le plus connu de Daho, peut laisser poindre un sentiment de redite qui n'est pas chose habituelle chez Étienne. Mais la force du projet de Carlier réside non seulement dans cette photo façon statue de Rodin mais surtout à travers un somptueux travail

1. *Berlin* (Éditions 7L, 2003).

graphique qui mêle un lettrage gothique avec des calligraphies orientales. Chez Virgin, où on n'aimait déjà pas la pochette de *Paris ailleurs* à l'époque, ce retour du Black Nick Knight provoque encore quelques grincements de dents. Avec cinq années de recul, Étienne admet lui-même aujourd'hui que cette pochette légèrement redondante a sans doute fait du tort à la carrière de ce huitième album, qui arrive à destination chez les disquaires le 4 novembre 2003. « J'ai l'habitude que l'on soit hostile à mes choix de visuels d'albums. Ça ne me dérange pas vraiment. J'aime cet artwork aux lettrages codés, mi-république de Weimar, mi-Orient, et cette photo de Nick Knight est sublime. On a parfois reproché sa similitude avec la pochette de *Paris ailleurs* ; on m'a aussi dit que ça serait un bémol pour la carrière de l'album. C'est possible, mais pour moi, c'est vraiment la pochette qu'il fallait et je ne regrette absolument pas ce choix. »

Si le recto de la pochette est parfaitement épuré, laissant toute la place à la photo de Knight, le verso du CD comporte un énorme pavé qui explique le procédé que tout le groupe EMI – auquel appartient désormais Virgin – a adopté pour tenter de combattre le piratage musical. Avec la démocratisation du haut débit, les maisons de disques qui ont pris avec beaucoup de retard conscience de la révolution Internet cherchent par tous les moyens à endiguer ce phénomène qui met désormais en péril toute l'industrie musicale. La copie privée, désormais un jeu d'enfants grâce aux graveurs dont sont équipés tous les ordinateurs, peut très vite donner lieu à une véritable industrie parallèle où des CD parfaitement clonés seront vendus ou échangés sans que les artistes et les producteurs ne puissent plus rien contrôler. D'où l'apparition de ce copy control, un verrou censé protéger la reproduction, qui enlaidit les pochettes et s'avère assez vite inefficace. « Ce hideux et énorme pavé bousillait l'artwork du verso de la pochette. La politique globale de la maison de disques faisait qu'il était impossible de s'y soustraire, malgré mes refus obstinés. » Mais le problème, lui, reste terriblement aigu, et si Daho fait encore partie des artistes suffisamment installés pour échapper à cette hémorragie annoncée, il n'en va pas de même pour les jeunes groupes ou chanteurs qui pourtant affluent de toute part en France, qui n'a jamais connu autant d'effervescence créative. La sortie de *Réévolution* est bien orchestrée, avec notamment la parution d'un hors-série de *Magic !* consacré entièrement à Daho, aboutissement de son Ed mémoire, publié des mois durant par le mensuel, et véritable radiographie de tout son parcours depuis *Mythomane*. Cette édition spéciale contient aussi des interviews inédites de collaborateurs, dont Tom Durack, qui a mixé *Réévolution* après avoir déjà apposé sa patte unique sur *Paris ailleurs*, *Corps et armes* et une nouvelle version CD de *Mythomane* parue en catimini en 1994. Durack, qui était donc aux premières loges des deux projets, n'hésite pas à rapprocher *Réévolution* de *Paris ailleurs*, au-delà même de leurs pochettes jumelles. Et c'est sans doute cette éternelle comparaison entre les deux disques qui va finir par tourner au désavantage du second. Si la presse reçoit en grande pompe le nouveau Daho, le public sera beaucoup plus récalcitrant. À l'image d'*Eden*, les ventes démarrent sur un bon rythme avant de s'essouffler, mais cette fois aucun *Soudain* ne vient les réactiver. Pourtant, le duo avec Charlotte Gainsbourg est l'un des titres les plus diffusés en radio lors de sa sortie en single en 2004 – il est même entré dans le Top 50 –, donnant l'illusion que l'album connaît une solide carrière commerciale, alors que c'est loin d'être le cas, atteignant en bout de course le chiffre assez décevant de cent cinquante mille ventes. Une baisse de régime qui affecte également la tournée qui démarre en mars 2004 avec toute l'équipe des musiciens de l'album. Si la traditionnelle semaine d'Olympia affiche complet et si les Zénith de province, qui rassemblent tout le public d'une région, répondent bien, il n'en va pas de même pour les salles moyennes, et plusieurs dates prévues sont annulées. Beaucoup plus court que les précédents, le *Réévolution Tour* se termine au Zénith de Paris en juin avec un goût d'inachevé. Pour Étienne, la rupture est consommée avec Virgin, qu'il accuse d'avoir négligé son album comme pas mal d'autres sortis à la même époque. La raison en incombe selon lui à une guerre intestine qui oppose les deux chefs de clan au sein d'EMI, et qui entraîne tout le groupe dans une situation de blocage où chacun contredit les décisions de l'autre. Au milieu, le personnel et les artistes voient l'ambiance se dégrader au fil des mois, et, dans les nouveaux locaux de la porte de Clignancourt qui abritent toute la multinationale, le gazon qui sépare les deux bâtiments est parfois à deux doigts de se transformer en champ de bataille. Patrick Péan, le manager d'Étienne, commence à y perdre son latin, alors que la maison de disques semble baisser complètement les bras, négligeant, entre autres, le souhait d'Étienne de sortir *L'Inconstant* en single pour tenter de ranimer la flamme vacillante de cette trop brève *Réévolution.* « Un album pas travaillé, c'est trois années de votre vie et de votre investissement personnel qui sont foutues en l'air. Un jour, je suis arrivé et j'ai dit que je me barrais. Ça a été le choc. La décision semble brutale, mais elle fut en réalité très longue et douloureuse à prendre car j'étais très attaché à Virgin qui était mon label depuis les débuts, celui qui avait cru en moi et m'avait accompagné pendant plus de vingt ans. Un genre de famille en quelque sorte, avec des tas de gens que j'aimais beaucoup. Mais couper le cordon et partir était véritablement devenu une question de survie. » Parti pour quitter avec fracas le groupe EMI afin de rejoindre l'un de ses concurrents, les propositions ne manquant pas, Étienne est finalement rattrapé *in extremis* par le patron d'EMI pour le monde, le Français Alain Lévy, avec lequel il entretient depuis toujours d'excellentes relations. « Alain Lévy est venu spécialement des États-Unis pour m'inviter à déjeuner en compagnie de Jean-François Cécillon, président de EMI Europe. Ils ont commencé par me présenter leurs excuses, un geste que j'ai trouvé assez élégant et courageux. Puis ils m'ont proposé de signer chez Capitol, en me promettant des moyens et une liberté dans mes projets que j'ai trouvée suffisamment séduisante pour me laisser convaincre. De plus, j'ai adoré Benjamin Chulvanij et toute son équipe. Leur bonne énergie a été contagieuse. » Finalement, Étienne, qui pensait aller voir ailleurs, va se contenter de traverser le jardin qui sépare Virgin de Capitol. Peut-être, parmi les arguments qui ont agi en faveur de ce choix, en est-il un purement fétichiste : faire figurer sur ses disques le mythique logo Capitol qui ornait jadis les pochettes de Frank Sinatra et des Beach Boys. On se souvient qu'en 1995 Morrissey avait signé un juteux contrat avec RCA, obligeant le label à ressortir du grenier le logo vintage des albums de Bowie et de Lou Reed dans les années 70 pour l'apposer sur son propre *Southpaw Grammar*. Parmi les différents projets dont il a discuté avec son nouveau label, il en est un qui va propulser Étienne Daho vingt ans en arrière.

Et la vie continuera

(2005-2008)

Lorsqu'il appose sa signature au bas du nouveau contrat qui le lie à Capitol, Étienne a une foultitude de nouveaux projets en tête, mais pas la moindre nouvelle chanson dans ses carnets. Il n'y a pas d'urgence à engager le chantier d'un album mais il est en revanche important d'accompagner cette aube nouvelle d'un disque qui en sera comme l'acte de fiançailles. Une façon pour les deux parties d'apprendre à vivre ensemble, avant les véritables noces qui devront s'avérer aussi rayonnantes et fertiles que le divorce avec Virgin fut précipité et empli d'amertume. Parmi les idées qui flottent dans l'air, il y a cette envie déjà ancienne pour Daho d'enregistrer un album de reprises, manière pour lui de faire apparaître des noms et des influences peu connues, des coups de cœur récents – comme celui qu'il a éprouvé en découvrant les magnifiques albums d'une chanteuse maudite, la New-Yorkaise Karen Dalton – ou d'anciennes obsessions jamais révélées. Il envisage également de faire un disque de Noël, non pour concurrencer Tino Rossi sous le sapin mais plutôt en hommage à d'illustres et éblouissantes guirlandes déposées jadis dans sa mémoire par Phil Spector, Smokey Robinson ou les Beach Boys.

Cette idée le réjouit d'autant plus qu'il a fait la connaissance d'un duo suédois supersonique, The Raveonettes, idéalement profilé pour l'accompagner sur le projet. L'autre envie est née d'une véritable colère envers Virgin, qui a négligé la restauration de ses premiers albums jusqu'à sortir sans son autorisation des versions très bas de gamme des trois premiers, avec des pochettes différentes destinées aux opérations rabais des grandes enseignes du disque ou de supermarchés. Lorsqu'il découvre le forfait par hasard lors d'un passage en Belgique, Daho exige immédiatement par l'intermédiaire de ses avocats le retrait de ces sous-produits et prend la décision de diriger lui-même de nouvelles éditions qui satisferont les fans et les vrais amateurs de musique. Le vingtième anniversaire de *Pop Satori* approche et cela pourrait constituer une bonne occasion pour commencer par celui-ci, tant il est artistiquement et sentimentalement symbolique de sa carrière. Si tous ces projets réclament du temps pour voir le jour, il en est un autre qui nécessite moins d'investissement et qui est finalement retenu : un album live, son quatrième. En accord notamment avec le responsable du marketing de Capitol, Pierre Carron, avec qui il travaille désormais en parfaite harmonie, Étienne choisit de déborder du cadre de la dernière tournée pour offrir un éventail d'extraits de concerts des six années précédentes sous l'intitulé *Sortir ce soir : best of live*. Pour l'occasion, une version qui satisfait enfin Étienne de *Sortir ce soir* – chanson dont il estime n'avoir pas réussi à l'époque de *La Notte la notte* à tirer toute la sève – est publiée en single, toute en guitares velvetiennes hérissées par l'énergie du live. À sa sortie en février 2005, cet album n'a pas d'ambition commerciale démesurée, et pourtant il s'en vendra quasiment autant d'exemplaires que *Réévolution* (cent vingt mille), décrochant un nouveau disque d'or pour le coup inespéré.

Avec ce succès surprise, Daho gagne encore un peu de temps sur le calendrier qu'il s'est fixé. Afin de ne pas reproduire les erreurs de *Réévolution*, il s'est donné du temps pour laisser germer de nouvelles chansons, trouver les collaborateurs avec qui il pourra totalement accomplir leur gestation et faire du prochain album un événement pour lequel sa nouvelle maison de disques est prête à engager tous les moyens. Il possède même un peu de marge pour envisager un autre projet dont il a fait le serment quelques mois plus tôt. En décembre 2004, Étienne a en effet invité Elli Medeiros à La Closerie des lilas pour fêter en tête à tête leurs vingt-cinq ans d'amitiés. Au cours du dîner, Elli confirme son souhait de refaire un album – son premier depuis 1989 – où elle ferait cohabiter pour la première fois le versant rock de l'époque des Stinky Toys et la source latino en droite descendance de ses racines uruguayennes. « Étienne m'avait déjà encouragée dans cette voie en me présentant son programmateur, Fabien Waltmann, avec lequel j'avais commencé à travailler sur de nouveaux titres. Mais pendant ce dîner, parce que j'ai senti qu'il avait peut-être envie de s'investir dans le projet, nous avons parlé d'un disque qui s'orienterait plus vers le rock, domaine avec lequel il se sent plus à l'aise, et aussi parce que ça nous raccrochait à notre première rencontre à Rennes au moment du concert des Toys. À la fin, on s'est tapé dans la main comme pour dire "banco", et c'est comme ça qu'il est devenu réalisateur du disque. » Au cours de l'été 2005, l'album du retour au rock d'Elli se met en branle autour de l'équipe de musiciens qui a enregistré *Réévolution.* Daho apporte sa touche à la composition d'un titre déjà ébauché qui s'annonce comme le plus décapant de l'album, *Soulève-moi.* À sa sortie un an plus tard, le rock critique cosmique Yves Adrien, auteur du fondateur *NovöVision*, qualifie *Soulève-moi* de « single stoogien » et argumente ainsi : « Du pur Motor City haut cru 1969, mais enlevé par une fille, frisson nouveau au pays des ciels pommelés et du petit vin blanc. » Avant de poursuivre sur le même fil électrique : « ... du métal ondoyant et menaçant, façon Ron Asheton téléporté dans les décombres soniques de la Ve République : Ségolène Royale devrait se méfier d'Elli Medeiros ». Venant d'une telle plume, l'hommage vaut de l'or et il aura au moins pour vertu d'adoucir la chute de l'album *EM*, qui déboule en septembre 2006 accompagné d'un flatteur dossier de presse louant « Elli l'icône punk » mais bientôt rattrapé par la réalité d'un marché du disque en pleine débandade et encaissant des chiffres de ventes abyssalement faibles. Ironie du calendrier, Jacno sort lui aussi au même moment un nouvel album, intitulé *Tant de temps*, sur lequel Étienne fait une apparition discrète. À distance, le fameux triangle se reconstitue, avec Étienne en agent de liaison. Mais c'est sur Daho qu'une fois encore l'essentiel des projecteurs médiatiques va se tourner en cette rentrée, avec un projet à double détente autour d'une réédition luxueuse de *Pop Satori*.

Avec Pierre Carron et les équipes de Capitol, Étienne a mis en chantier courant 2006 l'entreprise de restauration de son travail sur le modèle de ces rééditions de labels comme Rhino, aux États-Unis, qui font revivre d'un éclat nouveau des vestiges du passé. Mieux qu'un simple « remastering » des bandes d'origine, il est question ici d'un véritable travail d'édition agrémenté de versions démo, d'extraits live et de titres inédits, le tout emballé dans un objet censé redonner envie au public d'acheter des disques plutôt que de télécharger d'anonymes fichiers MP3 sans âme ni mémoire. L'album fétiche de la « Dahomania », celui qui a transformé vingt ans plus tôt un beau succès en véritable triomphe, réapparaît donc au mois d'octobre sous la forme d'un double CD. On y retrouve, outre l'album original, des remix et des versions rares des tubes (dont *Duel au soleil* en italien !), pas mal de maquettes originelles ainsi que le clou du spectacle que constituent de larges extraits du fameux *Olympia 86* restés jusqu'alors dans les cartons – et dans les souvenirs de ceux qui en partagèrent l'incroyable euphorie. Le magazine *Les Inrockuptibles*, qui fête lui aussi ses vingt printemps, a l'idée de proposer à Étienne de prolonger la célébration de *Pop Satori* en l'invitant sur la scène de l'Olympia pour rejouer intégralement l'album dans le cadre du festival que le journal organise chaque année à l'automne. Depuis plusieurs saisons déjà, la mode est en Angleterre et aux États-Unis à ce genre d'événement spécial où un artiste vient interpréter dans l'ordre un album qui a fait sa gloire. Brian Wilson des Beach Boys a ainsi rejoué son *Pet Sounds* et complété son fabuleux *Smile*, album inachevé de 1967, qu'il a magistralement fait renaître sur cette même scène de l'Olympia en mars 2004. Daho était évidemment dans la salle, ignorant encore qu'il aurait droit lui aussi à un tel jubilé deux ans plus tard. « J'ai accepté cette idée sans savoir si je parviendrais à réadapter ces chansons en leur conservant leur fraîcheur initiale tout en les modernisant. Je disposais de très peu de temps, j'ai d'ailleurs pensé que je n'y arriverais pas. J'avais des doutes également sur l'accueil du public sur un tel projet. » Lorsque je viens chez lui pour une interview en vue d'un papier dans les *Inrocks* au moment du concert, Étienne s'inquiète en effet du nombre de locations, alors que le concert est déjà quasi complet. Le 13 novembre, durant les quarante-cinq minutes d'un show où la nostalgie n'aura finalement qu'une place très secondaire, Étienne Daho emballe à nouveau l'Olympia avec un *Pop Satori* reconfiguré par des programmations parfaitement en phase avec le présent, ses angles les plus eighties étant notamment arrondis par la présence d'une section de cordes aussi jolie à regarder que douce à entendre. Sa voix au départ légèrement étranglée par l'émotion des retrouvailles reprend vite un pli impeccable et bien plus affermi qu'en 1986 tandis que défilent des plages qui n'ont rien perdu de leur vigueur initiale. À la fin, Étienne plane comme sur un nuage, ne trouvant plus les mots pour remercier le public de cet accueil qu'il n'aurait jamais rêvé aussi vibrant, sincèrement ému mais aussi soulagé d'avoir réussi sans accroc une telle cascade. « Ce concert, qui était au départ un exercice excitant mais aussi un peu casse-gueule, est devenu symbolique d'un renouveau. J'y ai vu de nouveaux signes d'encouragements et la confirmation pour moi-même de la cohérence de mon parcours, ce dont je ne m'étais jamais vraiment rendu compte, car j'ai finalement eu peu d'occasions ou d'envies de regarder dans le rétroviseur. Là, j'y étais contraint et au lieu de me retrouver confronté à la nostalgie du public et à la dangerosité des trop bons souvenirs, j'ai eu la sensation de repasser dans mes pas pour n'en récupérer que le meilleur. Ce concert reste un souvenir fantastique et comme il n'y a eu aucune captation son et image, cela garde le parfum d'un secret sans la nostalgie, car nous avons ce soir-là fabriqué de nouveaux souvenirs pour la suite. » L'automne Daho s'achève deux semaines plus tard en grande pompe, lorsque le ministre de la Culture Renaud Donnedieu de Vabres remet à Étienne dans le salon d'honneur du ministère les insignes d'officier dans l'ordre des arts et des lettres. Au cours d'un discours finement argumenté que lui ont préparé ses collaborateurs, Donnedieu se transforme en véritable exégète en dahologie : « Cet immense succès est le fruit de votre passion de toujours et de votre engagement sans faille pour la musique. Il est l'expression de cet univers unique, que vous avez su créer et partager avec nos concitoyens, un univers qui a exprimé, reflété l'âme même d'une époque, la nôtre, en créant, en revisitant, mélangeant, fusionnant, pour faire surgir votre son reconnaissable entre mille, le "son Daho". Il est issu à la fois de l'héritage rock des Velvet Underground, de Lou Reed et de Nico, de la mouvance punk, des rythmes entraînants des Beach Boys, et des tubes des artistes légendaires de la Motown, le tout battant au rythme des premières pulsations de la musique électronique[1]. » Depuis l'estrade où il reçoit enfin la républicaine médaille, Étienne a une vue imprenable et sans doute un peu troublante sur les personnes qui ont accompagné sa route, dont presque toutes ont répondu à l'invitation, tout comme les membres de sa famille, de nombreux journalistes de la presse musicale, des créateurs de mode, des cinéastes, des amis de lointaine date ou de fraîche connaissance. La crème d'un certain goût français s'est donné rendez-vous sous les lambris de la rue de Valois, avec Daho comme émulateur commun et fier symbole. Le ministre termine son discours par une citation d'un poème de Paul Éluard, clin d'œil bien involontaire à l'homonyme famille Éluard avec laquelle Étienne a passé une partie de son enfance. Dans son « tube » intitulé *Liberté*, Paul Éluard écrit : « Je recommence ma vie », un thème ô combien cher à Étienne, qui considère cette opportune cérémonie de bilan comme un bon moteur pour commencer un nouveau cycle. Douze mois plus tard, comme un écho subliminal au vers d'Éluard, Étienne chante « la bonté de ta main généreuse et parfaite qui me donne l'aimable sensation d'être à la

1. Extrait du discours de Renaud Donnedieu de Vabres prononcé le mardi 28 novembre 2006.

vie de nouveau convié ». Il s'agit d'un passage de *L'Invitation*, le titre qui ouvre et donne son nom à son dixième album.

Comme à son habitude, Étienne a commencé à réfléchir à son disque, courant 2006, en évoquant toutes les pistes envisageables, les destinations possibles et les réalisateurs ou musiciens qu'il souhaiterait embarquer avec lui. Le prestige qu'a représenté pour Capitol sa signature le mettrait en position confortable pour réclamer les noms et les studios les plus prestigieux sans que rien ne puisse lui être refusé. Ayant décidé de se séparer de Patrick Péan, Étienne choisit de gérer seul son management et de négocier en direct avec sa nouvelle maison de disques. Une fois encore, il va faire confiance à son instinct et se retourner vers certains anciens collaborateurs avec lesquels il n'est pas certain d'avoir totalement achevé les échanges possibles : « Depuis quelque temps, je croulais sous les envois de petits bouts d'ébauches et de riffs de Xavier Géronimi, avec lequel je n'avais plus retravaillé – en dehors d'un bref passage sur *Réévolution* – depuis la tournée *Paris ailleurs* où nous nous étions quittés avec des rapports plutôt frais. Plusieurs options de direction musicale s'offraient à moi mais lorsque j'ai pris le temps de bien écouter ses ébauches, j'ai senti que nous étions de nouveau sur la même longueur d'onde et que c'était cohérent avec les débuts de chansons que j'avais moi-même préparés de mon côté. Nous nous sommes retrouvés pendant une dizaine de jours chez moi et nous avons composé l'essentiel de l'album à deux ainsi qu'une dizaine de morceaux en plus qui n'ont pas trouvé leur place dans l'album. » Le jour des 40 ans d'Édith Fambuena, une fête s'est improvisée et Étienne débarque, complètement livide, au bord des larmes, un état qu'il essaie de dissimuler alors qu'il parle aux autres, notamment à Édith. Avant de monter dans le taxi qui le conduisait à la fête, il a assisté à un effroyable accident de la circulation où un jeune homme en roller est mort sur le coup, percuté de plein fouet par une voiture. Est-ce l'état émotionnel dans lequel il se trouve qui va l'engager à avoir une discussion très intense avec Édith ? En tout cas, ils vont longuement revenir sur leurs parcours respectifs, où l'ombre de Daho a certainement empêché aux Valentins de déployer leurs ailes, et comme désormais le groupe est séparé les choses qui furent parfois exacerbées entre eux peuvent retrouver une certaine quiétude. Sincèrement admiratif du travail d'Édith et de Jean-Louis, ensemble ou séparément, Étienne sait, comme avec Xavier Géronimi, que leurs rapports dans le travail peuvent connaître à tout moment de nouveaux rebondissements. C'est ainsi qu'il propose à Édith Fambuena la coréalisation de son futur album : « J'ai dû lui dire, un peu comme chaque fois, que c'était mon dernier disque, ce qui l'a sans doute fait rire. C'est une menace que je me fais à moi-même régulièrement, considérant que chaque fois que je fais quelque chose je le fais dans l'idée que c'est la dernière fois, histoire de ne pas faire d'économie, de m'y investir à fond sans compter. » À l'époque, Étienne hésite encore sur la direction à emprunter. Il écoute beaucoup de dub mais également le groupe Wire, dont l'œuvre chirurgicale et abrasive est l'un des plus distinguées du punk anglais. Il a aussi rencontré Mirwais, l'ancien guitariste de Taxi Girl reconverti à l'électro – qui a décroché la timbale en écrivant plusieurs titres pour Madonna –, preuve que Daho songe éventuellement à un album purement électronique. « Et puis Édith est venue à son tour chez moi, on a écouté pas mal de choses et très vite on a trouvé la direction du disque. J'ai trouvé également un titre, je commençais déjà à visualiser la pochette, et à partir du moment où j'ai ces éléments en tête, pour moi c'est comme si l'album était déjà accompli. » Au lieu de retenir un studio et de s'astreindre à un rendement immédiat et minuté, l'équipe réunie par Étienne et Édith décide de prendre ses quartiers chez Étienne, dont le salon est bientôt envahi par les instruments et les consoles, les micros et les ordinateurs. Lorsque les batteries sont notamment mises en boîte, chacun se rend compte que l'acoustique du « Chalet » est idéale pour un tel projet basé sur des sonorités à la fois simples et chaudes. Deux morceaux très dissemblables, pour lesquels Étienne a déjà écrit des textes, sont parmi les premiers à trouver une forme proche de celle qu'ils auront sur le disque. L'un est léger en apparence, il s'intitule *Cet air étrange* et parle une nouvelle fois d'une relation amoureuse toxique, mais évoque aussi des tourments charnels qu'éblouissent une musique et une mélodie toutes en étirements et en tourbillons comme les plus belles ballades pop des derniers Blur. L'autre, *Boulevard des Capucines*, est d'emblée beaucoup plus solennelle et ressemble déjà à l'un des sommets de l'album, en tout cas celui vers lequel les médias vont se précipiter à sa sortie. Sur une flottaison d'arpèges discrets, la voix très en avant d'Étienne fait parler celle de son père, qui évoque ce fameux concert de l'Olympia où il a surgi de nulle part un soir d'octobre 1986. Quelques années auparavant, on a remis à Daho un paquet de lettres que son père, au cours de leur longue séparation, lui avait adressées sans que jamais elles ne lui parviennent. C'est en lisant ses lettres intimes et bouleversantes qui au lieu de rouvrir des plaies cherchaient plus volontiers à les cautériser qu'Étienne junior se sentira la légitimité et l'aplomb suffisants pour faire « parler » Étienne senior dans une ode à la rédemption où le plus grand secret de sa vie sera révélé à tous. Étienne, forcément, hésitera longtemps avant de lâcher cette véritable bombe émotionnelle, rompant avec ce souhait de réserve absolue qu'il cultivait depuis ses débuts. « J'ai toujours été très secret par rapport à mes parents mais cette chanson est sortie toute seule. Je me revois encore en train de l'écrire sur la terrasse de la maison que je loue à Ibiza, par un jour de pluie assez cafardeux. Je l'ai abordée un peu comme un roman, comme une histoire où l'on suit un personnage, à l'image de ce que j'avais déjà fait auparavant sur *Ouverture*. Sauf que c'est exactement comme je le raconte que les choses se sont passées, et c'est ce que disait l'une des lettres de mon père que j'ai romancée, où il était question de son pardon et de mon regret. Comme c'était pile au moment où on célébrait les 20 ans de *Pop Satori*, tout finissait par trouver un sens. Pour moi, faire cette chanson était un apaisement, une façon de régler par le pardon certaines blessures du passé avec lesquelles on ne peut pas vivre éternellement. C'est également en la faisant écouter aux gens autour de moi, en raison des réactions qu'elle provoquait, que je me suis convaincu à l'idée qu'elle devait figurer sur l'album. J'ai vu Elli fondre en larmes en l'écoutant, Édith également, beaucoup de gens avaient les larmes aux yeux et me disaient que ce texte résonnait très fort dans leur propre vie, par rapport à leurs enfants ou à leurs parents. Ça dépassait donc le cadre de ma propre histoire pour toucher des choses plus universelles. »

Hormis les deux premiers textes écrits dès les maquettes, le reste de l'album a pris forme tandis qu'Étienne n'a pas encore couché une seule ligne. Les parties de guitares de Xavier Géronimi sonnent très anglaises et y accoupler des mots français n'est pas une chose si aisée, malgré le côté aérien de la production et la force des mélodies qu'Étienne a trouvées. À l'exception d'un orchestre à cordes enregistré à Abbey Road, avec une nouvelle fois David Whitaker à la baguette – et quelques retouches ici ou là dans des studios parisiens –, le groupe s'est tenu à son cahier des charges de tout enregistrer chez Étienne. Le batteur Philippe Entressangle et le bassiste Marcello Giuliani forment une paire absolument imparable qui a su apprivoiser les nombreux reliefs et les cheminements parfois accidentés de l'album tandis que les guitares de Tox et d'Édith se sont parfaitement accordées, retrouvant leurs précieux automatismes de la tournée *Paris ailleurs*. C'est d'ailleurs à Barcelone – il l'avait fait en 1991 à Lisbonne – qu'Étienne va se retirer plusieurs semaines pour écrire les textes de chansons qui n'attendent plus qu'eux pour s'incarner totalement. Les voix seront quant à elles enregistrées plus tard à Ibiza, dans la maison de location d'Étienne, avec un autre fidèle, Mako, qui mixera également l'album. Au cours des premières semaines qui suivent la rentrée de septembre 2007, *L'Invitation* est enfin terminée, avec une sortie prévue début novembre. Pendant l'enregistrement, Pierre Carron a choisi de quitter son poste chez Capitol pour se consacrer à Étienne à plein temps en tant que manager. Depuis Fabrice Nataf, il est le premier manager à ne pas être issu du cercle des amis de Rennes, ce qui soulage Étienne : « D'une certaine manière, Pierre est un peu comme Nataf. Il a énormément d'ambitions pour moi et cela m'en donne à mon tour. Malgré notre proximité, il demeure entre nous une infime distance qui nous protège des rapports trop passionnels. » Pierre Carron a ainsi réglé comme une horloge la sortie du nouvel album afin que celui-ci représente un événement médiatique plus visible que *Réévolution* quatre ans auparavant. Les premières écoutes que la maison de disques organise pour les médias confirment que celui-là ne passera pas inaperçu. Déjà la rumeur bruisse à propos de la « chanson de Daho sur son père » tandis que le premier extrait de l'album provoque un effet de surprise assez bien venu. La chanson *L'Invitation* n'est pas un single évident à diffuser pour les radios, avec sa structure hypnotique, dépourvue de refrain, et son arrangement de cordes d'inspiration arabo-andalouse accentuée par des « palmas » inédites chez Daho. Si, avec ses origines familiales espagnoles et ses racines en Algérie, Daho est tout à fait légitime pour s'approprier un tel héritage, l'habituelle coquille pop qui enveloppe la plupart de ses tubes depuis toujours vole ici en éclats. Quant au texte, empreint à la fois de mysticisme et d'un brûlant désir épicurien, il possède quelque chose de semblable aux atmosphères pasoliniennes qui lui procurent également une certaine étrangeté baroque. La force de ce nouvel album, en contraste total avec certaines faiblesses du précédent, c'est de libérer pour chaque chanson un parfum particulier tandis que l'ensemble s'impose comme un véritable kaléidoscope dont chaque facette pourtant très singulière trouve une place logique, presque millimétrée. Il y a *Obsession*, le morceau le plus immédiat – il sortira en second single – où comme du temps de *Paris ailleurs* les âpres guitares new-yorkaises de Lou Reed s'en vont se réchauffer sur les brasiers de la soul. Sur la base d'une musique écrite à l'origine par Étienne et Les Valentins pour Marianne Faithfull, *L'adorer* rivalise en majesté avec *La nuit je mens* de Bashung, tant par la puissance du texte qu'à travers sa mise en scène panoramique en forme de long crescendo où la voix de Daho se hisse sur les cordes orageuses de l'orchestre. Un nouveau sommet, immédiatement suivi d'un autre, *Les Fleurs de l'interdit*, à l'inspiration clairement baudelairienne. L'un des morceaux qui trouveront bientôt leur pleine dimension sur scène, où son caractère vénéneux et sa mélodie irradiante rappelleront aux connaisseurs les grandes heures de la noisy pop anglaise des années 80-90, celle des Jesus & Mary Chain, My Bloody Valentine ou Teenage Fanclub. Une seule plume extérieure, celle de Brigitte Fontaine, appose son sceau surréaliste sur *Toi moi jamais*, sulfureux et fantaisiste comme un poème de Desnos. Chanson d'atmosphère, *Un merveilleux été* – sur une musique signée Nicolas Dubosc, nouvel invité de la galaxie Daho – évolue en chanson du départ, qui aborde une nouvelle fois la fin d'un désir avec des mots moins détournés qu'à l'habitude, illustrant la volonté d'Étienne d'abandonner peu à peu les ellipses au profit d'une prose volontiers plus épidermique et directe. Si Daho songea au tout début à intituler l'album « Sur la terre comme au ciel », ce qui en aurait accentué les évidentes correspondances religieuses disséminées dans presque toutes les chansons, la chanson qui porte ce titre conjugue une fois encore les plaisirs terrestres aux élévations spirituelles, sur une musique malheureusement trop quelconque pour pleinement mettre ces échanges en valeur. Après *Duel au soleil* et *La Baie*, Jérôme Soligny fait offrande une fois encore d'un des meilleurs titres de l'album, *La vie continuera*. Une ballade aux arômes early sixties, entre Everly et Righteous Brothers, qui inspire une fois encore à Daho l'un de ses textes les plus violents sous ses dehors tout en rondeurs, comme une suite sans espoir à l'affrontement de *Duel au soleil*. L'album se termine par une évocation de l'enfance à travers le paradis perdu du Cap Falcon, autoportrait en survivant déraciné et hymne au retour fantasmé, qui livre encore quelques lambeaux d'une histoire longtemps enfouie, comme renoncée, dissipée dans les limbes d'une amnésie d'adulte, et qui rejaillit ici portée par une irrépressible envie d'en solder les rancœurs. Dans le livret, en face du texte de *Cap*

Falcon, Étienne a jugé utile de mettre encore une fois une photo de lui enfant, comme un indice à l'adresse de ceux qui passeraient trop vite sur ce texte sans lui accorder l'attention nécessaire. En écoutant ce nouvel album bouleversant, je dois bien concéder mon impuissance de biographe, car Daho en révèle ici en quelques lignes bien plus que je ne le ferais en milliers de mots.

Comme prévu, l'arrivée dans les bacs de *L'Invitation* – directement numéro 2 du Top albums dès sa sortie – s'accompagne d'un nombre considérable d'articles de presse et d'invitations à la radio ou dans des talk-shows télévisés où il est essentiellement question de *Boulevard des Capucines*. L'intime fait vendre, plus encore les nœuds familiaux que les secrets d'alcôve, et l'on se plaît encore et toujours à redemander à Daho l'explication d'un texte pourtant limpide. Si la presse spécialisée décortique le reste de l'album, les médias qui cherchent du sensationnel ne se donnent pas cette peine, et ce n'est d'ailleurs pas leur rôle. Au moins, contrairement à *Réévolution*, la sortie de *L'Invitation* ne passe pas inaperçue, même si le discret Daho préférerait parler de sa musique plutôt que de son histoire familiale. Pour prévenir cette déferlante attendue, Étienne et Pierre Carron ont trouvé la solution : puisque la télé ne viendra pas à eux pour les bonnes raisons, ce sont eux qui iront à elle. Ils conçoivent ainsi un programme clé en main, enregistré durant trois jours en septembre pour une diffusion au mois de décembre en prime time sur France 4. *Le Daho Show*, inspiré par les programmes pop de la BBC des années 60 ou par certaines équivalences bien françaises – *Discorama*, les shows Averty... –, voit défiler dans un décor très graphique essentiellement noir et blanc des invités pour des duos tandis que Daho interprète plusieurs titres de son album. Des générations différentes s'y croisent, de Bashung à Benjamin Biolay, d'Elli Medeiros à Sandrine Kiberlain – pour laquelle Étienne a écrit deux chansons du dernier album –, de Françoise Hardy à Keren Ann, de Jane Birkin à Vanessa Paradis. Un bel album de famille où certains cousins étrangers – Jarvis Cocker, Bat For Lashes, Marianne Faithfull – se sont glissés. Étienne joue les MC en voix off et l'ensemble manque juste par moments de vitalité, l'abus du play-back n'étant pas étranger à cette impression statique. Parmi les grands moments, il y a celui où Étienne chante en duo avec Alain Bashung *I Can't Escape from You* de Hank Williams, un titre qui figure sur un disque bonus offert avec les premiers exemplaires de *L'Invitation, Be My Guest tonight*, constitué de cinq reprises splendides (Smokey Robinson, Fred Neil, Pink Floyd...) et réalisé avec Nicolas Dubosc entre Paris et Ibiza.

Au mois de mars 2008, en région parisienne, Daho entame un *Obsession Tour* qui va l'entraîner un peu partout sur les routes de France jusqu'à la fin de l'année. *L'Invitation* vient tout juste de se voir récompensée du prix du meilleur album pop-rock de l'année aux Victoires de la musique – une première pour Étienne, quand tant de médiocres ont leurs cheminées qui croulent sous les statuettes. Daho tiendra sa résidence habituelle à l'Olympia du 3 au 8 juin, où nous le verrons radieux et ému face à l'accueil qui lui est toujours réservé en ces circonstances, cette tournée s'avérant selon lui l'une de celles où le public aura le mieux répondu et adhéré, ne se déplaçant plus seulement pour entendre des tubes mais aussi pour les extraits des albums les moins connus. Le succès est tel que des dates viennent se rajouter chaque mois, avec un second passage dans certaines grandes villes et une apothéose prestigieuse programmée le 3 décembre à la salle Pleyel à Paris. Les ventes de *L'Invitation*, qui obtient vite un disque d'or, sont révèlent confortables, sans atteindre les stratosphères des années 80-90, le marché du disque rencontrant des turbulences sans précédent dont tous les artistes, même les plus installés, sont les impuissantes victimes. Étienne apparaît en tête de liste d'un texte de soutien à la nouvelle loi contre le téléchargement en préparation au ministère de la Culture. Ce combat est pour lui essentiel, même s'il se sait plus à l'abri que d'autres malgré la violence de la tempête. En tant qu'amateur de musique et soutien au fil des années de tous les jeunes artistes français en devenir, il sait que leur éclosion sera désormais compromise si le disque devient comme certains le prévoient un objet totalement dévalué, rabaissé en vulgaire produit d'appel pour les fournisseurs d'accès. Un produit incitatif pour s'équiper en haut débit, les nouveaux nababs de l'industrie de la téléphonie ayant tout intérêt à faire que la musique ne passe plus qu'à travers leurs tuyaux. Le risque, à court terme, c'est la relégation dans les marges des artistes les plus singuliers au profit des plus consensuels. Quelques semaines avant le début de la tournée est sorti un album hommage intitulé *Tombé pour Daho*, diligenté par Franck Vergeade du magazine *Magic !* Issus des sphères électro, pop ou rock, quinze artistes aussi divers que Readymade FC, Doriand, JP Nataf ou Sébastien Tellier cohabitent avec Daniel Darc, Arnold Turboust, Elli ou Jacno (séparément). En octobre 2008, Étienne donne également la réplique à Coralie Clément, le temps d'un duo, *Je ne sens plus ton amour*, sur l'album *Toystore* de la benjamine Biolay, réalisé par son frère. Daho demeure ce lien d'une solidité à toute épreuve qui traverse tel un fil d'Ariane toute la pop française depuis trente ans. L'œuvre déjà accomplie est immense mais l'est plus encore ce qu'elle aura initié, inspiré, stimulé ou libéré. Logiquement,

Étienne a été désigné pour présider le jury du prix Constantin 2008 qui couronne chaque année un jeune artiste français. Philippe Constantin est ce directeur artistique visionnaire, disparu en 1996, qui avait signé le Daho débutant de *Mythomane* aux éditions Clouseau et chez Virgin, dont il fut l'un des fondateurs. Pour Étienne, les signes du destin s'accumulent parfois sur sa route avec une troublante insistance. Le 19 juillet, il a fait une entorse à sa faible attirance pour les festivals en participant aux Vieilles Charrues, à Carhaix, devant soixante mille spectateurs. Après un détour par Rennes pour y saluer sa mère, il se retrouve le lendemain sur le quai de la gare, dans cette ville où tout a démarré pour lui il y a maintenant trois décennies. Face à lui, deux affiches présentent un film français qui sera l'un des succès surprises de l'été. Son titre : *Le Premier Jour (du reste de ta vie).*

Cette histoire continue.

Discographie etc.

Discographie albums, mini albums, compilations, coffrets
(# position des albums dans les charts)

1 - *Mythomane* – Album, 1981- Virgin
Il ne dira pas – Ton cinoche – Mes copains – On s'fait la gueule – Va-t-en – Cow-Boy – Encore cette chanson – L'Été – Tu dors encore – Mythomane.
(Album or en mars 1994).

2 - *La Notte la notte...* – Album, 1984 – Virgin
Week-end à Rome – Signé Kiko – Le Grand Sommeil – Promesses – Poppy Gene Tierney – Sortir ce soir – Et si je m'en vais avant toi – Laisse tomber les jaloux – Jack, tu n'es pas un ange – Saint-Lunaire, dimanche matin.
(Album or en octobre 1985, platine en avril 1995).

3 - *Tombé pour la France* – Mini-album, 1985 – Virgin
Tombé pour la France (version maximum) – Et si je m'en vais avant toi (en duo avec Françoise Hardy) – Chez les yé-yé – Arnold Layne – La Ballade d'Edie S. – Tombé pour la France – Patch up my Heart (Viby Summer in NY 85).

4 - *Pop Satori* – Album, 1986 – Virgin (# 5 en mai 1986)
Satori thème – Épaule tattoo – Paris le Flore – Pop égérie O. – Quelqu'un qui m'ressemble – Tombé pour la France – 4000 Années d'horreur – (Qui sera) demain mieux que moi – Pari à l'hôtel – Duel au soleil – Satori Pop Century – Late Night.
(Album or en septembre 1986, platine en mars 1987, double platine en janvier 2007).

5 - *Collection* – Compilation de B sides et raretés, 1987 – Virgin

Tombé pour la France (Version maximum) – Sweeter than You – Chez les yé-yé – Arnold Lane – La Ballade d'Edie S. – Et si je m'en vais avant toi (en duo avec Françoise Hardy) – Soleil de minuit (chanson du film Désordre*) – Swingin' London (remix) – L'Été (remix) – Sunday Morning.*

6 - *Pour nos vies martiennes* – Album, 1988 – Virgin (#4 en juin 1988)
Quatre Hivers – Bleu comme toi – Caribbean Sea – Where's my Monkey ? – Affaire classée – Des ir – Stay with Me – Le Plaisir de perdre – Musc et ambre – Winter Blue (en duo avec Laurie Mayer) – Des heures hindoues.
(Album or en juillet 1988, platine en janvier 1989).

7 - *Live Ed* – Double album live au Zénith, 1989 – Virgin (# 12 en décembre 1989)
CD 1 :
Prélude – Quatre Hivers – Paris le Flore – Le Grand Sommeil – Affaire classée – Il ne dira pas – Stay with Me – Quelqu'un qui m'ressemble – Promesses – Sortir ce soir – Mythomane.
CD 2 :
Épaule tattoo – La Ballade d'Edie S. – Caribbean Sea – Le Plaisir de perdre – Duel au soleil – Week-end à Rome – Tombé pour la France – Bleu comme toi – Where's my Monkey – Des heures hindoues.
(Album double or en mars 1990, platine en janvier 2007).

8 - *Paris ailleurs* – Album, 1991 – Virgin (#10 en janvier 1992)
Des attractions désastre – Saudade – Comme un igloo – Les Voyages immobiles – Un homme à la mer – Interlude à La Désirade – Toi + moi – Rue des petits-hôtels – La Berlue – Double Zéro et l'infini – Paris ailleurs.
(Album or en février 1992, platine en novembre 1992, double platine en janvier 2007).

9 - *Daholympia* – Album live à l'Olympia, 1992 – Virgin (# 3 en décembre 1993)
Des attractions désastre – Paris le Flore – 4000 Années d'horreur – Il ne dira pas – Comme un igloo – Quelqu'un qui m'ressemble –

Le Grand Sommeil – Épaule tattoo – Les Voyages immobiles – Un homme à la mer – Week-end à Rome – Saudade – Mon manège à moi – Des heures hindoues – Paris ailleurs – Saint-Lunaire, dimanche matin.
(Album or en septembre 1994, double or en septembre 1994, platine en janvier 2007).

10 - *Reserection* – Mini-album avec Saint-Etienne, 1995 – Virgin (# 40 UK)
Reserection – Jungle Pulse – X Amours – Accident (He's on the Phone)- Le Baiser français – Jungle Pulse (Zdar version).

11 - *Popzone* – Coffret digipacks remasterisés, 1995 – Virgin
CD 1 : *Mythomane* – CD 2 : *La Notte la notte...* – CD 3 : *Pop Satori.*
CD bonus : *Épaule tattoo (William Orbit's remix) – Duel au soleil (extended version) – Tombé pour la France (version maximum).*

12 - *Eden* – Album, 1996 – Virgin (# 7 en novembre 1996)
Au commencement – Les Passagers – Un serpent sans importance – Les Pluies chaudes de l'été – Les Bords de Seine (en duo avec Astrud Gilberto) – Me manquer – Soudain – L'Enfer enfin – Timide Intimité (avec The Swingle Singers) – Rendez-vous au jardin des plaisirs – Quand tu m'appelles Eden – Des adieux très heureux.
(Album or en janvier 1997).

13 - *Best of singles* – Compilation, 1998 – Virgin (# 1 en décembre 1998)
Idéal – Le Premier Jour (du reste de ta vie) – Sur mon cou (live) – Au commencement – Soudain – Jungle Pulse – Mon manège à moi – Comme un igloo – Les Voyages immobiles – Des attractions désastre – Saudade – Un homme à la mer – Des heures hindoues – Bleu comme toi – Duel au soleil – Épaule tattoo – Tombé pour la France – Week-end à Rome – Le Grand Sommeil – Il ne dira pas.
(Album or en novembre 1998, platine en janvier 1999, double platine en janvier 2007).

14 - *Corps et armes* – Album, 2000 – Virgin (# 1 en janvier 2000)
Ouverture – Le Brasier – Rendez-vous à Vedra – Corps et armes – La Nage indienne – Les Mauvais Choix – L'Année du dragon – Make Believe (en duo avec Vanessa Daou) – La Baie – La Mémoire vive – San Antonio de la Luna – L'Été sans fin (ghost track).
(Album or en février 2002)

15 - *Daholive* – Double album live, 2001- Virgin (# 25 en octobre 2001)
CD 1 :
Ouverture – Rendez-vous à Vedra – Le Grand Sommeil – Corps et armes – Jungle Pulse – Sur mon cou – L'Année du dragon – Des attractions désastre – Saudade – Soudain – Au commencement.
CD 2 :
Comme un igloo – Des heures hindoues – Le Premier Jour (du reste de ta vie) – Tombé pour la France – Épaule tattoo – San Antonio de la Luna – Week-end à Rome – Le Brasier – La Nage indienne – Duel au soleil – Quand tu m'appelles Eden – Comme un boomerang (en duo avec Dani – single version)
(Album or en janvier 2007)

16 - *Dans la peau de Daho* – Box set 3 albums, 2002 – Virgin
CD 1 :
Beauty and Pride (en duo avec Elli Medeiros) – Il ne dira pas (single) – L'Été – Encore cette chanson – Mythomane – Sortir ce soir (live) – Week-end à Rome – Signé Kiko – Promesses (live) – Tombé pour la France – La Ballade d'Edie S. – Chez les yé-yé – Et si je m'en vais avant toi (en duo avec Françoise Hardy) – (Qui sera) demain mieux que moi – Épaule tattoo – Paris le Flore – Duel au soleil – Late Night – Épaule tattoo (William Orbit's remix).
CD 2 :
Bleu comme toi (single) – Affaire classée – Caribbean Sea (live) – Stay with Me (UK single edit) – Des heures hindoues (single) – Don't Forget the Nite – Chanson pour caméléon (démo) – Saudade – Des attractions désastre – Les Voyages immobiles – Comme un igloo – Rue des petits-hôtels – Un

homme à la mer – Dommage que tu sois mort – Mon manège à moi – Tous les goûts sont dans ma nature (en duo avec Jacques Dutronc) – X Amours – Jungle Pulse (single) – Le Baiser français – Sally Go Round the Roses (avec The Comateens) – Sleep (avec The Comateens).
CD 3 :
Au commencement – Les Pluies chaudes de l'été – Les Bords de Seine (en duo avec Astrud Gilberto) – Me manquer (Air remix) – Soudain (live) – L'Enfer enfin – Quand tu m'appelles Eden – De bien jolies flammes – Sur mon cou (live) – Dis-lui toi que je t'aime (en duo avec Vanessa Paradis) – Corps et armes – Le Brasier (live) – La Baie – Mon amour baiser (en duo avec Jane Birkin) – San Antonio de la Luna – Ouverture (live) – Comme un boomerang (en duo avec Dani) – Tu mi delirio.

17 - *Réévolution* – Album, 2003 – Virgin (# 5 en octobre 2003)
Retour à toi – Réévolution – L'Orage – If (en duo avec Charlotte Gainsbourg) – Les Remparts – Vis-à-vis – Le Jour et la nuit – L'Inconstant – Les Jalousies – Talisman – Les Liens d'Eros (en duo avec Marianne Faithfull) – Au Jack au mois d'avril.
(Album or en janvier 2004)

18 - *Sortir ce soir* – Best of live, 2004 – Capitol (# 10 en juin 2005)
CD 1 :
Des attractions désastre – Le Grand Sommeil – Des heures hindoues – Comme un boomerang – Sortir ce soir – Le Brasier – Retour à toi – Comme un igloo – Tombé pour la France – Soudain – Le Premier Jour (du reste de ta vie) – Saudade – Mon manège à moi – Bleu comme toi – Épaule tattoo – Ouverture – Duel au soleil – Week-end à Rome – Sortir ce soir (single version 2005).
CD 2 :
Réévolution – L'Orage – L'Enfer enfin – Rendez-vous au jardin des plaisirs – L'Inconstant – If – Le Premier Jour (ghost track) – Sortir ce soir (ghost track).
(Album or en novembre 2005)

19 - *Pop Satori deluxe* – Double album réédition, 2005 – Capitol
Pop face : album original et bonus :
Satori thème – Épaule tattoo – Paris le Flore – Pop égérie O. – Quelqu'un qui m'ressemble – Tombé pour la France – 4000 Années d'horreur – (Qui sera) demain mieux que moi – Pari à l'hôtel – Duel au soleil – Satori Pop Century – Late Night – Satori thème (version Jack in Paris)- Épaule tattoo (extended version) – Épaule tattoo (William Orbit's remix) – Tombé pour la France (Fischerspooner's remix) – (Qui sera) demain mieux que moi (Rico Conning's single remix) – Duel au soleil (extended version) – Duello al sole.
Satori face : *The Pop Satori Show* (live 1986) et bonus :
Satori thème (live) – Épaule tattoo (live) – 4000 Années d'horreur (live) – Paris le Flore (live) – Quelqu'un qui m'ressemble (live) – Pop égérie O. (live) – (Qui sera) demain mieux que moi (live) – Duel au soleil (live) – Tombé pour la France (live) – Satori Pop Century (live) – Late Night (live) – So in Love (OMD featuring Étienne Daho) – Sweeter than You – Soleil de minuit (sombre romance mix) – Soleil de minuit (graine de violence mix) – Satori Pop Century (démo) – Love at First Sight (démo) – (Qui sera) demain mieux que moi (démo) – Quelqu'un qui m'ressemble (démo) – Centerfold Romance (démo).

20 - *L'Invitation* – Album, 2007 – Capitol (# 2 en novembre 2008)
L'Invitation – Cet air étrange – Obsession – L'adorer – Les Fleurs de l'interdit – Boulevard des Capucines – Toi, jamais toujours – Un merveilleux été – Sur la terre comme au ciel – La vie continuera – Cap Falcon.
(Album or en novembre 2008)

21 - *Be my Guest Tonight* – Mini-album, 2007 – Capitol
Little Bit of Rain – I Can't Escape from You – Cirrus Minor – My Girl Has Gone – Glad to Be Unhappy.

22 - *Dahopleyel* – Double album live à Pleyel, 2009 – Capitol
(Sortie prévue en mars 2009)

Discographie singles

1 - *Il ne dira pas* (1981)
2 - *Le Grand Sommeil* (1982)
3 - *Sortir ce soir* (1983)
4 - *Week-end à Rome* (1984)
5 - *Tombé pour la France* (1985)
6 - *Épaule tattoo* (1986)
7 - *Duel au soleil* (1987)
8 - *Bleu comme toi* (1988)
9 - *Des heures hindoues* (1989)
10 - *Caribbean Sea* (1989)
11 - *Le Grand Sommeil* (*live*) (1989)
12 - *Le Plaisir de perdre (live)* (1990)
13 - *Saudade* (1991)
14 - *Des attractions désastre* (1992)
15 - *Les Voyages immobiles* (1992)
16 - *Comme un igloo* (1992)
17 - *Un homme à la mer* (1993)
18 - *Mon manège à moi* (1993)
19 - *Tous les goûts sont dans ma nature (en duo avec Jacques Dutronc)* (1995)
20 - *Jungle Pulse* (1995)
21 - *He's on the Phone – Motiv 8 remix (avec Saint Etienne)* (1995)
22 - *Au commencement* (1996)
23 - *Me manquer* (1997)
24 - *Soudain* (1997)
25 - *Les Bords de Seine (en duo avec Astrud Gilberto)* (1997)
26 - *Le Premier Jour (du reste de ta vie)* (1998)
27 - *Idéal* (1998)
28 - *Sur mon cou* (1999)
29 - *Le Brasier* (2000)
30 - *La Nage indienne* (2001)
31 - *Rendez-vous à Vedra* (2001)
32 - *Ouverture* (2001)
33 - *Comme un boomerang (en duo avec Dani)* (2001)
34 - *Retour à toi* (2003)

35 - *If (en duo avec Charlotte Gainsbourg)* (2004)
36 - *Réévolution* (2004)
37 - *Sortir ce soir (version 2005)* (2005)
38 - *Tombé pour la France (Fischerspooner's remix)* (2006)
39 - *L'Invitation* (2007)
40 - *Obsession* (2008)
41 - *La vie continuera* (2008)
42 - *L'adorer* (2008)

Vidéographie & DVDgraphie

1 - *Une nuit satori à l'Olympia* – Vidéo live à l 'Olympia 1986 *Satori Tour* et clips 1987 – Virgin
Satori thème – Signé Kiko – Le Grand Sommeil – 4000 Années d'horreur – Swingin' London – Arnold Layne – Paris le Flore – Duel au soleil – Et si je m'en vais avant toi – Tombé pour la France – Pop égérie O. (avec Elli medeiros) – Week-end à Rome – Satori Pop Century – Sortir ce soir – (Qui sera) demain mieux que moi – Épaule tattoo.
Clips : *Le Grand Sommeil – Week-end à Rome – Tombé pour la France – Épaule tattoo – Paris le Flore.*

2 - *Tant pis pour l'Idaho* – Un film de Bertrand Fèvre, 1989 – Virgin
Avec la participation de Chris Isaak, Alan Vega, Édith Fambuena, Xavier Géronimi.

3 - *Paris ailleurs* – Le film et les clips de l'album, 1991 – Virgin
Documentaire sur l'enregistrement de l'album à New York et les clips suivants : *Des attractions désastre – Interlude à La Désirade – Double Zéro et l'infini- Saudade – Les Voyages immobiles – Comme un igloo – Un homme à la mer – Rue des petits-hôtels.*

4 - *Daholympia* – Vidéo live à l'Olympia *Le Tour de Paris et d'ailleurs*, 1992 – Virgin
Des attractions désastre – Paris le Flore – 4000 Années d'horreur – Il ne dira pas – Comme un igloo – Quelqu'un qui m'ressemble –

Le Grand Sommeil – Épaule tattoo – Les Voyages immobiles – Un homme à la mer – Week-end à Rome – Saudade – Mon manège à moi – Des heures hindoues – Paris ailleurs – Saint-Lunaire, dimanche matin.
Bonus : *(Qui sera) demain mieux que moi – Rue des petits-hôtels – Tombé pour la France.*

5 - *Best of singles* – DVD de l'intégrale des clips, 1998 – Virgin
Le Brasier – Idéal – Le Premier Jour (du reste de ta vie) – Soudain – Me manquer – Au commencement – Tous les gouts sont dans ma nature (en duo avec Jacques Dutronc) – Jungle Pulse – Il ne dira pas (live) – Mon manège à moi – Rue des petits-hôtels – Un homme à la mer – Comme un igloo – Les voyages immobiles – Interlude à La Désirade – Des attractions désastre – Double Zéro et l'infini – Saudade – Le Grand Sommeil (live) – Stay with Me – Des heures hindoues – Bleu comme toi – Duel au soleil (live) – Épaule tattoo – Tombé pour la France – Week-end à Rome – Le Grand Sommeil.

6 - *Daholive* – DVD live *Le Tour de l'Été sans fin*, 2001-Capitol
Ouverture – Rendez-vous à Vedra – Le Grand Sommeil – Corps et armes – Jungle Pulse – Sur mon cou – L'Année du dragon – Des attractions désastre – Saudade – Soudain – Au commencement – Comme un igloo – Des heures hindoues – Le Premier Jour (du reste de ta vie) – Tombé pour la France – Épaule tattoo – San Antonio de la Luna – Week-end à Rome – Le Brasier – La Nage indienne – Duel au soleil – Quand tu m'appelles Eden – Comme un boomerang (en duo avec Dani).

7 - *Sortir ce soir* – DVD live *Réévolution Tour*, 2005 – Capitol
Quatre Hivers – Réévolution – Jungle Pulse – L'Orage – Le Grand Sommeil – Sortir ce soir – L'Enfer enfin – Rendez-vous au jardin des plaisirs – Comme un igloo – Tombé pour la France – Des heures hindoues – L'Inconstant – Saudade – Bleu comme toi – Le Brasier – Comme un boomerang – Des attractions désastre – Épaule tattoo – Ouverture – Retour à toi – If – Week-end à Rome.

8 - *An Evening with Daho* – DVD de l'intégrale des clips de l'album *L'Invitation* et extraits du *Daho Show*, 2008 – Capitol
L'Invitation – Cet air étrange – Obsession – L'adorer – Les Fleurs de l'interdit – Boulevard des Capucines – Toi, jamais toujours – Un merveilleux été – Sur la terre comme au ciel – La vie continuera – Cap Falcon – Little Bit of Rain – Cirrus Minor – My Girl Has Gone – Glad to Be Unhappy – L'Invitation (clip) – My Heart Belongs to Daddy (en duo avec Elli Medeiros) – I Can't Escape from You (en duo avec Alain Bashung) – If (en duo avec Charlotte Gainsbourg) – Me manquer (en duo avec Air) – Comme un boomerang (en duo avec Dani).

9 - *Dahopleyel* – DVD live *Obsession Tour* 2009- Capitol (sortie prévue en mars 2009)

Bibliographie :

Étienne Daho dans tous ses états – photographies de Frédérique Veysset (Humanoïdes associés, 1989)
Étienne Daho d'Éric Chamouny et Pierre Fageolle (Éditions Hors Collection)
Étienne Daho par Giacomoni – vingt ans de collaboration photographique entre Étienne et Antoine Giacomoni (Éditions Horizons illimités)
Étienne Daho, portraits & entretiens de Benoît Cachin (Tournon, 2007)

Sites internet :

Officiel : www.etiennedaho.com.
Myspace officiel : www.myspace.com/etiennedaho.
My Daho (Fan) : mydaho.free.fr.
Dahomania (fan) : www.dahomania.com.

Remerciements

Énorme merci à Étienne Daho pour avoir accepté ce projet et pour l'avoir accompagné pendant deux ans avec un intérêt et un dévouement qui auront dépassé mes espérances.

Merci à toutes les personnes interviewées dans le cadre de cet ouvrage : Annie Amsellem, Christine Angoujard, Mercedes Audras, Sophie Boilley, Jean-Michel Boris, Anne Claverie, Frank Darcel, la famille Éluard, Philippe Ferchat, Brigitte Fontaine, Jacno, Frédéric Junqua, Tony Krantz, Elli Medeiros, Fabrice Nataf, Nathalie Noennec, Jean-Éric Perrin, Jean-Louis Piérot, Stéphane Plassier, Dominique Praizelin, Jérôme Soligny, Arnold Turboust, Alain Wais, Patrick Zelnik.

Un merci particulier à Mimi, Rosine et Sonia.

Merci à Pierre Carron, Tania Scemama, Sophie Améglio, *Les Inrockuptibles*, Laurent Chollet, Virginie Plantard.

Merci à Tatiana Séniavine et Eva Van Ruymbeke pour leur collaboration essentielle.

Merci à Stéphanie C., dahomaniaque de la première heure. À toute ma famille, aussi à ceux qui nous manquent.

Merci à Christelle pour la relecture pointilleuse, les encouragements et tout le reste, à Armance et Théodore, simplement pour ce qu'ils sont.

Légendes du cahier photos

1 – À deux ans, dans les bras de sa mère Lucie (Oran, 1958). © Collection personnelle d'Étienne Daho.

2 – À trois ans devant le juke-box (Cap Falcon, 1959). © Collection personnelle d'Étienne Daho.

3 – Avec sa sœur Fanfan (Cap Falcon, 1962). © Collection personnelle d'Étienne Daho.

4 – Les pin-up Rosine et Sonia, ses tantes (Cap Falcon, 1961). © Collection personnelle d'Étienne Daho.

5 – Avec le père Noël (Oran, 1960). © Collection personnelle d'Étienne Daho.

6 – Avec ses sœurs Fanfan et Mimi (Cap Falcon, 1962). © Collection personnelle d'Étienne Daho.

7 – Quelques semaines avant son départ d'Algérie, pique-nique avec sa sœur Fanfan (Cap Falcon, 1964). © Collection personnelle d'Étienne Daho.

8 – Quelques mois après son arrivée en France avec sa tante Francine, jeune maman (Rennes, 1965). © Collection personnelle d'Étienne Daho.

9 – Photo d'identité pour son entrée en sixième (Rennes, 1967). © Collection personnelle d'Étienne Daho.

10 – Photo d'identité pour sa carte d'étudiant en faculté d'anglais (Rennes, 1976). © Collection personnelle d'Étienne Daho.

11-12 – Premiers portraits de Pierre René-Worms (Rennes, 1980). © Pierre René-Worms.

13 – Cassette des premières démos d'Étienne, accompagné par Richard Dumas à la guitare (1979). © Collection personnelle d'Étienne Daho.

14 – Concert des Stinky Toys organisé par Étienne (Rennes, le 20 décembre 1978). © DR.

15 – Flyer du concert des Toys. © Collection personnelle d'Étienne Daho.

16 – Premier concert d'Étienne aux Transmusicales avec de gauche à droite : Dargelos (Les Nus), Christine Angoujard, Nicole Calloch' (Sax Pustuls), Guillaume Israël (Modern Guy), Thierry

Alexandre à la basse, Étienne et Franck Darcel à la guitare (Rennes, 18 décembre 1980). © Richard Dumas.

17 – Pendant l'enregistrement de l'album *Mythomane* avec Jacno (Paris, Studio d'Auteuil, août 1981). © Pierre René-Worms.

18 – Choix de la photo de pochette de *Mythomane* avec Elli Medeiros (Paris, août 1981). © Pierre René-Worms.

19 – Écriture des textes de l'album *La Notte, la notte*... (Paris, 1982). © Youri Lenquette.

20 – Avec les Comateens, de gauche à droite : Oliver North, Étienne, Lyn Byrd, Nic North (Nicholas Dembling) (New York, juillet 1984). © Jean-Éric Perrin.

21 – Premier Olympia (Paris, tournée *Étienne Daho e grupo*, le 18 mars 1985). © Pierre René-Worms.

22 – Jean-Éric Perrin et Sydney remettent le Bus d'acier à Étienne (Paris, 1985). © Pierre René-Worms.

23 – Avec Nico (Rennes, 1986). © Richard Dumas.

24 – Jean-Pierre Jeunet filme Étienne dans le clip *Tombé pour la France* (Paris, 1985). © Pierre René-Worms.

25 – Remise du disque d'or de l'album *Pop Satori*, de gauche à droite : Étienne, son manager Fabrice Nataf et Arnold Turboust (Paris, Royal Lieu, 29 octobre 1986). © Collection personnelle d'Étienne Daho.

26 – Une nuit Satori à l'Olympia (Paris, tournée *Satori Tour*, octobre 1986). © DR.

27 – Avec Serge Gainsbourg (Paris, Le Palace, 1986). Dymant © DALLE.

28 – Pendant le tournage du film de Bertrand Fèvre *Tant pis pour l'Idaho*. De gauche à droite : Édith Fambuena, Étienne, Xavier Géronimi. (White Sands, Nouveau Mexique, États-Unis, juillet 1989). © Frédérique Veysset.

29 – Concert au Marquee (Londres, tournée *Tour martien*, 21 avril 1989). © Youri Lenquette.

30 – Pendant l'enregistrement de l'album *Paris ailleurs*, avec les choristes The Commited (New York, juillet 1989). © Larry Busacca.

31 – Pendant l'enregistrement des voix de la chanson *Saudade* pour l'album *Paris ailleurs* (New York, Studio Soundtrack, juillet 1989). © Larry Busacca.

32 – Avec Jacques Dutronc, Daho chante en duo la première version de *Tous les goûts sont dans ma nature*, dans l'émission *Tous contre le Sida* (Paris, 7 avril 1994). © DR.

33 – Conférence de presse pour le lancement de la tournée *Le Tour de Paris et d'Ailleurs* (Paris, 1992). © Antoine Le Grand.

34 – Concert aux Francofolies (La Rochelle, 17 juillet 1993). © Antoine Le Grand.

35 – Pendant l'enregistrement de l'album *Eden*, de gauche à droite : Arnold Turboust, Lyn Byrd, David Whitaker, Nicholas Dembling et Étienne. (Londres, Olympic Studios, avril 1996). © Martin Gardner.

36 – Olympia 1997 (Paris, tournée *Kaléidoscope Tour*, 30 novembre 1997). Lilly © DALLE.

37 – Tournage du clip *Le Premier Jour (du reste de ta vie)* réalisé par Doug Nichol (Londres, février 1998). © Collection personnelle d'Étienne Daho.

38 – Enregistrement de l'album *Corps et Armes*, de gauche à droite : Jean-Louis Piérot, Édith Fambuena, Vanessa Daou, Étienne et Peter Daou (Paris, Studio Plus Trente, novembre 1999). © Patrice Forsans.

39 – Olympia 2000 (Paris, Tournée *Le Tour de l'été sans fin*, 14 novembre 2000). © Claude Gassian.

40 – Séance photo avec Charlotte Gainsbourg pour la sortie du duo *If* en single (Paris, février 2004). © Grégoire Alexandre.

41 – Séance photo avec Marianne Faithfull pour le journal Magic, à l'occasion de leur collaboration sur la chanson *The Pleasure Song* dans l'album *Kissing Time* (Paris, Le Costes, février 2002). © Philippe Lévy.

42 – Séances d'enregistrement de l'album *Réévolution* (Paris, Studio Plus Trente, juillet 2003). © Pierre René-Worms.

43 – Zénith 2004 (Paris, Tournée *Réévolution Tour*, 19 juin 2004). © Frédérique Veysset.

44 – Pop Satori Show à l'Olympia (Paris, 13 novembre 2006). © Pierre René-Worms.

45 – Séances d'enregistrement de l'album *L'Invitation* avec Édith Fambuena (Londres, Abbey Road Studios, juillet 2007). © Pierre René-Worms.

46 – Mixage de l'album *L'Invitation* avec Mako (Paris, Studio de la Seine, août 2007). © Pierre René-Worms.

47 – Les Victoires de la Musique récompensent l'album *L'Invitation* (Album Pop rock de l'année) en compagnie de Vanessa Paradis, récompensée également (Paris, février 2008). François Mori © DALLE.

48 – Pendant les séances d'enregistrement de l'album *L'Invitation* (Londres, Studio Abbey Road, juillet 2007). © Pierre René-Worms.

49 – Olympia 2008 (Paris, Tournée *Obsession Tour*, 8 juin 2008). © Pierre René-Worms.

50 – Duo avec Alain Bashung *I Can't Escape From You*, à l'occasion du show télé *Daho Show* (Paris, septembre 2007). © Pierre René-Worms.

51 – Concert devant 60 000 personnes au festival des Vieilles Charrues (Carhaix, tournée *Obsession Tour*, 19 juillet 2008). © Pierre René-Worms.

TABLE DES MATIÈRES

Composition et mise en pages

NORD COMPO
multimédia

CET OUVRAGE
A ÉTÉ ACHEVÉ D'IMPRIMER
SUR ROTO-PAGE
PAR L'IMPRIMERIE FLOCH
À MAYENNE EN OCTOBRE 2008

N° d'édition : L.01ELIN000127.N001. N° d'impression : 72263.
Dépôt légal : novembre 2008.
Imprimé en France